다섯 가지 주제로 엮은

한국문화사

윤소영 지음

다섯 가지 주제로 엮은 한국문화사

초판   1쇄 발행일 · 2005년 9월 5일
개정판 1쇄 발행일 · 2006년 8월 21일
지은이 · 윤소영
펴낸이 · 박영희
표   지 · 유레카디자인
편   집 · 최은경·정지영
펴낸곳 · 도서출판 어문학사
          132-891 서울특별시 도봉구 쌍문동 525-13
          전화: 02-998-0094 / 팩스: 02-998-2268
          홈페이지: www.amhbook.com
          e-mail: am@amhbook.com
          URL: 어문학사
          등록: 2004년 4월 6일 제7-276호

인지는
저자와의
합의하에
생략함

ISBN 89-91956-14-9 03900
정   가 · 15,000원

한국은 고조선이 건국되었다고 알려진 기원전 2333년 전부터 계산하면 4300여 년의 역사를 가진 나라이다. 이러한 오랜 기간 동안 한국인은 한반도를 무대로 하여 삶을 영위해 왔다. 이 사이에 한국이 이민족의 침입을 받은 횟수는 5~60회이며 전쟁의 횟수는 2,000여 건이었다. 고조선이 멸망한 후 한반도 북부에는 한사군漢四郡이 설치되어 400여 년 간 이 지역을 다스렸으나 한민족韓民族은 다시 이를 탈환하여 고대 삼국시대를 열었다. 삼국시대의 전쟁 횟수는 300여 건에 이른다. 고려시대 때에는 992년부터 1010년까지 요나라와의 전쟁, 1216년 거란족의 침입, 1231년부터 1259년까지 몽고와의 전쟁, 이후 몽고의 고려 지배는 100여 년 간 계속되었다. 이를 딛고 새로운 유교 문화를 내건 혁명적 전환으로서 조선이 건국했다. 조선은 고려의 대외관계를 거울삼아 중국에 대한 사대외교를 표방하여 대외적인 안정을 기하는 기지를 발휘했다. 그러나 조선도 전쟁의 소용돌이를 피해가지는 못했다. 임진왜란과 병자호란, 정묘호란으로 한반도는 유린되었다. 이외에도 왜구의 해안지방에 대한 침략은 전 시대를 거쳐 일상화되기도 했다. 또한 19세기 후반기 조선은 서양열강과 일본·중국의 외압에 직면하면서 근대국가 형성의 좌절과 일본에 의한 식민 지배를 경험하게 된다.

이러한 고대부터 근대까지 외침과 시련의 과정을 보면, 한국이 영토를 보전하고 자신의 정체성과 독특한 문화를 이룩하고 계승해올 수 있었던 것에 대해 경외심을 갖지 않을 수 없다. 한국의 역사를 이끌어 온 원동력은 과연 무엇이었을까?

이 책은 대학의 교양과목인 한국문화사 강의에서 몇 년 동안 다뤄온 내용을 정리한 것이다. 문화文化란 한국이나 중국에서는 '무력에 의거하지 않는 문치文治로 교화하는 것'을 의미하지만 우리가 현재 알고 있는 '문화(culture)'란 근대국가 이후에 성립된 개념이다. 즉, '문화'라는 단어는 1770년대에 만들어진 영어의 'Civilization'에 대항하여 1910년대에 독일에서 만든 단어인 'Kultur', 즉 정신문화에서 그 기원을 찾아볼 수 있다. 이 'Kultur'를 일본에서 '문화'로 번역하였고, 1920년대에 한국에도 수입되어 지금과 같은 개념으로 사용하게 되었다.

역사학의 관점에서 문화사란 일반적으로 정치사, 경제사적 서술에 대항하여 사회, 정신, 풍속의 변화를 중시하여 기술한 역사이다. 그러나 최근의 연구경향은 이 모든 것을 유기적으로 연계하여 보다 삶 전체의 모습을 조감하려는 역사 연구방식이 주목되고 있다.

이 책의 관심은 한국의 오랜 역사의 흐름 속에서 한국인에게 계승되어 온 정신이 무엇이며 그 특징이 무엇인가를 조감해 보는 것이다. 이를 위해서 이 책은 한국인의 정신사의 계보를 한국인 심성의 토대로서 고대의 고유사상, 불교사상, 유교사상, 근대시기의 전통과 서구문화의 만남과 그 재편과정으로 보고 이러한 사상의 흐름과 각 시대의 한민족의 삶의 모습, 그들이 남긴 문화유산을 결합시켜 살펴보고자 한다.

이러한 관섬에서 이 잭은 한국분화의 흐름을 크게 다섯 주제로 나눠 살펴보고 있다. 첫째 단락은, 고대국가의 건국신화와 민간신앙을 통해 한국인 정신사의 기반이 무엇인가를 검토하는 것이다. 둘째 단락은 불교문화와 그 문화유산을 통해 불교가 한국에서 오래도록 생명력을 유지할 수 있었던 원동력이 무엇인지를 탐구한다. 셋째 단락은 유교문화로서 조선시대의 유교사상, 유교문화의 담지자인 양반계층의 삶을 살펴봄과 아울러 조선시대의 대표적 문화유산인 궁궐을 통해 조선시대 역사의 흐름을 살펴본다. 넷째 단락은 한국인의 삶을 지탱해준 의식주 문화 속에 한국인의 정신이 어떻게 담겨있는지를 읽어보도록 하겠다. 다섯째 단락은 19세기 중엽 이후 일제 시기까지 서구 자본주의 이념과 제도의 도입이 이루어지면서 개혁논리가 어떻게 전개되고 어떻게 신문화를 모색해 나갔는가를 다루었다.

| 차례 |

제1부

한국인 심성의 토대

1

고대 건국신화

　한국인의 심성을 이해하기 위해서 우리들이 처음으로 만날 수 있는 역사적 기록은 고대국가의 건국신화이다. '신화'는 픽션의 세계를 그려낸 황당한 이야기 정도로 간주할 수도 있지만 실제로는 각 민족의 고유한 심성을 발견할 수 있는 통로이다. 그러나 '신화'를 분석할 때 이것이 역사적 사실史實에 반드시 부합하거나 체계화된 언어로 이루어진 것이 아니라는 점은 유념할 필요가 있다. 따라서 '신화'를 연구하는 관점은 구조의 긴밀성과 상징성에 주목한 해석이 중요하게 된다.

　한국 최초의 건국신화는 고조선의 단군신화인데 지도자가 하늘에서 내려온다는 설정으로서 '천손신화天孫神話' 유형에 속한다. 그런데 고구려, 신라, 가야의 건국신화는 지도자가 알이나 상자에서 나오는 '난생신화卵生神話' 유형에 속한다. 이러한 신화 유형의 차이는 무엇을 말해줄까? 신화 연구자에 의하면 천손신화는 북방 유목민족의 신화유형이며 난생신화는 남방 농경민족의 신화유형에 해당한다고 한다. 즉 한국의 고대 건국신화는 유목문화와 농경문화를 배경으로 한 신화였음을 알 수 있는 것이다.

한국인은 어떠한 삶의 환경 속에서 이와 같은 신화를 일군 것일까? 본 장에서는 한반도에서 한민족 성립과정의 특징을 살펴보고 이와 함께 고대국가의 건국신화 내용을 통해 한민족의 심성의 바탕이 무엇인지를 살펴보도록 하겠다.

1 한민족 형성의 특징

다음은 이전에 개봉한 '타이타닉'이라는 영화에 빗대어 만들어진 유머다. 거의 침몰 직전인 타이타닉호에서 구명보트에 못 탄 남자 6명이 있었다. 각각의 국적은 영국, 미국, 독일, 일본, 한국, 중국이었다. 이들은 어떤 말에 고무될 때 망설이지 않고 투신할 수 있을까? 빈 칸을 한 번 넣어보자.

"당신은 정말 신사입니다."라는 말에 ㅇㅇㅇ이 바다로 뛰어들었다. 다음 "당신은 영웅이 될 것입니다."라는 말에 ㅇㅇㅇ이 뛰어들었다. ㅇㅇㅇ은 "이것은 룰입니다."라는 말에 뒤를 따랐다. 그 다음에 뛰어든 사람은 어느 나라 사람일까? ㅇㅇㅇ는 "서양인은 다 한다."는 말에 바다에 몸을 던졌다. 그 다음을 이은 사람은 ㅇㅇㅇ이었다. 그는 "ㅇㅇㅇ에게 질 수는 없기 때문에" 뛰어들었다. 마지막까지 남아 다른 이의 말에 아랑곳하지 않고 정말 배가 가라앉는가를 눈으로 확인한 이는 ○○○이었다.[1]

　이런 종류의 유머는 종종 사람들의 웃음을 자아내는 한편 그 비유의 적절함에 다시금 고개를 끄덕이게 하는 것이 사실이다. 각 지역의 사람들에게서 발견되는 일정한 성향을 우리는 '민족성'이라고 한다. '민족성'이란 고정된 실체가 있는 것은 아니지만 지정학적, 환경적, 역사적 조건과 경험에 의해 각 지역의 공동체 구성원들에게 점차 고유한 심성과 패턴이 생겨나는 것은 사실이다. 이에 대해 김용운은 "민족은 같은 국토, 동일한 자연적 조건 하에서 공통의 체험을 하며 오랜 민족일수록 민족적인 집단행동 속에서 그들의 조상이 겪었던 공통적 체험의 흔적을 엿볼 수 있는데 그러한 체험이 인간의 심성에 보편적으로 정착되어 원형原型을 만든다."고 지적했다.[2] 융(Carl Gustav Jung) 또한 "집단은 무의식 깊은 곳에 생명력이 있는 집합적인 내용을 가지고 있다."고 말한다. 그렇다면 한국문화 형성의 기본요인은 어떠한 것이 있을까?

　한반도의 지리적 환경은 대륙적이면서도 해양적이다. 기후는 위도상 온대이나 낮밤의 기온차가 크고, 여름과 겨울의 길이가 길다. 한편 자연환경은 수산자원과 광물자원이 풍부하며 강우량은 만주의 2배, 일본의 1/2이다. 이러한 환경에서 한반도에는 언제부터 사람이 살기 시작했을까? 한국인의 기원은 현재의 고고학의 성과에 의하면 후기 구석기시대(약 4만 년 전~1만 년 전) 인골로서 1979년 평양시 승호구역 만달리에서 나온 만달사람으로 추정하고 있다. 한편 남한에서도 1982년 말 충북 청원 두루봉 동굴에서 뇌의 크기

1,200~1,300cc, 키 110~120cm, 나이 만5~6세정도로 추정되는 아이의 인골이 발견되었다. 이 아이는 약 4만 년 전 중기 구석기의 인골로 밝혀졌는데 당시 처음 발견한 김홍수의 이름을 따서 '홍수아이'라고 명명했다. 그런데 흥미로운 사실은 이 인골이 편편한 석회암 위에 놓여 있었고 주검 옆에는 여러 종류의 식물가루가 채집되었는데 그 중 국화꽃이 가장 많았다는 점이다.[3] 이라크 샤니다르 동굴유적에서도 이와 같이 죽은 어린이를 묻은 후 주위에 꽃을 뿌린 예가 있다.[4] 이러한 사실을 통해서 구석기시대부터 현재 우리의 모습과 비슷하고 비슷한 정서를 가진 사람들이 한반도에 살았음을 알게 된다.

그런데 한국인은 단일민족일까? 한국인은 인류학에서는 몽고인종, 언어학적으로는 우랄알타이어족, 역사학에서는 북방아시아 민족으로 불린다. 그러나 한국인의 얼굴을 새삼 관찰해 보면 다양한

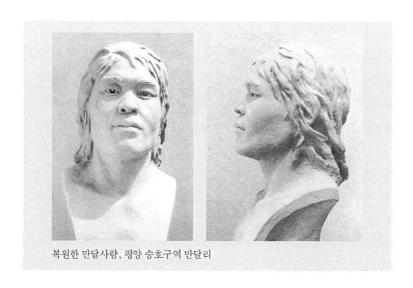

복원한 만달사람, 평양 승호구역 만달리

생김새에 놀라게 된다. 동남아시아 계통의 얼굴과 몽고 계통의 얼굴, 서구적인 얼굴 등 각양각색이다. 이러한 모습을 보면 한국인이 단일민족이라는 상식이 의심스럽다.

실제로 한민족의 형성과정은 단일하지 않다. 김병모는 구석기시대(10만~20만 년 전)의 토착민이 원(原)한국인과 기원전 약 5천 년경에 시베리아 일대에 거주하던 고(古)아시아족의 한 갈래가 북만주를 거쳐 이주해 왔으며(신석기시대), 이어서 양자강 하류의 남방계 농경민이 한반도 남부로 이동해 왔다고 지적한다.5 한편 윤명철은 다시 최소한 여섯 갈래로 즉, 북방의 시베리아 연해주를 거쳐 들어온 무리, 바이칼호 지방에서 온 이들, 몽골과 중앙아시아의 초원에서 이주한 이들, 중국 화북지방에서 온 이들, 남방과 일본열도에서 온 이들이 있다고 지적한다.6 결국 한민족은 크게 보아 북방계 유목민족과 남방계 농경민족의 혼융에 의해 성립되었다는 이야기다.

이러한 점은 고고학의 유물로서도 입증이 되는데 신석기시대의 대표적인 유물인 빗살무늬토기는 세계사적으로 만주, 시베리아 일원, 핀란드에까지 분포한다. 즉 신석기시대의 문화는 북방문화권에 속함을 알 수 있다. 한편 신석기시대에 남방작물인 벼농사가 시작되어 청동기7시대에는 농경이 정착되기도 했다. 또한 청동기시대의 대표적인 무덤양식인 고인돌은 우리나라 전역에 4~5만 기 정도가 분포하는데 북방한계는 남만주지방과 요녕성을 잇는 선이다. 김병모는 이에 대해 남방계문화가 북상한 것이라고 지적한다. 시베리아나 중국의 내륙에는 고인돌 문화가 없고 한국, 일본, 대만, 인도네시아, 말레이시아, 인도로 연결되는 문화대가 고인돌 문화권이다. 또한 충북 청풍면 황석리 13호 고인돌에서 나온 인골은 서양인 두개골의 일반적인 형태인 과장두로서 신장이 170cm이다. 탄소연대측정법[8]으로 측정한 결과, 기원전 410년인 청동기시대 말기 사람이었다고 한다.[9]

이러한 사실을 통해 볼 때 한민족의 문화는 유목민족문화를 기반으로 하여 농경민족의 문화가 혼용되었음을 알 수 있다. 이와 같은 한민족 형성과정의 파노라마를 극명하게 보여주는 텍스트가 고대국가의 건국신화이다. 그 다양한 신화의 세계에서 한국인은 어떤 심성을 드러내었는지를 다음에서 살펴보자.

2 단군신화 [10]

영국의 인류학자 에드워드 타일러(Edward tylor)는 고대인의 모든 자연물에 영혼이 있다는 믿음을 애니미즘(animism)이라고 명명했다. 한편 뒤르켐은 동물이나 식물의 한 종류를 집단의 표식으로 삼고 일정한 터부나 의례에 의해 신성시하거나 그를 집단의 시조로 삼는 종교현상을 토테미즘(totemism)이라고 했다. 독일의 민속학자 바우만(R. Bauman)은 유목민의 신화는 〈산림-바다-하늘과 별-동물-힘〉으로, 농경민의 신화는 〈대지-육체-영혼-생과 사〉로 도식화하여 유목민의 신앙이 토테미즘이라면 농경민의 경우는 애니미즘이라고 설명한다. 단군신화는 고조선의 건국신화이다. 이러한 고대인의 정신세계에서 볼 때 이 신화는 어떻게 위치지울 수 있을까?

단군신화는 지도자가 하늘에서 내려온다는 설정이기 때문에 신화의 유형으로는 유목민족의 신화인 '천손신화'에 속한다. 그러나 신화의 내용에는 하늘-곰-농업 신-죽음 등이 있다. 이는 유목민의 감성과 농경민의 감성이 융합된 모습이 엿보인다.

천제天帝 환인桓因의 여러 아들(庶子) 중 환웅桓雄이 천하를 다스릴 뜻이 있음을 안 환인은 하계下界를 내려다보니 삼위태백三危太伯이 가히 홍익인간弘益人間할 만한 땅이므로 천부인天符印 세 개를 주어 내려가 다스리게 하였다. 환웅은 무려 삼천三千을 거느리고 태백산정 신단수神檀樹 아래 내려와 나라를 열고 신시神市라 하였다. 바람, 비, 구름을 부려서 곡식과 목숨과 병과 형벌과 선악 등 인간의 360여 사를 주관하여 세상을 다스렸다. 때에 곰과 호랑이가 한 굴에서 살고 있었는데 항상 환웅에게 빌기를 사람이 되게 하여 주십사 하였다. 환웅이 그들에게 쑥 한 줌과 마늘 스무 알을 주면서 너희들이 이것을 먹고 백 일 동안 일광을 보지 않으면 사람이 되리라 하였다. 곰과 호랑이는 이를 받아먹었는데 곰은 3.7일을 기忌하여 여자가 되었으나 호랑이는 기忌하지 못하여 사람이 되지 못하였다. 여자가 된 곰은 혼인할 짝이 없으므로 매양 신단수 아래서 잉태하기를 빌므로 환웅이 거짓 화化해서 이와 교혼하여 아들을 낳으니 이름 하여 단군왕검檀君王儉이라 하였다. 당고唐高(堯) 즉위 50년 경인庚寅에 평양성에 도읍하고 비로소 조선朝鮮이라 일컫었다. (중략) 1천 5백 년 동안 다스리다가 (중략) 단군은 뒤에 아사달산에 들어가 산신이 되었다. 〔삼국유사, 기이紀異1 고조선조〕

그렇다면 구체적으로 신화의 내용을 분석해 보자.[11]

환인桓因

『삼국유사』에는 제석帝釋이라 하였다. 저자인 승려 일연一然의 관점을 반영한 표현이라고 보인다. 불교에서의 제석은 천제天帝(하느님)를 말하며 우리 민족의 하늘에 대한 관념을 나타낸다.

하늘은 도덕적 신성이며 생명의 근원이며 숭앙의 대상으로 생각되었다. 하늘에 대한 숭배의식은 '단군'이라는 이름에도 드러나 있다. 최남선은 단군은 몽고어 'tenguri'에서 파생된 말이며 이 뜻은 하늘 혹은 제천자祭天者를 의미한다고 했다. 사실, 'tenguri'란 옛 터키어인데 자연계의 '땅'에 대해서 '하늘'을 나타냄과 동시에 신적, 비인격적인 존재로서의 '천天'을 의미한다.[12] 고대 몽고의 최초의 유목국가인 흉노匈奴의 군주는 '하늘의 자식'이라고 부르기도 했다. 이 하늘숭배는 태양숭배와 밀접히 관련되어 있는데 부여와 고구려의 초기 왕의 성이 '해解'였던 점, 고구려를 건국한 주몽이 자신을 '천제天帝의 아들'이라고 하고 동명왕東明王이라고 한 점, 고대인이 흰색을 신성시하여 신神의 색깔로 여긴 점 등은 모두 태양숭배를 보여주는 흔적이다.[13]

서자庶子

종래에는 적자嫡子가 아닌 서얼庶孽의 자손으로 해석하기도 했지만 '서庶'의 자의字意는 서얼이라는 뜻에 앞서 '많다, 여럿이다'는 뜻이 있다. 환웅은 환인의 여러 아들 중 한 명이라고 해석할 수 있으며 이는 신의 세계에도 가족이 있다는 발상으로 연결된다.

인간세상을 구하기를 탐하였다

하늘이 인간세상으로 향하고 있다는 점을 주목해야 할 것이다.

서구의 정신문화에서 인간은 신을 두려워하고 신의 뜻을 묻고 끊임없이 신에게 다가가고자 하는 존재이다. 그런데 단군신화에서 신과 하늘은 인간 세상 저편의 두려운 존재가 아니라 인간의 삶을 돌봐주는 후견인, 혹은 어버이 같은 모습으로 존재한다. 신이 인간을 향하고 있으며, 신의 이야기를 하고 있음에도 주인공은 어디까지나 '인간'이라는 점이 주목된다.

아버지가 아들의 뜻을 알고

아들의 마음을 헤아리는 자상한 아버지의 모습을 볼 수 있다. 아들이 아버지에게 무엇인가를 요구하고 아버지가 이를 들어주는 것이 아니라 아버지는 자식의 마음을 평소에 잘 살펴서 자식이 원하는 바를 미리 알고 그것을 들어주는 모습으로 존재한다. 바로 고대인은 신의 모습 속에서 자애로운 부모의 모습을 찾고 있었음을 알 수 있다.

바람, 비, 구름을 부려서 곡식과 목숨과 병과 형벌과 선악 등 인간의 360여 사를 주관하여 세상을 다스렸다

바람, 비, 구름은 기능신으로서 환웅의 지배를 받는다. 또한 이는 농경 운영의 절대적인 요소이기도 하다. 이 신화가 농경정착을 배경으로 함을 이 대목에서 읽어볼 수 있다. 또한 인간세상을 무력으로 제압한 것이 아니라 이치를 세워 다스려지는 사회의 모습, 즉, 패권이 아닌 교화를 중시했음을 살펴볼 수 있다.

곰과 호랑이의 의미

농경기술을 가진 민족이 이입되기 이전에 이 지역에서는 곰 토템과 호랑이 토템을 가진 부족이 있었다. 곰 숭배는 유럽과 북아시아 민족의 수렵문화 속에서 전승되었다는 공통점이 있다. 호랑이는 조선 북부에서부터 시베리아에 서식하고 있으며 역시 수렵문화와 함께 숭배의 대상이 되었다. 따라서 이 단락은 농경기술을 가진 무리와 곰 토템부족의 융합을 의미하며 호랑이 토템부족은 융합을 반대한 세력으로 해석된다. 그런데 중요한 것은 융합을 반대한 호랑이 토템부족을 용인하고 있다는 점이다. 이 '반대자를 포용하는 관대함'은 단군신화의 매듭 부분과 관련된 중요한 키워드이다. 이러한 성품은 중국의 사서에서도 지적되었다는 점이 흥미롭다. 즉 『산해경山海經』에는 '성품이 부드럽고 순하며 사양하기를 좋아하며 다투지 않는다.'고 했으며 『위지동이전魏志東夷傳』 한전韓傳에서도 '그 곳 풍속은 기강이 서 있지 않다. 나라나 고을에 우두머리가 있어도 이들은 섞어 살면서 서로가 서로를 제어하지 않는다.'고 했다. '기강이 서있지 않다'는 것의 다른 면은 그만큼 수직적인 명령 체계보다는 수평적인 상호존중의 관념이 중시되었던 사회상을 그려보게 한다.

햇빛을 백일 간 보지 않으면

인고의 절차를 거쳐서 더욱 승화된 생명체로 거듭나는 통과의례를 의미한다.

1500년 동안 다스리다가 산신이 되었다

1500년이라는 숫자는 상징성에 불과하겠지만 이렇게 오래도록 단군이 조선을 다스릴 수 있었던 원동력은 무엇이었을까? 이 점에 대해서는 단군신화와 비슷한 유형인 일본의 니니기노미코토瓊瓊杵尊 신화외의 비교를 통해 살펴보자.

일본의 국조신인 아마데라스 오오미카미(天照大神)는 그의 손자 니니기에게 다음과 같은 말을 한다. "지금 일본이 평정되었다고 하니 너는 나의 명에 따라 그 곳에 가서 통치하라." 이 명령을 받은 천손은 5부족의 신을 데리고 하늘에서 내려온다. 이 때 그는 3종의 신기神器인 구슬과 거울, 칼을 가지고 거룩한 산 〈다까찌호〉에 내렸다. 이 때 두 신이 그의 앞장을 섰다. 하나는 돌로 만든 큰 활을 가졌고 또 하나는 큰 칼을 들고 있었다. 이 때 또 하나의 신은 모든 물고기를 소집하여 묻는다. "너희들은 하늘의 아들을 받들어 모실 것이냐?" 이 때 모두들 "예, 그렇게 하겠습니다."라고 대답한다. 그러나 그 중에 오직 하나, 해삼만이 아무 말을 하지 않았다. 화가 난 신은 "너의 입은 대답할 수 없는 것이냐?"하고 칼로 입을 찢어버렸다. 그 후 천손은 해변에서 아름다운 처녀를 만난다. 그녀의 이름은 '나무꽃 공주'였다. 그녀에게는 언니 '돌녀 공주'가 있었다. 그 자매의 아버지는 천손에게 두 딸을 바친다. 그러나 천손은 못난 언니 '돌녀'를 돌려보내고 아름다운 '나무꽃 공주'를 받아들였다. 그 때문에 천손은 돌처럼 오래 살 수는 없었고 나무꽃처럼 짧은 수명을 가지게 되었다.[14]

이 신화는 단군신화와 마찬가지로 천손신화이다. 그러나 환웅이 스스로 땅으로 내려가기를 바라는 데 대해 천손인 니니기는 명령을 받고 지상으로 내려간다. 또한 환웅은 농업용 기술을 가지고 내려오는데 비해 니니기는 정복용 칼을 가지고 온다. 환웅은 도망가는 호랑이는 그냥 두고 웅녀를 맞이하는 데에 만족하지만 니니기는 자신을 반대하는 해삼을 죽여 버린다. 환웅이 웅녀와 결혼하는 이야기는 정복자가 토착민과 융합하는 과정을 보여준다면 니니기는 못난 언니를 싫다고 하여 동생을 취했다.

이러한 양자의 선택은 상이한 결과로 매듭지어짐이 흥미롭다. 즉 단군이 오래도록 장수한 데 비하여 니니기노미코토는 짧은 수명에 그쳤다는 내용이 그것이다. 이러한 한국과 일본의 신화구조와 내용의 차이에 대해 김용운은 단군신화는 문화형, 공생형이며 니니기 신화는 정복형, 위계형이라고 구별하고 있다.[15]

이러한 점에서 볼 때, 단군의 오랜 생명력은 그가 반대세력을 포용하고 무력이 아닌 교화에 입각해서 통치했기 때문으로 생각된다.

한편 단군신화와 비슷한 설정인 파에톤 신화와도 비교를 해보자. 파에톤은 단군처럼 신과 인간인 여자의 결합으로 태어난 반신반인半神半人이다.

태양신 헬리오스와 인간 여자 클리메네가 동침하여 파에톤을 낳았다. 파에톤은 인간 세상에 살고 있으면서 자신이 헬리오스의 아들이라고 사람들에게 뽐내었지만 사람들은 믿지 않았다. 어느 날 파에톤은 아버지의 신전을 찾아간다. 그는 자신이 태양신의 자식이라는 증거로서 자신의 소원을 무엇이든지 들어달라고 강청한다. 그것은 태양마차를 끌게 해달라는 것이었다. 아버지는 거절하다가 끝내는 할 수 없이 승낙한다. 그러나 파에톤이 태양마차에 오르자

마차를 이끌던 말들이 자신의 주인이 아님을 알아차리고 날뛰는 바람에 태양 마차가 궤도를 이탈해 버린다. 마차가 별들에 부딪쳐 별이 불타서 바다로 몸을 던지고 지상에서는 불이 나고 해일이 일어 큰 소동이 벌어진다. 이에 신들이 제우스를 찾아가 파에톤을 처벌할 것을 요구하여 결국 제우스는 번개를 내려 파에톤을 죽여 지상으로 떨어뜨렸다.[16]

이 이야기는 파에톤이 억지로 신의 권능을 얻고자 했으나 결국 소원을 이루지 못하고 좌절하는 구조로 되어 있다. 신과 인간의 단절과 분리, 신은 지배하고 인간은 복종하는 관계를 벗어날 수 없다는 점, 인간이 신의 뜻을 묻고 신을 향하는 관계 설정은 서구 정신사의 주요 키워드이기도 하다. 단군신화를 위와 같은 일본, 그리스 로마신화의 내용과 함께 비교해 보면 그 특징이 보다 확연히 드러난다. 그 특징을 정리하면 다음과 같다.

첫째, 인본주의다. 하늘이 인간세상을 탐하고 땅은 인간의 몸이 되기를 원한다. 내용은 신의 이야기이나 그 초점은 단군으로 상징되는 인간에 관한 이야기이다.

둘째, 현세주의이다. 신이 인간세상을 향하고 있는 것은 그 중심이 현세의 삶에 맞춰져 있다. 이상향은 저세상에서 이루어지는 것이 아니라 바로 이 곳에서 이루어진다는 발상이다.

셋째, 도덕주의이다. 환웅은 이치에 따라 사람들을 다스렸다. 무력으로 강제적으로 지배했던 것이 아니다. 일본의 니니기노미코토 신화와 비교되는 부분이다.

넷째, 천지인의 조화를 중시하여 갈등적 요소가 거의 없다. 하느님(하늘)은 두려움의 대상이 아니라 정신, 영혼, 신성성, 도덕성, 생명의 씨를 상징하며 땅은 물질, 육체, 생명의 터를 상징한다. 하늘과 땅은 인간을 통해서만 그 의지를 실현시킬 수 있다.

다섯째, 융화주의이다. 융합을 반대하는 세력조차 탄압보다는 관용의 자세로서 이를 포용한다. 이것은 바로 단군이 고조선을 오

단군의 역사적 실재에 대하여

서울 신당동 부근에는 '단골동'이라는 지명이 남아있다. '단골'은 전라도 방언에서 무당을 지칭하는 말이다. 단군은 고유명사가 아니라 제사장을 가리키는 일반적인 호칭인데 그 정체는 무당이라고 할 수 있다. 예를 들면 천부인 3개란, 한국 고대사와 밀접한 관련이 있는 일본 신화의 경우와 비교해 보면 무구巫具로 볼 수 있다는 설도 이를 뒷받침한다. 한편 단군은 몽고어 'Tenguri'(하늘 혹은 제천자祭天者)에서 유래된 말로 제사장을, 왕검이 정치적 지배자를 뜻하는 단어였으며 따라서 각 지역에 할거하는 부족집단에 각각의 단군왕검이 존재했을 것으로 보인다. 남한의 학자들이 단군왕검을 위와 같은 맥락에서 이해하는 것과는 달리 북한에서는 단군왕검의 역사적 실재를 인정한다. 북한 평양시 강동군 대박산 동남쪽 기슭에는 단군릉이 조성되어 있다. 원래 고고학자는 이것이 고구려 식 무덤이라서 주목하지 않았다. 그러나 학자들 중에는 고조선의 강역이 요동지방이 아니라 평양 중심이라고 생각하는 이들이 있었다. 『신증동국여지승람』, 『조선왕조실록』에도 단군릉의 수리와 제사에 대한 언급이 있다. 또한 대박산 근처의 지명에는 단군호湖, 단군동洞, 아달동 등의 명칭이 보인다. 북한은 이 곳을 발굴하여 인골을 채취하였는데 전자스핀공명법으로 측정한 결과, 1993년 기준으로 약 5000년 전의 인골이라는 결론을 얻었다고 한다. 북한은 이것이 단군과 그의 처라고 확신하고 이를 토대로 단군릉을 조성하였다. 그러나 남한의 학자들은 이에 대해 의문을 갖고 있는 것이 사실이다.

래도록 지배하고 죽어서도 산에 들어가 산신이 되어 계속 한민족에게 영향을 끼칠 수 있었던 원인이다. 일본 니니기노미코토 신화의 결말 부분과 대조된다는 점을 덧붙이고자 한다.

여섯째, 평등주의이다. 신과 인간이 부모와 자식 같은 관계라는 설정은 특정 인간에게만 해당되는 것이 아니다. 인간 모두에게 공여되는 권리라고 할 때 인간은 본질적, 태생적으로 평등하다는 인식이 한민족의 심성에 깔려 있음을 엿보게 한다. 이러한 심성에서 결국 한국인은 모두 '단군의 자손'이라는 인식이 나올 수 있었던 것이다.[17]

3 고대 국가의 건국신화

고구려는 예맥족濊貊族의 한 갈래로 부여족에서 갈라져 나온 세력에 의해 압록강 유역에 세워졌다. 남만주지역에서 예맥족이 청동기 문화를 누리던 때보다 다소 늦게 한반도 중남부지역에서는 한족韓族이 청동기 문화를 꽃피웠다. 이후 철기문화가 형성되면서 마한지역에는 부여족의 일파로 고구려에서 남하한 비류, 온조 집단이 백제국을 세웠으며 경주지역의 사로국 중심으로 신라가, 변한지역에도 김해지방의 가야국을 중심으로 여러 소국 간의 결합이 이루어졌다.[18]

이들 고구려(백제는 고구려와 건국신화를 공유한다), 신라, 가야의 건국신화는 모두 난생신화라는 공통점이 있다. 각각의 신화 내용을 검토해 보자.

고구려의 주몽신화

금와는 태백산(백두산을 말함) 남쪽 우발수에서 한 여자를 만나 물은즉 여자가 "저는 하백의 딸로 이름은 유화柳花라고 합니다. 내가 여러 아우들과 노닐고 있을 때 남자 하나가 나타나 자기는 천제의 아들 해모수라고 하면서 저를 웅신산熊神山 밑 압록강 가에 있는 집 속으로 유인하여 남몰래 정을 통해 놓고 가더니 돌아오지 않았습니다. 부모는 내가 중매도 없이 혼인한 것을 꾸짖으며 마침내 이 곳으로 귀양을 보냈습니다." (중략) 금와는 이를 이상히 여겨 그녀를 방 속에 가두어 두었더니 햇빛이 방 속을 비쳤다. 몸을 피하자 햇빛이 따라와 또 비추었다. 그로부터 태기가 있더니 알 하나를 낳았다. 크기가 닷 되들이 말(斗)만 했다. 왕은 그것을 버려 개와 돼지에게 주려 하였으나 먹지 않았다. (중략) 이에 왕이 그것을 쪼개 보려 하였으나 쪼갤 수 없어서 마침내 그 어머니에게 다시 돌려주었다. 그 어머니는 알을 천으로 싸서 따뜻한 곳에 두었더니 한 아이가 껍질을 깨고 나왔다. 골격과 외양이 영특하고 기이하였다. 나이 겨우 일곱 살에 기골이 준수하니 범인凡人과 달랐다. 스스로 활과 화살을 만들어 쓰는 데 백 번 쏘면 백 번 다 맞았다. 그 나라의 풍속에 활을 잘 쏘는 사람을 주몽이라 하였는데 이런 연유로 해서 그는 주몽朱蒙이란 이름을 얻었다. (중략) 왕의 여러 아들과 신하들이 주몽을 죽이려 하니 주몽의 어머니가 이 사실을 미리 알고 주몽에게 말하였다. (중략) 그리하여 주몽은 오이烏伊 등 세 사람을 벗으로 삼아 함께 도망하였는데 마침 엄수淹水에 이르렀다. 이에 그는 물을 향해 말을 하였다. "나는 천제의 아들이며 하백의 손자이다. 오늘 도망해 가는데 뒤쫓는 자들이 거의 따라오게 되었으니 어찌하면 좋겠는가?" 이에 물고기와 자라가 솟아올라 다리를 만들어 주어 그들을 건너게 한 다음 흩어졌다. 이로써 뒤쫓아 오던 기마병은 건너지를 못하고 주몽은 무사히 졸본주―현도군의 지경―에 다달아 이 곳에 도읍을 정하였다. (중략) 국호를 고구려라

하였다. 인하여 고高로서 성을 삼았다. 본성은 해解였으나 천제의 아들로 햇빛을 받아 낳은 까닭으로 스스로 고高로서 성을 삼았다. 〔삼국유사〕

　'동명신화'는 부여, 고구려, 백제 등 범부여계의 공동 시조신화이다.[19] 고구려의 시조 동명성왕(주몽)은 천제의 아들 해모수와 아록강의 신인 하백의 딸 유화가 결혼하여 낳은 알 속에서 태어난다. 주몽이 태어나는 기원전 1세기경에 천손계통의 시조신화를 갖고 있던 사회와 난생 계통의 사회가 결속하여 고구려라는 국가로 발전하는 과정을 보여주는 신화이다.

　당시의 시대적 배경으로는 농경문화가 정착하였는데『후한서』,『삼국지』동이전에는 '땅이 5곡을 가꾸기에 알맞다'고 했으며 B.C 3~B.C 2세기의 것으로 중국 동북지역 무순撫順, 안산鞍山, 압록강 북쪽의 관전에서 곡괭이, 호미, 낫 등 철제 농업 생산도구가 광범하게 출토되었고 북한에서도 같은 시기의 것으로 위원군, 영변군 등지에서 호미, 낫, 곡괭이 등이 발굴되어 당시의 농경 발달상황을 엿보게 해준다.

　한편 '웅신산'이라는 표현을 통해서 주몽이 태어나기 이전의 신앙은 곰 토템임을 알 수 있으며 농경과 관련하여 개와 돼지가 사육되었다는 점도 흥미롭다.[20] 또한 활쏘기를 중시하고 주몽이라는 이름이 활을 잘 쏘는 사람을 가리키는 말이었다는 점에서 고구려인의 상무정신의 뿌리를 엿볼 수 있다. 주몽이 남으로 탈출한다는 설정은 천손계의 해모수와 난생계의 유화가 결합했어도 아직은 두 이질적인 정신세계를 가진 두 사회가 갈등하고 있음을 보여준다. 물고기와 자라는 난생설화에 등장하는 동물로서 남방 농경문화계

부족의 도움을 받았음을 암시한다.[21] 이는 주몽이 활을 잘 쏠 뿐 아니라 활로 강물을 쳐서 물을 제어하는 우사적雨師的 능력을 지닌 자라는 점, 농경기술을 지닌 자라는 점이 중요하게 작용했을 것이며 고구려의 기반이 농경에 있음을 보여주는 대목이다.[22]

신라의 건국신화

박혁거세신화

전한前漢의 지절(한나라 선제宣帝의 연호) 원년 3월 초하루에 여섯 부의 조상들은 자제를 거느리고 알천의 언덕 위에 모여서 의논을 하였다. "우리들은 아직 백성을 다스릴 임금이 없어서 백성들이 방자하기가 이를 데 없소. 그러니 덕 있는 사람을 찾아 임금을 삼고 나라를 세워 도읍을 정해야 하지 않겠소." 이리하여 그들이 높은 곳에 올라가서 남쪽을 바라보니 양산楊山 밑에 있는 우물 옆에서 이상한 기운이 땅에 닿아 비추고 있었다. 그런데 그 곁에 백마 한 마리가 꿇어앉아 절을 하고 있는 형상을 하고 있었으므로 그 곳을 찾아가 살펴본즉 자줏빛 알 한 개가 있었다. 말이 사람을 보더니 길게 울고는 하늘로 올라가 버렸다. 그 알을 깨어보니 사내아이가 나왔는데 모양이 단정하고 아름다웠다. 모두 놀라고 이상하게 여겨 그 아이를 동천東泉(경주 부근)에서 목욕을 시키자 몸에서 광채가 나고 새와 짐승이 더불어 춤을 추니 이내 천지가 진동하고 해와 달이 청명하여졌다. 그로 인하여 그 아이를 혁거세왕이라고 이름하였다. (중략) 이것은 세상을 다스린다는 뜻이다. 〔삼국유사〕

석탈해신화

남해왕 때에 가락국 바다 가운데에 어떤 배가 와서 머물렀다. (중략) 그 배를 끌어 나무숲 밑에 두고 길흉을 알 수 없어 하늘을 향해 맹세하고 조금 있다가 궤를 열어보니 단정한 남아와 아울러 칠보와 노비가 그 안에 가득 차 있었다. 그가 대접 받은 지 7일 만에 말하기를 "나는 본래 용성국龍城國(용성은 왜의 동북 1천 리에 있다) 사람이다. (중략) 우리 부왕 함달파가 적녀국積女國 왕녀를 맞아서 비를 삼았더니 오래도록 아들이 없으므로 기도하여 아들을 구할 새, 7년 뒤에 큰 알 하나를 낳았다. 이에 대왕이 군신에게 묻되, '사람으로서 알을 낳음은 고금에 없는 일이니 이는 불길한 조짐이라'하고 궤를 만들어 나를 그 속에 넣고 또 칠보와 노비를 배 안에 가득히 실어 바다에 띄우면서 축원하되 마음대로 인연 있는 곳에 가서 나라를 세우고 집을 이루라 하였다. 그러자 문득 붉은 용이 나타나 배를 호위하며 여기에 왔노라"고 했다. 말을 마치고 그 아이는 지팡이를 끌며 두 종을 데리고 토함산에 올라 돌무덤을 만들고 7일 간 머무르면서 성 중에 살만한 곳이 있는가 바라보니 마치 초승달같이 둥근 봉우리가 있어 지세가 오래 살 만한 곳이 있었다. 내려와 물으니 곧 호공의 집이었다. 이에 속임수를 써서 몰래 숫돌과 숯을 그 곁에 묻고 다음날 아침에 그 집에 가서 "이것은 우리 조상 대의 집이라"하였다. 호공은 아니라 하여 서로 다투고 결단치 못하여 관에 고하게 되었다. 관에서는 "무엇으로써 너의 집임을 증거하겠느냐?"하니, 동자는 가로되 "나는 본래 대장장이였는데 잠시 이웃 고을에 간 사이에 다른 사람이 빼앗아 살고 있으니 그 땅을 파보면 알 것이라" 하였다. 그대로 파보니 과연 숫돌과 숯이 있으므로 그 집을 차지하게 되었다. (중략) 노례왕이 돌아가매 광무제 중원 6년 정사 6월에 (탈해가) 왕위에 올랐다. 옛적에 내 집이라 해서 남의 집을 빼앗았으므로 성을 석昔씨라 하였다. 혹은 까치(鵲)로 인하여 궤를 열게 되었으므로 까치 작 자에서 조鳥를 떼고 석昔씨라 하였다고도 한다. 재위 23년, 건초 4년 기묘에 돌아가다. 〔삼국유사〕

김알지신화

영평 3년 경신 8월 4일에 호공瓠公이 밤에 월성月城 서리西里를 지나다가 숲 속에서 큰 광명이 뻗침을 보았는데 자색紫色 구름이 하늘로부터 땅에 드리워지고 구름 속에 황금 궤가 나뭇가지에 걸려있고 빛이 그 곳에서 나오고 있었다. 또 흰 닭이 나무 아래서 울고 있었다. 이 일을 왕께 아뢰어 왕이 친히 나아가 그 금궤를 여니 어린 남자아이가 그 안에 누워 있다가 곧 일어남이 혁거세의 고사와 같았다. 그 아이의 이름을 알지閼智라 하였다. 알지는 나라 말에 어린 아이를 말한다. 그 아이를 안아 싣고 대궐로 돌아오니 새, 짐승들이 서로 따르며 즐기었다. 임금이 길일吉日을 가려 태자로 책봉하였다. (중략) 김씨는 알지로부터 비롯되었다. 〔삼국유사〕

신라의 건국신화는 박혁거세신화, 석탈해신화, 김알지신화가 있다. 박혁거세신화는 경주지방에 있던 육촌의 장長들이 모여 알에서

천마총 벽화 천마도

태어난 박혁거세를 임금으로 추대하는 내용으로 되어 있다. 이 신화에서 특히 주목되는 대목은 '백마'의 등장이다. 경주 천마총의 날개 달린 백마를 연상케 한다. 말은 새와 마찬가지로 인간과 하늘을 연결시켜주는 존재로 여겨졌으며 '백마'이기에 더욱 신령스런 존재로 묘사된다. 여기에서 흰색이 한민족에게 갖는 의미를 찾아볼 수 있는데 흰색은 원래 태양이 반사되는 색깔로서 고대의 제사장이 신에게 제사지낼 때 입었던 옷의 색이다. 최남선은 고대의 조선민족은 자신들을 하느님의 자손이라 믿어 태양의 광명을 표시하는 의미로 흰 빛을 신성시했다고 지적했으며 유희경은 몽골의 경우, 집이나, 옷, 음식에서 흰색을 선호하고 있는데 이는 북방아시아 민족의 일반적 경향이라고 지적하고 있다.[23]

한편 박혁거세가 태어난 알은 자주 빛으로 묘사된다. 이는 붉은 색과 통하는 색이며 음양오행에 입각해볼 때 방위로는 남방에 해당하며 양기가 왕성하여 귀신이나 악한 것을 막는다고 알려져 있다. 붉은 색에는 홍紅, 주朱, 황黃색이 포함된다.

석탈해신화는 철기시대를 배경으로 하는 신화이다. 『삼국지』위지동이전이나 『후한서』에는 진한의 철의 생산을 주목하여 "그 나라에는 쇠가 나는데 예濊, 왜倭, 마한 등에서 가져가며, 시장의 매매에서는 중국이 전錢을 사용하듯이 모두 쇠를 사용하며, 또 쇠는 낙랑군 등 두 군郡에 공급한다"고 했다. 신라 건국에 철기 생산력이 뒷받침되었음은 여러 학자들이 지적하고 있는데 신라가 반도 동남부 일각의 불리한 입지조건에도 불구하고 후일 통일 대업을 완수한 것은 철기 생산력 때문이었다고 보고 있다.

대장장이는 무당의 무구巫具와 관계가 있다. 초기 신라의 국왕들에게는 무왕巫王적인 요소가 많았다. 신라의 금관이 시베리아 샤먼의 관을 모델로 하였다는 지적도 있다. 특히 남해 차차웅의 차차웅은 무당을 가리키는 말이기도 하다. 결국 해양계 출신으로 토착기반이 약했던 탈해족은 제철기술로써 왕권에 참여하게 되었다.[24]

또한 석탈해신화에서 흥미로운 점은 탈해가 토함산에 올라가 땅의 형세를 보았다는 점이다. 이는 풍수風水의 역사를 가늠케 하는 지표이다.(풍수에 대해서는 제2장을 보라.)

김알지신화는 닭 토템의 흔적을 갖고 있는 신화이기도 하다.『삼국유사』권4, 「귀축제사歸竺諸師」에는 "인도인이 해동을 불러 '구구타예설라'라 하니 구구타는 닭을 말함이요, 예설라는 귀貴를 말함이다. 인도에서 전하여 이르기를 신라에서 계신鷄神을 받들어 존경하는 고로 그 깃을 관에 꽂아서 장식한다"고 하였다. 닭은 본래 새벽을 고하는 새이니 태양에 관련되는 영조이며 암흑과 액귀를 쫓는 영물로서 우리 민간에서도 오래 숭상되어 왔다. '계림'이라는 국호도 신라뿐 아니라 한국의 범칭으로 고려, 조선시대에도 중국, 일본에서 계속 사용되었다. 그 예로 송나라 손목孫穆의 고려견문록인 『계림유사鷄林類事』(1103년), 조선시대에 일본에서 나온 『계림창화집鷄林唱和集』 등을 들 수 있다.[25]

가야 김수로신화

후한 세조 광정제 건정 18년 임인 3월 북쪽 구지봉龜旨峰에서 이상한 소리로 부르는 이 있어서 백성 220인이 이에 모였다. (중략) 여기가 어디냐고 물으므로 〈구지봉〉이라고 대답하니 황천皇天이 나에게 명령하기를 이 곳에 새로이 나라를 세우고 그 임금이 되라 하기에 내가 이 곳에 내려 왔으니 너희들은 봉우리의 흙을 파서 뿌리며 "거북아, 거북아, 머리를 나타내어라. 만일 안 나타나면 구워서 먹으리라"고 노래하며 춤을 추라 하였다. 구간九干들이 그 말대로 가무를 한 다음 얼마 뒤에 하늘을 쳐다보니 자색紫色 동아줄이 하늘로부터 내려오는데 그 줄 아래는 붉은 보에 금합자金合子를 싼 것이 달려 있었다. 그것을 열고 보니 그 안에는 황금 알이 여섯 개 있는데 해와 같이 둥글었다. (중략) 뒤에 백성들이 다시 몰려와 함을 열어보니 그 여섯 알은 동자童子로 변해 있었다. 얼굴이 잘났을 뿐 아니라 곧 일어나 상위에 앉는지라 백성들이 하례하고 공경하였다. 나날이 커서 한 열흘을 지나니 신장이 구척이라. 받들어 왕위에 오르니 처음 나타났다 하여 이름을 수로首露 또는 수릉首陵이라 하고 나라 이름을 금관가야라 하였다. 5명의 나머지도 다른 가야국의 시조가 되어 6가야가 성립되었다. (중략) 건무 24년 무신 7월 27일에 9간들이 배알할 때 진언하되 "대왕이 강림하신 이래로 좋은 배필을 얻지 못하셨으니" (중략) 홀연히 바다 서남쪽에서 붉은 빛 돛을 달고 붉은 기를 휘날리고 북쪽을 향하여 오는 배가 있었다. (중략) 왕후는 별포 나루터에서 내를 매고 상륙하여 (중략) 또 노비까지 아울러 20여인인데 싸가지고 온 비단, 금은주옥, 패물 들은 이루 헤아릴 수 없었다. (중략) 이에 왕과 후가 함께 침전에 계실 때 후가 왕께 조용히 말하되, "나는 본래 아유타국의 공주인데 성은 허씨요 이름은 황옥이며 나이는 16이라. 금년 5월에 본국에 있을 때 부왕이 왕후와 더불어 나에게 말씀하시기를 '어젯밤 꿈속에 함께 상제를 뵈오니 상제의 말씀이 가락국왕 수로는 하늘이 내려 보내어 등극케 하였으니 이 사람이야말로 신성스런 이다. 또 새로 나라를 다스리매 아직 배필을 정하지 못하였으니 그대들은 공주를 보내어 짝을 짓게 하라 하시고 하늘로 올라갔다. 그러니 너는 이 자리에서 곧 부모를 하직하고 그리로 가라' 하시었다. 그래서 내가 바다에서 떠서 찐 대추를 구하고 하늘에 가서 선도복숭아를 얻어 외람히 용안을 가까이 하게 되었다"고 하였다. 〔삼국유사, 駕洛國記〕

이 신화에서는 가야지역의 거북 토템신앙의 흔적이 드러나 있다. 역시 난생신화의 유형인데 지도자가 백성들에 의해 추대된다는 설정은 단군신화에서와 마찬가지로 공생과 융화의 문화원형을 발견하게 된다. 흥미로운 점은 김수로왕이 배필을 맞이하는 장면인데 부인의 신상명세가 비교적 상세하게 나온다는 점이다. 이는 신화가 상징성으로 채워져 있다는 고정관념에서 본다면 너무나 구체적이다.

문화인류학자 김병모는 허황옥의 신화를 역사적으로 추적하여 다음과 같은 결과를 얻었다고 한다.

김해 수로왕 사당에는 두 마리의 물고기가 마주보고 있는 조각이 있는데 이러한 문양은 한반도 내의 다른 왕릉에서는 보여지지 않는 문양이다. 실제로 인도를 답사한 결과 아유타국(아요디아)이 실재하였는데 이 나라는 인도 갠지스강 유역에서 B.C 20년경에 번성한 불교국가이며 전통적인 심벌은 물고기 두 마리가 마주보고 있는 그림이며 이 지역에는 지금도 "쌍어신앙"이 존재한다. 갠지스강 중하류에 B.C 186년 숭가왕조가 수도를 아요디아로 정했으며 B.C 165년 후대의 쿠샨왕조를 세운 기마민족 연합 집단인 박트리아가 침입하여 아요디아는 2세기 동안 혼란기에 빠졌다. 허황옥의 6대 혹은 7대조가 아요디아를 떠나 사라유강을 따라 하류로 가서 갠지스강을 만나, 수로를 타고 벵골 만으로 들어갔다. 자무나강(아삼지방)을 거쳐 중국 서남부 운남성으로 이동하여 이들은 중국 운남지방에 정착하여 살았다. 중국 운남지역을 답사한 결과 이 곳에서 허씨 집성촌이 존재하며 이 지역을 이전에는 보주普州라 불렀다는 사실도 밝혀냈다. 김수로 왕릉의 비문에는 '가락국駕洛國 수로왕비首露王妃 보주태후普州太后 허씨릉許氏陵'이라 적혀 있는데 이 '보주'는 바로 그녀의 고향

인 중국의 보주를 가리키는 것이다.[26]

이러한 연구결과는 신화가 당시의 시대적, 사회적 모습과 가치관을 보여줄 뿐 아니라 역사적인 실재로도 확인될 수 있다는 점에서 흥미롭다. 고대인의 삶을 이해하는 데에 신화가 차지하는 중요성을 실감하게 한다.

▶ 정리하는 말

단군신화를 비롯하여 고대국가의 건국신화는 북방계 문화와 남방계 문화의 융합과정에서 생겨난 신화였다. 단군신화를 제외하고 대부분의 신화 유형이 난생신화라는 점은 결과적으로 남방계 정치세력이 주도권을 장악하는 과정을 보여준다. 이로 인하여 농업과 유목의 전통이 합해지고 시베리아적 정신세계와 동남아적 정신세계가 합쳐져서 다양한 세계관을 갖게 되었다. 말을 타고 사냥과 전쟁을 하는 한편 배를 타고 파도를 넘어 항해를 하기도 하였는데 고구려 고분벽화의 기마수렵도나, 가야고분의 항해용 선박모양 토기 등이 이를 뒷받침해준다. 다른 한편으로는 농경의 발달을 보여주는 각종 유물의 출토는 농경문화도 한 단계 진보했음을 보여주기도 한다.

한편 건국신화를 통해 본 당시의 사회상은 토테미즘 사회에서 인격신(왕)이 지배하는 통일국가로 변천한 모습을 보여주며 토착세력과의 결합은 정복이 아니라 마을사람들이 스스로 왕이 필요함을 느끼고 스스로 왕을 추대하는, 화합과 공생을 추구하는 과정이었음이 주목된다.

　더욱이 단군신화에서 나타나는 인간중심주의, 현세주의, 천지인의 조화를 중시하는 융화주의는 이후의 고대국가의 건국신화에서도 발견되는 점이 흥미롭다.

2

민간신앙

    민간신앙이란 교조나 교리가 없고 체계화된 조직
이 없을 뿐 아니라 공동체의 생활과 연결된 자연적
신앙형태를 말한다. 해방 이후 한국사회에서 기독교
와 천주교, 불교 신자가 증가하고 우리의 생활과 사
고가 서구화를 선호하게 되면서 더욱 더 민간신앙은
미신迷信이라는 이름으로 천시 받는 경향이 있지만 민
간신앙의 흔적은 오늘날에까지 한국의 곳곳에서 장
승, 돌무지, 서낭당 등의 모습으로 존재하며 무속 역
시 여전히 일면에서 한국인의 삶에 영향력을 발휘하
고 있는 것이 사실이다.

    민간신앙이 오늘날에까지 한국인의 삶 속에 남아
있다면 그 안에는 분명히 한국문화에 내재한 한국인
의 심성을 파악할 수 있는 단서가 있을 것이다. 따라

서 본 장에서는 한국의 민간신앙의 역사는 어떠하며 어떠한 형태로 민간에서 신앙되고 전승되었는지, 그 안에 담긴 한국인의 심성은 무엇인지에 대해 살펴보기로 한다. 구체적으로는 무속과 동신신앙, 가신신앙, 풍수신앙의 영역에서 검토하고 그 안에 담긴 한국인의 심성을 읽어보고자 한다.

1 민간신앙의 역사와 무속

고대신앙의 발상은 '천상-고산-인간'이라는 삼 단계의 세계관에서 비롯된다. 높은 산은 하늘과 교섭하는 성역이며 이사를 할 때마다 제일 높은 산을 붉뫼라고 불러 숭앙했다. 환웅이 하강한 산이 태백산(크게 밝은 산)이며 무당이 신과 만나기 위해 산에 올라가 기도를 하는 행위 등이 이러한 세계관의 전통을 말해준다.[27]

고대신앙의 계통은 천신, 일월신, 인격신, 동물신, 산신, 토지신 등이 뒤섞여있다. 제사장소로는 소도와 같은 신성한 지역이나 사당, 제단을 설치했으며 제사는 국가적 단위로 행해졌고 주민들이 모여 커다란 놀이판을 벌였다. 이는 오늘날 서낭굿놀이에서도 발견된다. 고대국가의 신앙행위로는 부여의 영고迎鼓[28], 고구려의 동맹東盟[29], 예濊의 무천舞天[30], 마한의 제천의식[31]이 있었다. 이외에도 백제에서는 연중 네 차례 천신天神과 오제신五帝神, 시조신인 구대신仇臺神에게 제사지냈으며(『주서周書』 이역전異域傳, 백제), 신라에서도 설날에 왕과 신하들이 모여 일월신에게 세배했다(『수서隋書』 신라전)고 한다.

고려시대에도 태조의 훈요십조를 보면 팔관회를 열어 천령天靈, 오악五岳, 명산대천, 용신龍神을 잘 섬길 것을 지시하기도 했다. 서긍의『고려도경』에 의하면 팔관회는 신라 진흥왕 때 시작되어 고려 말까지 800년 간 거행되었는데 매년 11월, 임금과 신하, 외국사신, 상인 등이 함께하여 궁의 정원에 등불을 밝히고 무대를 꾸며 온갖 놀이와 노래, 춤을 춘다고 하였다. 고대사회의 제천의식의 연장선상으로 이해된다.

이와 같은 제천의식의 중심에는 무당이 있었다. 특히 고려시대의 무당은 선관仙官이라 하여 기우제나 왕의 완쾌를 비는 굿, 왕실의 복을 비는 굿 등을 주재하면서 우대받기도 했다.[32] 이와 같은 무속의 내용을 좀 더 자세히 살펴보자.

무속을 샤머니즘이라고 하지만 shaman은 원래 만주어, 퉁그스어로서 흥분하는 자, 자극하는 자, 도발하는 자를 의미한다. 이를 한자어로 살만薩滿, 찰만札蠻으로 표기하는데 지역적 분포로는 북중국, 만주, 몽고 등지이다.[33] 이 말이 일반화된 것은 17세기 후반이다. 유럽인이 러시아를 탐험하던 중, 바이칼 호수와 예니세이 강변에 거주하는 퉁그스 주술사와 접촉한 후 세상에 이 용어가 알려졌다.[34]

그러나 한국의 무속연구자들은 샤머니즘과 한국 무속은 계통을 달리 하므로 한국의 무속은 Mu-ism으로 명명해야 한다고 주장하기도 한다. 그 이유는 한국과 시베리아의 샤머니즘의 내용이 다르다는 점에 근거한다.

첫 번째 이유는 샤머니즘의 구조에 있어서 시베리아와 한국은 그 계통이 다르다는 지적이다. 샤머니즘의 구조는 '선악이원론'으로 되어 있어서 영계靈界에는 선신과 악신이 있어서 선신은 사람에게 행복을, 악신은 재앙을 준다고 한다. 선신은 백 샤만으로, 악신은 흑 샤만으로 표상된다. 백 샤만은 흰 망토와 흰말을 타고 방울이나 북을 두드리고 춤을 추어 신과 접촉을 꾀하며 주관하는 일은 풍농기원, 질병제거, 혼인권장 등이다. 한편 흑 샤만은 검은 망토를 두르고 검은 말을 타는데 신에게 희생을 바치고 미래를 예언하고 정령精靈을 호출하고 영계를 살피게 해서 견문을 이야기하고 흉례凶禮와 악사惡事를 주관한다. 이러한 점에서 볼 때, 한국의 경우는 주로 백 샤만 계가 우세한 문화를 형성했다.[35]

둘째, 무당이 되는 과정에서 앓는 무병巫病에 있어서도 양자는 차이가 존재한다. 시베리아 샤만의 경우 격렬한 체험을 하는 것과 달리 한국의 경우는 시름시름 앓는 경우가 대부분이다.[36]

그렇다면 우리의 무속의 세계로 들어 가보자. 무당은 신령과 인간의 만남을 주선하여 굿을 통해 인간이 안고 있는 제반문제를 풀어주는 사제, 치병자, 예언자로 정의할 수 있다. 무당의 무구巫具는 방울, 북, 거울 등인데 선신은 이를 좋아하고 악신은 두려워한다고 한다. 또한 신 칼을 이용해서 악귀를 누르기도 한다.[37]

무속의 목적은 정신적 이상이나 내세적 구원이 아닌 눈앞의 현실, 생활상의 당면한 문제를 초월적 신력에 의해 해결하려는 것이다. 따라서 지극히 현세주의적인 정서를 갖고 있으며 인간의 현세의 삶에 관심이 있다는 점에서 인본주의와 현세주의, 또한 자기 자신의 문제해결보다는 가족의 행운, 초복, 치병 등을 주로 기원한다는 점에서 가족주의의 정서를 갖고 있다.

그런데 무속은 삶과 죽음을 어떻게 생각하고 있을까? 무속에서는 인간은 육신과 영혼으로 구성되어 있으며 영혼이 육신에서 떠나간 형태가 죽음이며 영혼은 영원존재로 간주한다. 꿈은 영혼이 육신을 떠나 떠돌아다니는 체험인데 자는 사람의 얼굴을 가리면 떠난 영혼이 돌아올 곳을 몰라 다른 데로 간다고도 한다. 혼수상태라 영혼이 들락 달락 하는 상황으로 묘사하기도 한다.

영혼세계의 신들은 정신正神과 잡신雜神으로 나뉘는데 정신에는 자연신(천신天神, 일월신日月神, 성신星神, 지신地神, 산신山神, 수신, 풍신, 화신, 수목신 등)과 인신人神(왕신, 장군신, 영웅신)이 있으며 잡신은 조상신과 그 외 온갖 정령이 해당한다. 신의 세계의 위계는 크게 보아 지배－복종관계는 아니고 보호－순종의 관계로 맺어져 있다. 무당의 경우 신 내림 굿을 하는 과정에서 정신正神임이 판명되면 내림굿을 받지만 잡신으로 판명될 경우 쫓아버리는 굿을 받는다고 한다. 무당이 되는 과정은 다음과 같다.

(1) 신병神病을 앓는다.
(2) 무당을 찾아 내림굿을 한다. 이 무당은 애기무당의 신神아버지 혹은 신어머니가 된다.
(3) 내림굿 도중에 몇몇 신령이 그 후보자의 입을 통해 확인된다. 그 몸주를 위해 신당神堂을 꾸민다.
(4) 신어머니로부터 굿하는 법을 배운다.

이렇게 하여 무당이 된 자의 가장 중요한 일은 굿을 주재하는 것이다. 굿이란 무당과 신령, 인간이 만나서 인간의 문제를 풀어주는 의식이다.

굿의 종류	내 용
나라굿	왕가의 주문으로
신령기자굿	무당의 자신들을 위하여 하는 굿 (가) 허주 굿 : 어떤 사람이 무당이 될 조짐을 보이면 무당의 감독 하에 이 굿을 벌임. 그에게 씌었을지 모를 허주, 즉 잡귀, 잡신을 몰아내서 그가 제정신이 들도록 함. 그 후 내림굿여부를 판단함. (나) 내림굿(강신降神굿) : 허주 굿에 의하여 그 사람의 조짐이 정신의 소명임이 밝혀지면 이 굿을 하여 새로운 무당을 탄생시킴. (다) 진적 굿 : 매년, 혹은 격년으로 자신의 신령을 위해 굿을 함.
천신굿(재수굿)	격년으로 무당의 신봉자(단골)가 자신의 집안의 행복을 위하여 함.
진오기굿	죽은 사람을 위한 굿.
용신굿	강이나 바다 위의 배에서 함.
성주받이굿	아들을 잉태하기위한 굿.
마마배송굿	천연두 병이 끝날 때 마마신을 공손히 돌려보내는 굿.
병굿	
도당굿	마을의 수호신을 위한 굿(격년).
풍농굿	
천존굿	재해가 있을 때
여탐굿	환갑이나 결혼식 같은 집안의 기쁜 일을 조상에게 알리는 굿.

또한 예언, 점복을 담당한다. 신과 교통하여 인간의 일을 소상히 알아내고 그 앞일을 가르쳐준다.

이와 같은 무속이 본격적으로 탄압의 대상이 되었던 시대는 조선시대이다. 조선시대 때 지배층이 주도한 유교문화의 영향으로 무당은 승려와 마찬가지로 천민으로 규정되고 도성문 출입이 엄금되었다. 그러나 각 고을에는 무당집이 없는 곳이 없었다. 실제로 조선의 지방행정의 많은 재정수입이 무당이 내는 영업세에 의존하고 있었으며 정기적으로 발생하는 전염병을 쫓아내기 위해 무당을 국가의 보건소인 활인서活人署에 소속시켜 질병을 치유토록 했다는 사실도 존재한다. 한편 양반층에서도 무당을 필요로 했다는 기록은 유학자가 저술한 문헌에도 보인다.

수년 전에 한 남자무당이 있었는데 얼굴이 아름답고 고왔다. 그는 거짓 여복을 입고 사대부집에 출입하며 안방에서 섞여 자기도 했는데 서로서로 칭찬하고 천거하여 종적이 서울 안에 두루하였다. 그러자 어떤 사람이 그의 자색을 좋아하여 강제로 가까이 한 자가 있었는데 비로소 그 거짓이 발각되어 그는 드디어 사형까지 당하고 이로 인해 추한 소문이 많이 전파되었다.[38]

철원부원군 윤자당尹子當의 어머니 남씨는 젊어서 과부가 되어 함양에서 살았다. 윤자당의 나이 일곱 살 때에 남씨를 따라 무당집에 가서 점을 쳤더니 무당은 "부인은 염려하지 마십시오. 이 아이는 참으로 귀하게 될 상입니다. 그러나 반드시 아우의 힘을 입어 귀히 될 것입니다." 하였다. 뒤에 남씨가 이씨 집에 개가하여 아들을 낳았는데 이 아들이 재상 이숙번이었다. 태종의 정사를 도와 공이 제일이 되어 권세가 일국에 떨치고 윤공도 또한 이의 힘으로 공훈에 끼게 되어 군君으로 봉하는 열에 끼게 되었다.[39]

위의 내용도 흥미롭지만 무엇보다도 조선 초기나 중기에도 무당이 양반 부녀자의 생활에 깊숙이 관여하고 있었음을 읽어볼 수 있다. 이와 같이 조선시대에 무속이 탄압을 받으면서도 그 명맥이 유지되었다는 점은 오히려 한국인의 삶 속에서 무속이 차지한 효용성을 가늠해 볼 수 있도록 한다.

2 동신洞神신앙

동신신앙의 목적은 마을의 평안, 풍농, 풍어를 기원하는 것이다. 동신신앙은 국가나 부락, 부족, 씨족과 같은 지역공동체와 혈연공동체를 기반으로 전승되어 왔는데 집단적, 만능적, 생산적인 수호신을 대상으로 하며 기본적으로 애니미즘과 무속에 기반하고 있다. 그 종류로는 서낭당신앙, 수목신앙, 장승, 솟대 신앙, 입석신앙 등이 있다. 옛 기록을 보면, 고구려에는 '부여신(하백의 딸)과 등고신(주몽)을 모신 사당이 있어서 나무로 신상神像을 만들어 그 곳에 관사를 두어 관리가 지켰다(『주서周書』 이역전異域傳, 고구려)'고 하는데, 이는 장승의 기원으로 이해할 수 있을 것이다.

한편 마한에도 따로 소도蘇塗를 설치하여 큰 나무를 세워 그 위에 방울을 달아 귀신을 섬겼다(『후한서後漢書』 동이전, 백제)고 하여 수목신앙의 모습을 추측할 수 있다.

서낭당신앙

서낭[40]당은 마을과 마을의 경계를 이루는 지점이되, 옛날 군郡, 현縣의 중심고을로 이어지는 고갯길[41]에 위치해 있다. 서낭당에서의 기원 내용은 자손창성, 행운, 여행안전, 마을태평, 가축번성, 액막이[42]이며 기원 행동은 경남지역의 사례를 중심으로 예를 들면,

돌을 던진다 / 돌팔매 싸움용으로 돌을 모은다 / 돌을 던지고 침을 뱉는다 / 돌과 솔가지를 얹어야 재수가 좋다 / 잡귀가 따라오지 못하게 침을 뱉고 돌을

던진다 / 가진 물건을 하나라도 두고 가야 복을 받는다 / 가마 타고 시집갈 때 서낭당에 내려 인사해야 잘 산다[43]

는 예가 있다.

　서낭당 신앙의 경우, 종종 성황당이라고 불리어 온 것처럼 그 명칭과 신앙형태에 대해 이견이 있다. 조지훈은 서낭당신앙이 민중이 숭배하는 대상이 거주할 곳을 만들고 그 속에 깃든 정령을 숭배하는 것이라고 보았다.[44] 한편 성황당신앙이 소리가 변하여 서낭당이 되었다는 주장도 있다. 다른 한편으로 성황신앙과 서낭신앙은 다르다는 지적도 있는데 전자는 중국의 신앙이며 후자는 우리 민족의 고대신앙과 고대국가의 제의祭儀에서 비롯되었다는 지적이다.[45] 필자는 후자의 견해가 타당하다고 생각된다. 중국의 성황신앙의 경우 안희진에 의하면,

　중국은 도시가 크던 작던 간에 어딜 가나 성황당이 있다. 성황당에는 성황신을 모셔 놓는데, 이 성황신은 도시를 지켜주는 수호신이다. 성황신의 내력은 전하는 바로는 도랑의 신을 의미하는 것이다. 옛날에는 성 주위에 해자를 파서 성을 보호했는데 물이 있는 해자를 '지池'라 하고 물이 없는 것을 '황隍'이라 불렀다. 성황신의 최초의 기능은 단지 성의 안전을 지켜주는 것이었으나 후에 사람들이 그에게 더 큰 신통력을 부여하여, 그 지역의 가뭄과 홍수 그리고 흉년과 풍년을 관장할 뿐만 아니라 길흉화복을 주관하여 요귀를 억누르고 액운을 풀어준다고 여겼으며, 심지어는 저승의 일도 모두 그가 관장할 수 있다고 여겨, 성황신은 옥황상제로부터 인간세계에 내려가 저승의 일을 주관하는 전권을 이임 받은 자가 되었다. 성황신의 기원은 매우 오래된 것 같다. 사

료에 가장 먼저 기록된 성황당은 삼국시대 오나라 적조 2년(239년)에 건립되었다고 하는 안휘성 무호에 있는 성황당이다. 지금부터 1700여 년의 역사를 지니고 있는 셈이다. 남북조시대에 성황의 영향이 점차 커지더니 당대에 이르러 사회가 안정되고 경제가 번영하고 도시가 고도로 발달함에 따라 민간에서는 성황신에 대한 믿음이 더욱 보편화되었다. 도교에서조차 성황을 그들의 체제에 끌어들여 말하기를 흉악한 것을 물리치고 국가의 안전을 보우하는 신이며 한 지방의 망령들을 관할한다고 했다. 송대에 이르러 중국 전역에 걸쳐 거의 모든 부현에 있는 성지에 사당을 세워 성황신을 모셔 제사를 지냈다. 원대에 이르러 성황신은 한 단계 더 승격되어 나라의 수호신이 되었다. 명대에는 성황신의 지위가 더욱 빛나게 되었는데, 민간에서는 명나라를 세운 주원장이 토지신의 사당에서 태어났다고 하여 토지신과 토지신의 상사격인 성황신에 대한 숭배와 존경이 극치에 달했다.

　성황은 저승의 일을 주관하는 신이기에 민간에는 이미 이승 사람이 된 영웅과 청렴한 관리를 그 지방의 성황신으로 받들어 그들의 영혼이 생전처럼 백성들을 보호해 주고 정의를 구현하여 포악한 자를 제거하여 선량한 백성을 편안케 해주길 기원했다. 〔http://www.anseo.dankook.ac.kr에서 발췌 정리〕

는 지적이 참고가 된다. 즉 중국의 성황신앙은 물의 정령에서 유래되었다면 한국의 서낭신앙은 돌무지신앙에서 유래되었다. 또한 중국의 성황신앙이 인격신으로 발전한 데 비해 한국의 서낭신앙은 자연물 숭배의 연장선상에서 존재했다.

　그러던 것이 고려 때 송나라로부터 중국의 성황신앙이 전래되어 문종(1046~1083년) 때 성황신사를 설치하게 되었는데 이후 한국의 서낭신앙에도 사당이 만들어져 여기에 인격신이 같이 숭배되는 과정을 거치게 되었다. 그런데 주목할 점은 중국의 경우 성황신은 타의 모범이 되는 관리 등으로 표상되는데 대해 한국에서는 불우하게 죽은 영웅이나 한이 많은 여인 등을 신으로 모셔 이들을 위로하고 복을 구하는 방식을 취한다는 점이다.

한국의 서낭신앙과 보다 계통 면에서 유사성을 발견하는 신앙은 몽고의 오보신앙이다. 오보신앙은 흙이나 돌을 원추형으로 쌓아놓은 돌무더기인데 그 상부에 버드나무 한 묶음을 꽂아두거나 나무 장대를 세워놓는다.(사진 참조) 산 위, 언덕 위, 호숫가에 위치하는데 산신山神과 수신水神의 처소로 여겨지며 여행안전, 마을의 평안, 목축의 번성을 기원했다. 이상과 같이 서낭신앙은 한국 고대의 수목신앙과 돌무지신앙에서 기원하면서 계통적으로는 몽고의 풍습에 닿아있으며 고려 이후 중국의 성황신앙의 영향을 받아 복합적인 모습을 띠게 되었다고 보인다. 그러나 서낭당의 인격신의 성격

몽고 읍스굴 오보신앙

은 한국의 민간신앙, 특히 무속의 전통이 크게 반영되어 있음 또한 한국인의 심성을 이해하는 데에 중요한 요소이다. 경북 안동 하회 마을의 별신굿놀이에서는 열다섯 살에 시집 와서 남편과 사별한 여인이 서낭신으로 받들어져 있는데 매년 정월 15일과 4월 8일에 서낭당에 제물을 바치고 마을의 평온을 기원하고 있다. 오늘날에 전하는 서낭굿의 형태는 다음과 같다.

(1) 무속식 : 무ㅉ는 신을 내리게 하고 신을 맞이하고 신을 대접하고 신을 즐겁게 하고 신의 말을 인간에게 전하고 신을 본래의 자리로 봉송하는 일체의 과정을 혼자 연출한다.

(2) 유교식 : 간단한 유교적 제사만 지내는 경우. 제사와 함께 풍물패가 지신밟기와 판굿놀이가 이어지는 지역. 사제자인 무ㅉ의 자리를 제관이 대신한다.

(3) 무속과 유교의 절충식 : 조선시대. 굿의 절차는 먼저 무가 신을 내리게 하고 맞이하면 제관이 유교적 제례에 따라 제사를 지낸다. 제사가 끝나면 다시 무ㅉ가 신을 즐겁게 하고 참여한 자를 위해 신께 복을 빌어준다.

(4) 무불절충식 : 고려시대. 연등회나 팔관회 때 국태민안을 기원하는 제의가 이루어진다.

솟대, 장승, 입석立石신앙

다음으로 마을 공동체의 안녕을 기원하는 동신신앙에는 솟대, 장승, 입석신앙이 있다. 솟대는 장대 위에 나무로 깎은 새를 달아

1903년 장승 앞의 사람들

높이 세워놓은 모습을 하고 있는데 여기에 달린 새는 오리이다. 오리는 육지에서도 물에서도 살며 하늘을 나는 존재로서 인간과 신을 중개하는 동물로 여겨져 왔다. 더구나 알을 많이 낳는다는 점도 풍농을 기원하는 염원을 담아내기에 충분하다. 솟대는 마을을 지키는 수호신적 존재이며 풍농과 안녕을 비는 축원의 대상으로 여겨져 왔다.

한편 장승은 나무에 무서운 인형을 조각하고 채색하여 〈천하대장군〉, 〈지하여장군〉이라 새겨 마을 입구나 사원 입구에 세우는 것을 말하는데 전술한 바와 같이 고구려의 주몽신과 그 어머니인 유화를 나무로 깎아 세운 것에서 기원했다. 구한말의 사진 가운데에는 마을 입구의 늘어선 장승 앞에서 기원하는 민중들의 모습이 발견되기도 한다.[46]

다음으로 입석신앙은 남자나 여자의 성기 모양의 돌을 세워놓고 다산과 풍농을 기원하는 것이다. 생식기 숭배는 삼국유사에 선덕여왕이 여근곡女根谷에서 백제 병사를 격퇴했다는 일화[47]에서 전해지듯이 그 연원이 깊다. 신라 때 창건된 사찰인 안양의 삼막사에는 여성과 남성의 생식기 모양의 입석이 숭배의 대상이 되고 있는데 출산, 무병장수, 번영에 효험이 있다고 전해진다. 원효대사가 삼막사를 창건하기 이전부터 중시한 민간신앙이라고도 전한다. 한편 불교와 민간신앙의 만남은 조선시대 때 왕성하게 이루어진다. 조선시대에 불교가 억압되면서 불교는 민간신앙과의 융합을 꾀하여 사찰 안에 용왕각, 삼성각, 칠성각 같은 민간신앙을 흡수한 전각이 세워지는 한편, 수목신앙, 자녀출산을 기원하는 생식기 숭배신앙도 수용하는 모습을 보인다. 따라서 유교적 이성주의가 중시되던 조선시대에도 민간신앙은 여전히 한국인의 삶 속에 중요한 역할을 수행했음을 알 수 있다.

안양 삼막사 남근석

안양 삼막사 여근석

3가신家神과 풍수신앙

가신이란 가정에서 역대에 걸쳐 전승되어 온 여러 토속신들을 말한다. 구체적인 형체는 없으나 집안 곳곳을 보호하고 가족의 안녕을 지켜주는 존재로 신봉되어 온 기능신들이다.[48] 주로 횡액예방, 주택보호, 무사안녕의 염원으로 신앙되어 왔다. 계통적으로는 무속巫俗에 맞닿아 있으며, 신앙의 주체는 여성이다.[49] 각각의 공간을 주재하는 신과 그 역할은 다음과 같다.

마루에는 성주신城主神이 있다. 가신 중 가장 높은 신으로 여러 가신을 통솔한다. 성주를 마루에 모시는 것은 전국 공통이지만 그 신체神體는 지역에 따라 다르게 표상된다. 마루의 대들보 위에 쌀이나, 보리, 벼를 담은 단지를 올려놓기도 하고 이것을 마루 한편에 두기도 한다. 또 한지를 접어 붙이거나, 한지 속에 동전을 넣기도 한다.[50]

안방에는 삼신産神 할머니가 있다. 어린이를 보호하는 신이다.

성주신
강원도 삼척

신체神體는 실, 종이, 헝겊 등을 안방 문이 마주보이는 곳에 높이 단다. 아기가 태어나 3,7일이 되면 백반 세 그릇, 미역국을 떠놓고 아이의 무병장수를 기원한다.

부엌에는 조왕竈王이 있다. 조왕은 불의 신으로서[51] 밥 짓는 일과 음식 맛을 관장한다. '조앙님'으로 불린다. 신체神體는 부뚜막 위 간장종지에 새벽의 처음 길은 물을 떠 놓는다. 혹은 바가지를 엎고 그 속에 삼베조각을 넣어두기도 한다.

장독대에는 터주신(재신財神, 업신業神)이 있다. 담장이나 지붕에 두꺼비나 구렁이가 나타나면 이를 업[52]신으로 여겨 죽이지 않는다. 장독대 옆에 토기에 벼를 담아 볏짚으로 에워싸서 놓기도 한다.

출입하는 대문에는 문신門神이 있다. 가택 보호신이다. 집안사람의 출입 안전과 악귀의 침범을 막는다.

변소의 측신廁神은 일명 정낭각시라 불린다. 형벌의 집행을 주관하는 젊은 여신이다. 화장을 즐기고 신경질적이고 변덕이 심하다고 한다. 머리카락이 길어 늘 발가락에 걸친 채 세고 있는데 갑자

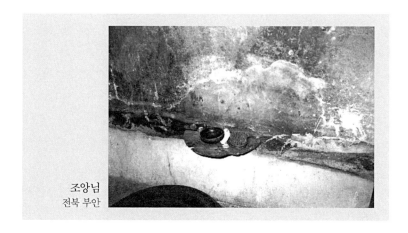

조앙님
전북 부안

기 사람이 들어오면 놀라서 긴 머리카락을 덮어씌우는 바람에 사람이 탈이 난다고 한다. 그래서 측간에 들어갈 때는 발을 구르거나 헛기침을 하여 측신이 놀라지 않도록 인기척을 낸다. 이 신은 6자 들은 날에 잘 나타나므로 이 날은 될 수 있으면 변소 가는 것을 피하거나 입구에서 침을 세 번 뱉고 들어간다.

이외에도 민간에서 널리 영향을 끼쳐온 것은 풍수신앙이다. 풍수란 장풍득수藏風得水의 준말로서 장풍藏風이란 사방이 둘러싸여 바람을 받지 않아 생기生氣가 흩어지지 않는 곳을 의미한다. 장풍을 위해서는 주변 산의 형세가 중요한데 이를 사砂라 하고 좌청룡, 우백호, 남주작, 북현무의 사신사四神砂가 중요하게 간주되었다.53 득수得水란 생기가 흐르다가 물을 만나 멈추게 되는 곳인데 물이 길한 곳에서 흘러 들어와 흉한 곳으로 흘러나가야 좋다고 한다.54 석탈해 신화에서 탈해가 집터를 살펴보았다는 사실에서 알 수 있듯이 풍수의 전통은 오래다.

명당이란 특히 여성의 신체를 빗댄 공간, 혈穴(정기가 모인 자리)로 표상된다. 젖 부위에 해당하는 곳에 혈을 잡으면 자손이 번창하고 재물이 늘어나며 입 부위는 식복食福이 많고 성기 부분은 자손이 번창한다는 식이다.55

풍수의 사상적 기반은 '자연과 인간은 분리할 수 없다. 인간은 자연의 법칙과 원리에 영향을 받는다. 자연의 본질적인 물질은 기氣'라는 인식에 놓여있다. 기란 형체가 없기 때문에 흙에 의지하게 되는데 땅 속에 흐르는 기는 땅의 형세로서 파악할 수 있다는 것이며 시간, 장소, 방향 등의 조건에 따라 인간에게 각각 다르게 작용한다는 원리에 기초하고 있다.

이러한 풍수신앙은 기본적으로 자연과의 조화를 중시해온 한국인의 심성을 반영한 문화이다. 그 안에는 다음과 같은 인식이 내재되어 있음을 지적할 수 있다. 첫째, 사람은 가문이 중요한 것이 아니라 그가 얼마나 땅의 생기를 받았느냐에 따라 달라질 수 있다. 그런 땅을 찾는 것은 전적으로 사람의 선택에 달려있다는 것이다.[56] 이 점에서는 신분제로 구속받지 않는 평등주의 의식과 삶을 개척하는 주체로서 인간의 능동적 역할을 중시하고 있음을 발견하게 된다. 둘째, 명당이란 어머니의 품과 같은 곳으로 인식하여 지모신地母神에 대한 숭배의식과 생명의 근원에 대한 경외심이 깔려 있다.

　　19세기 중엽에 흥선대원군은 풍수에 입각하여 아버지 남연군의 묘를 무리하게 이장했으며[57], 동학의 2대 교주 최시형은 말년에도 지팡이를 짚지 않고 다녔다. 그 이유는 우리 산천이 마치 살과 같아서 지팡이로 꾹꾹 찍으면 상처를 내기 때문이라는 것이었다. 일제시기 일본은 소위 명당 처에 단혈단맥斷穴斷脈을 위한 쇠말뚝을 박았는데 이는 한국인이 풍수를 중시하는 점을 식민정책에 역으로 이용한 사례이기도 했다.

　　이중환은『택리지』에서,

　　대저 살터를 잡을 때는 첫째 지리(풍수)가 좋아야하고 다음 생리(생산성과 교역)가 좋아야하며 그 다음 인심(사회적 환경)이 좋아야하고 다음으로 아름다운 산과 물(산수)이 있어야 한다. 이 네 가지 중에서 하나라도 모자라면 살기 좋은 터가 아니다라고 했다. 우리의 풍수는 단지 지리적 환경만을 중시했던 것은 아니다. 오늘날에도 여전히 유효한 양택풍수론이 아닐 수 없다.

▶ ◀ 정리하는 말

한국 민간신앙의 뿌리는 무속이다. 민간신앙을 관통하는 정서는 지배-복종의 코드가 아니라 신은 인간을 보호하고 인간은 신에게 순종하는 한편 인간은 신을 위로하고 인간은 현세의 복을 얻는다. 신과 인간의 공존, 인간과 인간간의 공생의 코드를 발견할 수 있다. 동신신앙의 경우 개인적인 욕심을 기원했을 때는 오히려 재앙이 닥친다는 속설에서 이러한 측면을 읽어볼 수 있다. 또한 신과 인간 간의 관계에 있어서 인간 간의 위계성은 존재하지 않는다. 누구든지 신으로부터 복을 얻을 수 있다는 발상은 한민족의 정서 속에는 '인간은 태생적으로 평등하다'는 관념이 내재화되어 있음을 읽어볼 수 있다.

이상과 같이 고대국가의 건국신화와 민간신앙에 공통된 특징은 인간중심주의, 가족주의, 현세주의, 평등주의, 조화의 세계관이라고 볼 수 있을 것이다. 이러한 한국인의 심성이 이후 불교문화를 만나게 되면서 어떻게 변용, 혹은 계승되었는가의 문제는 다음 장의 과제이다.

1 ○○○의 답은 차례로 영국인, 미국인, 독일인, 일본인, 한국인, 중국인이다.

[2] 김용운, 『한일민족의 원형』, 평민사, 1989, 20~21쪽.

[3] 황규호, 『한국인 얼굴 이야기』, 주류성, 1999, 19~21쪽.

[4] 『한국생활사 박물관』, 1권, 사계절, 35쪽.

[5] 김병모, 『한국인의 발자취』, 정음사, 1985.

[6] 윤명철, 「우리 민족성에 대한 재고찰」, 『과학사상』, 범양사, 1998, 249~250쪽.

[7] 구리에 주석이나 아연을 섞어 구리보다 단단하게 만든 것. B.C 1700~1300년대의 중국 은殷 왕조 때 청동제기가 사용되었다.

[8] 핵물리학자 리비(Libby)가 개발했다. 방사성 동위원소 C12와 C14의 성질을 이용한 방법이다. 지구상의 모든 유기체는 C12와 C14의 비율대로 두 동위원소를 가지고 있다. 일단 생명을 잃으면 C12는 안정상태이나 C14는 붕괴하여 질소(N14)로 변한다. 이 때 붕괴되는 속도는 일정하다. 붕괴된 지 5568년이 지나면 원래의 양의 반만 남는다. 1136년 후에는 원래 양의 1/4이 남는다. 5~7만 년 이상의 시대는 측정 불가능하다. 이보다 오랜 연대를 측정할 때는 포타슘−아르곤 연대측정법(K-Ar Dating)을 이용한다. 시료가 지닌 K40이 Ar40으로 붕괴되는 데 걸리는 시간을 측정한다. K40의 반감기가 1억 3천만 년이나 되는 점으로 이용한 것으로 원시인골인 자바인의 연대가 50만 년 전이라는 것이 이 방법으로 밝혀졌다.

[9] 김병모, 앞의 책 참조.

[10] 고조선의 건국신화이다. 고조선은 기원전 2333년에 단군이 조선을 세웠다는 신화시대에서 중국 은나라 말기(B.C 11세기) 무왕 때에 조선후朝鮮侯에 봉해진 기자箕子 조선을 거쳐 B.C 194년 연나라에서 온 위만 왕의 조선을 거쳐 한사군의 설치(B.C 108년)로 멸망한 2천 년이 넘도록 존재하였던 고대사회의 총칭이다. 고고학적으로는 신석기시대−청동기시대−초기 철기시대에 해당한다. 실제로 고대국가의 형성은 청동기시대인 기원전 1000년 이후라고 한다.

[11] 한국철학사연구회, 『한국철학사상사』, 한울, 1997, 20~30쪽.

[12] 岸本美緒編, 『歷史學事典』11권, 弘文堂, 2003年, 482쪽.

[13] 윤명철, 앞의 논문.

[14] 김용운, 앞의 책, 42~43쪽에서 재인용.

[15] 김용운, 위의 책.

[16] J. F. 비얼레인 지음, 배경화 옮김, 『살아있는 신화』, 세종서적, 2000, 53~61쪽에서 요약.

[17] 일본과 비교해 보면, 일본인들은 감히 자신이 천황의 자손이라고 생각하지 않는다. 천황은 신적인 존재로서 인간과 구별된다고 생각하기 때문이다.

[18] 고대국가의 건국 연대는 『삼국사기』와 『삼국유사』에 의하면 신라가 B.C 57년, 고구려가 B.C 37년, 백제가 B.C 18년, 가야가 42년으로 되어 있으나 이는 사실과 다르다. 두 역사서가 신라정통론의 입장에 서서 신라의 건국 연대를 상향 조정한 것으로 보이며 고고학적 성과나 당시 국제적 정세에 입각해 보면 고구려, 백제, 신라의 순으로 고대국가가 성립했다는 것이 학계의 정설이다. 적어도 신라의 건국연대는 고구려, 백제보다 50년 뒤일 것이라고 보고 있다.

[19] 장주근, 『풀어쓴 한국의 신화』, 집문당, 1998, 203쪽.

[20] 명지대 진태하 교수의 연구에 의하면 '家'는 '돼지 시豕＋집 면宀'으로 짜여져 있는데 돼지를 사육하는 것은 쌀 재배지역에서나 볼 수 있는 현상으로서 중국 한족의 문자 중 그 기원을 알 수 없는 글자라고 설명하고 있다. 또한 이와 비슷한 한자로는 '가을 秋'가 있는데 갑골문자는 불(火) 위에 메뚜기(虫)가 있는 글자이다. 즉, 메뚜기가 벼 잎에 붙어산다는 점에 착안하여 가을은 메뚜기를 구워먹는 계절이라는 뜻인데 농경문화를 배경으로 하지 않으면 착안할 수 없는 한자로서, 한자가 단지 중국 漢族의 글자가 아니라 한족과 동이족의 글자라는 점을 반영한다고 지적했다. 한편 개는 고구려 고분벽화(집안集安)에서 많이 발견되는데 고구려에서 개는 중요한 인물이 기거하는 저승의 세계를 지키는 존재였다. 일본에는 고마이누(高麗犬)라고 하여 뿔 달린 개의 형상이 절을 지키는 수호자로서 세워져 있다.
신영훈, 『우리문화 이웃문화』, 문학수첩, 1997, 19쪽, 293~300쪽 참조.

[21] 김병모, 앞의 책, 120쪽.

[22] 장주근, 앞의 책, 203~204쪽.

[23] 유희경, 『한국복식문화사』, 교문사, 1981, 34쪽.

[24] 장주근, 앞의 책, 249쪽.

[25] 장주근, 위의 책, 234쪽.

[26] 김병모, 『김수로왕비의 혼인길』, 푸른숲, 1999에서 요약정리.

[27] 붉숭배. 붉에서 기역이 탈락하여 불이 되었고 오끼나와의 피루(태양), 일본의 히루(낮)가 되었다고 추측한다. 배달겨레란 붉달겨레에서 왔으며 해달겨레(日山)라는 뜻이기도 하다.

[28] 섣달에 하늘에 제사 지내는 국가적 대회. 연일 먹고 노래하고 춤을 춘다.

[29] 4월에 하늘에 제사 지내는 국가적 의식. 귀신 섬김을 좋아한다. 『後漢書』 동이전, 고구려.

[30] 10월에 하늘에 제사를 지내고 밤새도록 술을 마시고 춤을 추었다. 또한 호랑이를 신으로 섬겼다.

[31] 5월에 씨뿌리기가 끝나면 귀신에게 제사지내고 밤새도록 술을 마시고 춤을 춘다. 그 춤은 수십 명이 한꺼번에 일어나서 높게 낮게 밟고 따르면서 손발을 장단을 맞추어 움직인다. 시월에 농사가 끝나면 다시 이렇듯 하였으며 나라의 온 마을에 한 사람씩 두어 天神祭를 주도토록 했다. 『後漢書』 동이전, 백제.

[32] 인종 11년(1181년) 5월, 여자 무당 300명을 도성청에 모아놓고 기우제를 지냈다. / 헌종 12년(1201년) 5월, 가뭄이 들자 남녀무당들을 모아놓고 비를 빌었다. / 인조 24년(1146년) 왕이 병들었다. 무당이 점을 쳐 모반의 죄로 처형된 척준경이 그 병의 원인이라 하여 이에 왕이 무당의 말에 따라 척준경 자손들을 후대했다. / 충렬왕 때 무당 술승이 공주를 저주하여 나무인형을 만들어 땅 속에 묻고 저주하여 마침내 공주가 병들어 죽었다.

[33] 조지훈, 『한국문화사』, 78쪽.

[34] 주강현, 『우리문화의 수수께끼』 2, 한겨레출판사, 138쪽.

[35] 그러나 한국의 경우도 흑백 샤만이 공존하는 예가 없지는 않다. 이는 선신에 대한 경배와 악신에 대한 두려움이 공존하여 악신을 달래어 인간에게 복을 주기를 기원하는 형태로 나타난다. 예를 들면 서낭당 숭배의 대상으로는 대개 불우하고 원통하게 죽은 사람을 신으로 모시는데 신라의 마지막 임금인 경순왕, 삼촌인 세조에게 죽임을 당한 단종, 고려의 충신이자 이성계에 체포되어 참형을 당한 최영 장군 등이다. 한편 미혼인 채로 죽은 남녀를 사후혼인을 시키는 예도 그들의 한을 달래어 인간에게 화를 끼치는 일을 방지하기 위한 정서의 반영이다. 서낭당 앞에서도 돌을 얹고 절을 하기도 하지만 침을 뱉고 발을 구르기도 하는데 이것도 숭앙과 위압의 주술이 공존하는 예이다. 이러한 점은 변소의 입구에서 침을 뱉고 발을 구르는 행위에서도 지적할 수 있다.

[36] '무병'이란 종교적 측면에서 보면 신의 계시에 의한 선택의 형식이다. 꿈이나 외적 충격보다 까닭 없는 병으로 시작하며 병의 기간은 장기적으로 평균 8년에서 30년이나 계속되는 경우 있다. 시베리아 야쿠트 족 샤먼의 신병은 몸뚱이를 쇠갈고리로 사지의 각을 떠서 팔과 다리를 분리시키고 살을 갉아내어 뼈만 남기고 눈알을 잡아 빼거나 팔과 다리를 칼로 토막 내고 몸통을 내동댕이쳐 며칠간 버려둔다. 다시 잘라낸 뼈마디와 사지를 맞추는 체험을 한다.(몸체의 분리-방치-재결합의 체험을 함). 야쿠트족 샤먼의 설명에 의하면 마령이 샤먼이 될 사람의 혼을 데리고 지하계 마령의 집으로 가 3년이나 머무는데 마령은 샤먼후보자의 머리를 잘라 옆에 치워놓고 다시 몸뚱이를 잘게 쪼갠 다음 그 부분마다 여러 가지 병의 귀신을 고루 분배, 이런 시련을 겪은 후 새로운 살과 피를 얻는 체험을 한다. 퉁구스족의 경우는 조상신이 등장하여 화살로 꿰뚫어 쑤시고 몸뚱이에서 살점을 찢어서 떼어내고 뼈를 추리고 몸에서 흐르는 피를

조상신이 마시고 목을 쳐서 기름에 던진다. 그 녹은 것으로 복장에 부착할 금 속조각을 만드는 체험을 한다.
김태곤,『한국의 무속』, 대원사, 1991, 34~36쪽.

[37] 김태곤, 위의 책.

[38] 이 익,『성호사설(국역)』, 솔출판사, 174쪽.

[39] 성 현,『용재총화(국역)』, 솔출판사, 100쪽.

[40] 이원은 上工, 山王, 혹은 先王이라고도 한다.

[41] 김봉우,『경남의 고갯길 서낭당』, 집문당, 1999, 13~14쪽.

[42] 김봉우,『경남의 고갯길 서낭당』, 30~31쪽, 이종철 외,『서낭당』, 대원사, 107~
109쪽. 이종철은 돌무더기 서낭당은 행인이 여행의 안전, 생업의 번창, 질병의
쾌유 등 개인적 목적을 위한 신앙대상 이었으며, 신당으로서의 서낭당은 마을
의 풍요, 질병방지, 가축 번성 등 마을전체에 관련된 사항을 기원하는 수호신
과 풍요신으로서 간주된다고 보았다.

[43] 김봉우, 위의 책, 21~22쪽.

[44] 조지훈, 앞의 책, 83쪽.

[45] 서낭당의 형태는 자연물로서의 돌무더기와 수목의 복합형태, 인공물로서의 신
당의 형태로 나누어진다.
이종철 외, 위의 책, 107쪽.

[46] 전라도지역의 장승분포는 전국 167개소 중 73개소인데, 마을수호 34개소, 부
락안녕 7개소, 액막이 잡귀방지 32개소, 득남 3개소이다. 장승은 天神, 山神,
水神, 守門神, 농업신, 方位神, 路神으로서 주민들은 장승에게 초월적 힘을 부
여하고 있으며, 인간의 길흉화복, 농사의 풍년, 풍어, 牛馬의 번성, 산천의 裨
補, 逐邪逐鬼, 해상안전, 자손창성, 질병방지, 방위보호, 여로무사를 기원한다.
이종철(국립전주박물관장), 1997년 11월 원광대 역사문화강좌에서.

[47] 삼국유사에는 다음과 같은 설화가 전한다. 신라 선덕여왕 5년(636년) 겨울에
영묘사靈廟寺 앞 옥문지玉門池라는 연못가에 난데없이 많은 수의 개구리들이
모여 삼사 일 동안 울어대는 일이 생겼다. 선덕여왕은 개구리들이 겨울철에 집
단으로 우는 것을 괴이하게 여겨 직접 가서 살펴보았다. 선덕여왕은 개구리들
의 형상이 마치 성난 병사같이 생긴 것을 보고 이것이 전쟁의 조짐이라고 여겼
다. 이에 급히 알천과 필탄 두 장군을 불러 2천 명의 군사를 주고서 경주 서쪽
에 있는 여근곡女根谷에 가면 백제의 매복병이 있을 것이니 그들을 공격하여
처치하라고 하였다. (여근곡의 위치를 모르는) 두 장군이 서쪽에 가서 여근곡
女根谷이 있는지 물어보니 과연 그 지역이 있었고, 또 백제 병사 5백 명이 계
곡에 숨어 있었다. 이에 이들은 매복한 백제 병사들을 기습하여 모두 죽이고
이어 백제 후발대 1,300명도 모두 죽였다. 후에 신하들이 선덕여왕에게 서쪽

에 여근곡이 있는 것과 우리 병사가 이길 수 있는 지를 어떻게 알았느냐고 묻자, 선덕여왕은 "옥문지의 옥문은 여근女根을 의미한다. 그리고 여자는 음陰으로 그 색은 백색이고 방위는 서쪽을 의미한다. 따라서 서쪽에 병란이 있는 줄 알았다. 그리고 남근男根은 여근에 들어가면 반드시 죽으므로 우리가 백제 병사를 쉽게 물리칠 수 있을 것으로 알았다"고 대답했다.

[48] 제주도에 전하는 가신 전설은 다음과 같다. 아주 먼 옛날 제주도에 아들 일곱을 둔 부부가 살고 있었다. 남편은 식구를 먹여 살리기 위해 멀리 장사를 나갔다가 얼굴이 곱상하나 마음이 고약한 여인의 꾐에 빠져 돈도 다 잃고 첩과 새살림을 꾸렸다. 첩은 남편을 찾아온 본처에게 "한더위에 찾아오느라 고생했다"며 연못가로 유인해 본처를 밀어 죽였다. 본가로 들어온 첩은 일곱 아들마저 죽이려다 발각되어 그만 측간으로 도망쳤다가 긴 머리털로 목을 매어 측신이 되었다. 남편은 밖으로 도망치려다 걸쳐놓은 정랑(제주도에 대문에 걸쳐놓은 장대)에 목이 걸려 문신門神이 되었다. 어머니의 시신을 찾아온 일곱 아들은 "일 년 열두 달 찬물 속에 살았으니 부엌에 앉아 하루 세 번 따뜻한 불을 쬐면서 얻어먹기만 하라"고 빌어 어머니는 조왕신이 되었다. 그리고 일곱 아들은 동서남북을 지키는 장군신이 되었다. 『레일로드』3월호, 2000년.

[49] 장주근은 무속신 중에는 주요 가신인 성주, 삼신, 조왕 등이 포함되어 있어서 가신신앙이 무속신앙의 범주에 포함된다고 파악한다.
김명자, 「가신신앙의 역사」, 『한국민속사입문』, 지식산업사, 1996, 284쪽.
이두현, 장주근, 이광규 지음, 『한국민속사개설』, 일조각, 2004, 212쪽.

[50] 이두현, 장주근, 이광규 지음, 위의 책, 215쪽.

[51] 불의 신은 종교적인 정화력을 갖는다. 이사할 때 불을 먼저 들여가는 것이나 집들이 때 성냥을 사 가는 것이 모두 정화의 의미이고 주요 가신을 먼저 모셔 들이고자 하는 민속의 변화된 모습이라고 한다.
이두현, 장주근, 이광규 지음, 위의 책, 216~217쪽.

[52] 몽고어의 'ob'에서 왔으며 족제비, 복을 의미한다.

[53] 이종항, 「풍수지리설의 전래와 보급」, 『한국민속문화의 탐구』, 국립민속박물관, 1996 참조.

[54] 쪽배가 떠나는 모습처럼 생긴 터에는 마을 안에 우물을 파지 못한다. 산이 많은 곳에는 집을 높게 지으면 안 된다. 산이 드문 곳에는 집을 낮게 짓지 못한다. 주택의 평면은 좋은 글자모양, 예를 들면 日, 月, 口(먹는 것이 끊이지 말라)를 갖추는 것이 좋다.

[55] 장장식, 「풍수신앙의 역사」, 『한국민속사입문』, 지식산업사, 1996, 332쪽.

[56] 최창조, 「풍수사상의 이해」, 『한국의 전통문화』, 1996년, 국립중앙박물관.

[57] 흥선 대원군은 1845년 경기도 연천에 있는 아버지 남연군의 묘를 덕산 가야산

으로 이장했다. 지관이 말하길 가야산은 2대에 걸쳐 천자가 나오는 자리이고 광천의 오서산은 만대에 걸쳐 영화를 누리는 자리라고 했다. 흥선 대원군은 가야산을 택했는데 이 곳은 원래 수덕사보다 큰 규모의 가야사라는 절이 있었다. 이 절을 없애고 아버지의 무덤을 쓴 것이다. 고종이 등극한 후 대원군은 무덤 아래 마을에 '보덕사報德寺'라는 절을 지어주었다.

불교문화의 전개

1

한국불교의 전개

불교는 인간을 중심으로 하여 인간의 의지에 기초한 실천을 강조하는 종교이다.1 다른 종교와 달리 고타마 싯탈타(Gautama Siddhartha)는 인간이다. 불교는 개인이 이룩한 지적 성찰로서는 인류 역사상 유래를 찾아볼 수 없는 훌륭한 것이었다고 극찬되고 있다.2

한반도에 불교가 전래된 것은 고구려 372년(소수림왕 2년), 전진前秦의 승려 순도順道가 불상과 불경을 전하면서부터이다. 백제는 384년(침류왕 원년) 동진의 마라난타가 불교를 전했으며 신라는 눌지왕(417~458년) 때 고구려승 묵호자墨胡子가 전했고 527년(법흥왕 14년) 이차돈異次頓의 순교로 불교가 공인되었다. 삼국은 왜 불교를 수용했을까? 그것은 고대국가의 통합이념의 문제와 관련이 있다. 삼국시대 초기에는 무속(천신天

神, 일월신日月神, 지신地神 등)이 유행하는 한편 왕족의 시조신을 국가의 신神으로 모시는 경향이 있었다. 그러나 국가체제가 정비되면서[3] 많은 백성을 사상적으로 통합할 수 있는 이념이 필요하게 되었다. 종교는 개인적 인생의 위안 뿐 아니라 종교적 세계관을 통하여 세계를 인식하고 사회조직의 틀을 유지시켜주는 이데올로기로서의 기능을 갖는다. 자연히 고대국가는 보다 잘 짜인 이데올로기를 원하였고 거기에서 불교를 적극 수용한 것이다. 이후 불교는 오늘날까지 한국문화의 중요한 요소로서 자리해 왔다.

2006년 5월 현재 정부가 지정한 국보 307점 중 58점이, 보물 1440점 중 331점이 불교관련 문화재이다.[4] 불교는 종교적 차원을 넘어 한반도의 여러 왕조와 민중 속에서 발전하여 온 한국 전통문화의 중요한 부분이며 전국 각지에서 불교문화재를 만날 수 있다. 따라서 종교적 관점을 넘어 한국의 전통문화유산으로서 불교를 이해하려는 적극적인 자세가 필요하다.

본 장에서는 한국에서의 불교의 역사와 함께 불교사상의 개요, 불교문화재 이해를 위한 기초지식을 살펴보고자 한다.

1 한국불교의 역사

삼국시대 불교

삼국의 불교 수용의 특징은 첫째, 왕실불교라는 점이다. 왕실이 솔선하여 중국의 불교경전을 수입하고 이를 연구하고 사찰을 짓고 승려를 양성하는 등 불교 수용의 주체였다. 둘째는 왕실불교였기 때문에 자연히 호국불교의 성격을 띠었다는 점이다. 개인의 구원과 해탈보다는 국가수호가 주요 목적으로 천명되었다. 백제 무왕이 왕흥사를 건립한 것이나, 신라 진흥왕이 황룡사를 세운 것 등은 국가보호의 동기에서 나왔다.[5]

그런데 의문스러운 것은 불교는 '누구나 부처가 될 수 있다'는 평등의식을 담고 있는데 어떻게 왕실에서 적극적으로 불교를 수용했을까 하는 점이다. 즉 민중이 평등사상을 이용하여 왕실을 전복시킬 위험이 존재할 수도 있기 때문이다. 사실 근대 시기의 개화파는 불교에서 평등사상을 배웠다고 고백하고 있기도 하다. 이러한 점을 이해하는 단서는 윤회사상에서 찾을 수 있다. 즉 윤회輪廻의 원리에 의해 현재 기득권층의 지위와 이권은 전생의 업業의 결과라고 납득시키고 일반 민중들도 현세의 업을 잘 닦으면 내세에 희망이 있다고 선전함으로써 현실순응적인 피지배층을 확보하여 체제 안정을 꾀할 수 있었던 것이다.

삼국 불교의 세 번째 특징은 일본에 불교를 전달했다는 점이다. 552년 이후 백제가 혜총惠聰, 관륵觀勒 등 경론, 율사, 선사, 비구니, 고승 등을 파견하였으며 595년 고구려 승 혜자惠慈가 일본에 건너가 백제승 혜총과 함께 성덕태자의 스승이 되었다. 신라 불교는 6세기 말부터 일본에 화엄경을 전파하여 영향을 끼쳤으며, 더욱이 원효元曉의 영향이 컸다.[6]

신라와 통일신라의 불교

대부분의 교학사상을 중국을 통해 수입하나 나름대로의 독창성과 주체성을 발휘하여 발전되었다. 신라 불교의 특징은 첫째, 불연국토설佛緣國土說을 내재화했다는 점이다. 즉 신라는 석가모니 부처 뿐 아니라 과거불인 가섭부처가 설법한 터가 그대로 남아있는 곳으로 본래 부처님과 인연이 깊은 땅이라고 하여 민족의 주체적 종교로 승화시켰다. 둘째는 중국의 종파불교의 서로 다른 교학상의 주장을 정리하여 화해와 융합의 통불교統佛敎 전통을 수립했다는 점이다.

통불교의 전통을 수립시킨 이는 원효(617~686년)[7]다. 원효는 화엄의 이상을 설명하여 '화엄의 이상은 사사무애事事無碍, 이사무애理事無碍의 통일, 평화에 있다.[8] 한 사람의 개인도 소외시킴이 없고 하나의 물건도 허비함이 없도록 하는 가운데 하나의 전체가 이루어지고(총즉별總卽別, 별즉총別卽總, 총중별總中別, 별중총別中總), 그 개별적인 것들은 각각 그 특유한 재능을 발휘함으로서 비로소 전체의 동질성을 이룰 수 있다(동즉이同卽異, 이즉동異卽同, 동중이同中異, 이중동異中同). 또한 하나의 전체(국가 또는 민족)가 완전히 성취되기 위해서는 그 전체를 이루는 개별적인 것이 자기주장을 절제하고 억제하여야 한다(성즉괴成卽壞, 괴즉성壞卽成, 성중괴成中壞, 괴중성壞中成)'는 통일의 근본원리를 제시했다.[9]

불교는 신라에게 통일의 이상을 제시, 그 방법과 수단을 준비할 수 있도록 했다. 그러나 호국불교의 성격이 강했던 당시, 승려들은 호국을 위한 법회 개최만을 중시하여 정작 대승불교의 본령이라고 할 대중 구제에는 소홀했다. 이러한 문제를 인식하고 원효는 대중 속으로 들어가 쉬운 교설로 불법을 전하여 대중 불교의 기초를 정립했다. 그는 전국을 누비며 불법을 전파했는데 오늘날 전국 곳곳에 원효암이 산재해 있다는 점에서 그 흔적을 찾아 볼 수 있다.

한편 경전연구와 왕실중심의 불교는 지방호족들을 끌어안지는 못했다. 통일신라 말기에 중국에서 들어온 선종禪宗[10]이 유행했는데 거기에는 왕실불교에서 소외된 지방호족의 취향과 부합한 면이 많았다. 이 선종은 마침내 고려를 건국시키는 이념으로 작용했다.[11]

고려시대의 불교

불교를 중심으로 풍수지리, 도교, 유교 등의 제반사상이 어우러진 시대다. 왕실, 귀족 뿐 아니라 일반서민에 이르기까지 국가나 개인의 현세의 행복과 번영을 기원하는 염원을 불교에 의탁했다. 불교 발전의 기본적 이유는 제도적인 우대정책에 있다. 광종 9년(958년)에 일종의 국가고시제를 실시하여 승려의 신분을 높여 주었고 시기적으로는 많은 외침을 받음으로써 자연히 공동체를 수호하려는 의식이 강하였고 이것이 종교 활동에도 영향을 끼쳤다.[12] 사상적으로는 교종과 선종의 대립을 해소하는 방향으로 전개되었다.

고려 중기에는 신앙단체로서 결사結社[13]가 유행했다. 지눌知訥(1158~1210년)은 정혜결사를 일으켰는데 정과 혜를 같이 닦아야 한다는 정혜쌍수定慧雙修를 주장했으며[14] 수행의 원리로는 돈오점수頓悟漸修[15]를 주장했다. 이 결사운동을 통해 도시불교에서 산림불교로, 중앙중심의 불교에서 지방불교, 국가불교에서 개인불교로의 전향이 이루어졌다. 이후 한국불교는 선종 위주의 불교로 발전하게 된다. 지눌은 1205년 9년간의 중창 끝에 전라남도 송광산에 수선사修禪社라는 이름을 희종熙宗으로부터 하사받았다. 1210년 지눌이 입적한 이래 송광사에서는 16명의 국사가 배출되었다. 현재 불교의 삼보[16]사찰 중 승보사찰이다. 한편 고려 중기에는 의천義天이 천태종을 개창했다. 이를 기반으로 고려 후기에는 백련결사운동이 전개되었는데 참회와 염불 위주의 수행원리를 제시한 대중적 불교운동이었다.

고려 말기에는 많은 사원이 난립하고 기복 신앙 차원의 각종 행사가 만연하는 한편, 승려의 호화생활, 승려의 정치개입 등으로 불교의 문란함이 심해졌다.[17] 정치적 사회적으로 불안했던 고려 말의 민간에는 미륵신앙이 성행하고 미륵불을 자처하는 사람이 출현하여 민중을 현혹시키기도 했다. 예를 들면 고려 명종(1170~1197년) 때 일엄日嚴이라는 승려가 눈먼 자를 보게 하고 죽은 자를 살리고 나병환자도 낫게 한다는 소문이 퍼졌다. 일엄은 자신을 아미타불이라고 하고 그가 목욕한 물은 법수法水로서 모든 병을 고친다고 하여 그를 따라 제자가 되는 사람이 많았다. 사람들에게 말하기를 "만법이 오직 일심이니, 네가 부지런히 염불을 외워 내 병이 이미 나았다고 하면 병이 따라 나을 것이니, 행여 병이 낫지 않더라도 말하지 말라"고 해서 사람들이 더욱 속기 쉬웠다고 한다.[18]

조선시대 불교[19]

조선 초기 신흥사대부들은 주자성리학을 표방하면서 불교 교단의 비도덕성(국가나 부모를 버리고 출가하면 충과 효는 누가 하는가?)과 비생산성을 비판하고, 승려는 노동을 하지 않고 놀고먹는 사람으로 간주했다. 조선 건국의 사상적 지주였던 정도전(1342~1398)은

『불씨잡변佛氏雜辨』을 저술하여 성리학 관점에서 불교 교리의 허황됨을 공격했다. 이후 불교는 개혁의 대상으로 간주되었으나 조선 초기에는 세종이 궁궐 안에 내불당을 짓고 불경(석보상절 : 석가모니의 일대기)을 한글로 간행하는 등 왕실에서도 불교신앙은 여전히 명맥을 유지하는 한편 성종조의 인수대비나 명종의 생모인 문정왕후 등에 의해 불교보호정책이 이루어지기도 했다. 현재 서울 4대문 안의 불교를 상징하는 역사적 유물은 원각사지 10층 석탑(국보 제2호)과 원각사비(보물 제3호), 보신각종(원래 원각사종, 보물 제2호)이 남아있는데 이는 세조의 불교 보호정책의 산물이다.

조선 중기(연산군대~숙종 이전)가 실질적인 불교 쇠퇴기이다.[20] 승려는 천대와 잡역 동원의 대상이 되었으며 도성 출입이 금지되었다.(인조 원년부터 본격시행) 이러한 상황 하에서 불교는 다른 종

원각사지 10층 석탑
서울 탑골공원 내

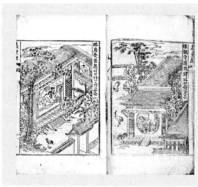
부모은중경의 일부분

교나 사상과 타협하여 명맥을 유지했다. 그리하여 조선시대 중기 이후에는 경전으로는 『부모은중경父母恩重經』이 유행했다.[21] 이는 부모의 공덕이 얼마나 높은가를 읊은 경전으로서 불교에서는 사람 이 출가하여 부모를 공경하지 않는다는 주장을 극복하기 위한 방 안이었다. 한편 사찰에는 명부전冥府殿이 증가하였다. 명부전은 지 장보살과 명부계의 심판관인 시왕十王을 모신 곳인데 목적은 죽은 부모의 극락왕생을 기원하는 곳이다. 이것 또한 유교의 효 중시 관 념을 받아들인 결과이다. 다른 한편으로 토착신앙과의 융합을 꾀 하여 산신각, 칠성각, 수목신앙, 입석신앙 등을 받아들였는데 이러 한 자취는 오늘날 사찰에서 빈번히 발견된다. 또한 교종의 이론적 연구는 쇠퇴하고 대중과 친숙한 밀교의례(선과 진언眞言[22]의 혼합)가 확립되었으며 한국불교의 대표적 진언집인 『천수경』이 만들어졌 다.

조선 중기의 대표적 승려는 서산대사 휴정(1520~1604년)이다. 휴 정은 경전보다 선禪(부처의 마음)을 중시하는 사교입선捨敎入禪을 주 장했고 유, 불, 도교의 회통을 중시했다. 이후 조선 불교의 전통은

선종계의 서산 문하로 통일되었다.[23]

조선 후기에는 성리학에 대한 비판으로 실학이 유행하는 가운데 유학자의 불교에 대한 관심도 높아졌다. 이 시기에 사찰 복원이 활발히 전개되었는데 이는 관청이나 유생의 지원에 의한 것이었다. 이러한 배경에는 사찰이 분경 간행의 경험으로 조선시대에는 유생들의 문집 출판을 대행함으로써 유생들과 친분을 유지했다는 점이 작용했다. 유학자의 불교관심은 특히 추사 김정희(1786~1856)의 경우가 널리 알려져 있는데 오늘날에도 전국 사찰의 곳곳에서 그의 글씨로 된 편액이나 비문을 찾아 볼 수 있다.

근대의 불교

근대 시기 불교는 첫째, 개화사상에 끼친 영향을 들 수 있다. 박영효, 김옥균 등은 개화승 이동인의 도움으로 일본의 개화에 관한 서책을 구해 서울 신촌 봉원사에서 강독회를 열기도 했다. 서재필은 불교에서 평등사상을 배웠다고 회고하기도 한다.

둘째, 친일적 경향을 노정했다. 그 이유는 1895년 갑오개혁 이후 승려의 도성 문출입이 허가되는데 이에는 일본공사관의 역할이 컸다. 이후 한국불교는 일본불교에 은혜를 입었다는 생각을 하게 되었으며 이는 일제시기 불교의 친일적 성격으로 나타났다.[24]

이러한 가운데 한말에서 일제시기에 걸쳐 불교개혁론이 권상로나 한용운에 의해 제기되기도 했다. 권상로는 『조선불교유신론』(1913년)을 지어 수구파를 중심으로 하는 불교계의 통합을 주장했으며 한용운은 『조선불교 유신론』을 지어 향후의 세계는 불교가 도덕문명의 원천이 될 것이므로 이를 자각하여 미신이나 불합리한 요소를 탈각해야하는데 이의 걸림돌은 수구파라고 지적하고 승려의 구미제국 유학, 승려의 생산성 있는 활동을 강조했으며, 승려의 결혼제도를 통한 불교의 대중화도 주장했다. 1914년에는 조선불교 조계종이 성립하여 불교를 통합했으며 1945년에는 한국불교 조계종으로, 1962년에는 대한불교 조계종으로 개칭되어 원효가 정립한 통불교의 전통을 계승해 나가고 있다.

2 불교사상 개요

한국의 역사 속에서 불교가 오랜 생명력을 이어 나온 이유를 이해하기 위해서는 그 사상의 검토가 필요하다.[25] 또한 불교 사상의 이해는 불교 문화재 이해의 밑거름이 되기도 할 것이다.

불교는 고타마 싯달타에 의해 창시되었다. 고타마는 2600년 전 인도의 동북부 히말라야 기슭의 가필라밧투국의 태자로 태어났다. 29세에 출가했으며 35세에 보리수 아래서 깨달음을 얻어 비로소 붓다가 되었다. 석가모니의 뜻은 싯달타의 출신부족인 '샤카족 출신의 성자'라는 뜻이며 부처는 '붓다(Buddha)'를 한자어로 표기한 것으로 '깨달은 이', '진리에 눈 뜬 이'라는 뜻이다. 80세에 돌아갔다. 석가모니는 권위적인 일방적 교설을 배격하고 어디까지나 인간의 이성을 기초로 상대가 스스로 이해하고 깨달을 수 있도록 유도했다고 한다.

붓다에 의해 제시된 불교의 이념은 다음과 같다.

석가모니의 생애

석가모니의 어머니 마야는 싯달타 출산 후 7일 만에 죽는다. 16세에 석가모니는 '야소다라'라는 소녀와 결혼. 궁궐에서 온갖 사치를 누렸다. 우연한 외출 중에 늙은 이, 병든 이, 죽은 사람, 출가 수행자를 목격하고 29세에 출가하여 6년 동안 고행했다.

고행과정에 대해 석가모니는 "나는 극도의 고행을 했다. 하루에 한 입의 음식, 물만 먹고 점점 며칠씩 단식을 했다. 나의 맹세를 이루기 위해 머리털과 턱수염을 뽑고, 똑바로 앉은 자세를 고정하고, 쪼그려 앉은 채로 있기, 가시덤불에 눕기 (중략) 나는 교묘하고 다양한 방식으로 나의 몸을 괴롭혔다"고 한다. 그런데 목표를 달성하지 못했다. 다시 보통사람처럼 먹고 마시다가 부다가야 강가의 나무아래 고요히 앉아 선정에 들었다. 초저녁 무렵 자신의 전생의 기억으로 수백, 수천 번의 전생을 회상했다. 한밤중에 사람들이 스스로 행한 업에 의해 태어나고 죽는다는 것을 알고 새벽에 사성제四聖諦를 깨닫고 해탈을 가로막는 장애인 감각적 욕망, 생존의 욕망, 무명無明, 사견邪見을 없애는 방법을 알게 되었다. 이로써 깨달은 이 '붓다(Buddha)'가 되었다.

35세의 붓다는 처음에는 포교에는 회의적이었다. 자신의 깨달음을 언어로 설명한다는 것이 무리라고 생각했기 때문이다. 그런데 신들의 주재자인 범천왕梵天王으로부터 세상 사람은 붓다의 가르침을 갈망한다는 간청을 듣고 가르침을 펴기로 하여 갠지스 강 동부에서 비구들의 수도공동체 형성하여 불법을 전했다.

80세에 돌아갔다. 아난다에게 말한 유언은 "자신이 자신의 등불이 되어라. 자신이 자신의 의지처가 되어라. 진리를 등불로 삼고 진리를 의지처로 삼아라"라는 것이다. 붓다의 몸은 화장했으며 유골(사리)은 8도시로 분배되어 각각의 도시는 유골을 봉분으로 안치했는데 이를 '스투파'라고 하였다.

인간이 처한 현실은 괴로움뿐이며(일체개고一切皆苦), 모든 것은 변화하여 덧없다(제행무상諸行無常), 그리고 독자적인 실체라는 것은 존재하지 않는다(제법무아諸法無我)는 것이다. 세상 만물은 일정한 원인과 조건에 의한 결과로서 존재하는데 그 원인과 조건 자체가 끊임없이 변화하고 있으므로 독자적인 실체라는 것은 존재하지 않는다고 한다.

이렇게 독자적인 실체가 없는 모든 존재는 다섯 가지 요소의 조합으로 이루어지고 흩어진다고 본다. 물질적 신체(色), 감각(受), 관념(想), 성향(行), 의식(識)을 말하는데 이러한 요소는 생명체가 죽게 되면 일단 흩어진 다음, 의지적 행위인 업業에 의해 다시 결합하여 윤회를 하게 된다. 윤회설은 고대 인도인에게 계승되어 오던 관념이기도 하다.

윤회는 연기설緣起說에 입각하여 이루어지는데 이는 '서로를 말미암아 함께 일어나는 것'이다. 구체적으로는 세상의 모든 것은 원인이 있으면 결과가 있다는 인과因果의 법칙, 세상 만물의 변화는 인(원인)과 연(조건)에 의해 이루어진다는 인연因緣의 법칙, 개개의 사물은 서로 의존하여 존립하는 관계에 있다는 상의상관성相依相關性을 들고 있다. 윤회의 원리는 신분에 관계없이 적용되는 것으로 이러한 평등주의가 평민에게 환영받았다. 이러한 논리에 의하면 '나'와 '남'은 구별될 수 없으며 모든 존재가 '하나'라는 논리가 성립하게 된다. 불교는 이러한 현상계에 대한 통찰을 기반으로 헛된 현실에 얽매이지 말고 수행을 통해 집착을 끊고 해탈[26]하여 열반[27]에 드는 것을 이상으로 삼는다. 따라서 불교는 개인주의적 종교로서의 특징을 갖고 있다.

그런데 붓다 사후, 인도에서의 불교는 왕족과 귀족의 후원을 얻어 사원제도가 정착하면서 권위성을 띠게 되었으며 출가 수행자들은 붓다의 '너 자신을 등불로 삼아라'라는 유언에 따라 개인수행에 치중하였고 지나치게 전문적이고 현학적인 교학연구에 매달렸다. 그런데 승려들 가운데서 기원전 1세기경 새로운 신앙운동이 일어나는데 그들은 기존 승단의 폐쇄적인 태도를 소승小乘(작은 수레)이라고 비판하고 스스로를 대중구제에 힘을 쓰는 대승大乘(큰 수레)이라고 불렀다. 대승불교는 북방지역인 티베트, 중국, 한국, 일본으로 전래되어 북방불교라 하고 소승불교는 남방지역인 스리랑카, 타이, 미얀마, 캄보디아, 라오스 등지로 전래되어 남방불교라 한다. 남방불교는 교학사상이나 수행의 전통과 계율 준수가 엄격하여 석가모니 초기의 교단적 전통이 비교적 잘 보존되어 있다.[28]

한국에 전파된 불교는 다름 아닌 대승불교이다. 불교를 잘 모르는 사람도 염불에서 귀에 익은 구절은 '나무아미타불, 나무 관세음보살'일 것이다. 이것만큼 대승불교로서의 한국불교의 특징을 웅변하는 구절도 없을 것 같다. 나무란 나마스(namas)로, '예경하다, 귀의하다'는 뜻이다. 즉 '아미타 부처께 귀의합니다, 관세음보살께 귀의합니다'라는 뜻이다. 아미타부처는 극락세계를 관장하는 부처로서 그가 부처가 될 때 한 48가지의 서원誓願 중에는 '누구든지 자신에게 구원을 요청하는 자는 그 즉시 극락세계로 인도한다'는 내용이 있다. 따라서 사람들은 현세의 삶이 어떠하든 아미타부처에게 매달려 극락왕생하고자 하는 염원을 이 염불에서 표현하고 있는 것이다.

한편 보살이란 부처가 되기로 약속된 자이나 대중을 불법으로 인도하기 위해 이를 미루고 대중구원을 위해 활동하는 수행자이다. 관세음觀世音은 세상의 대중들의 삶에 귀를 기울이고 있어서 사람들의 도움 요청이 있으면 여러 가지 모습으로 변하여 그 사람을 돕는다고 한다. 즉 이 두 염불은 대승불교로서의 한국불교의 현세주의와 낙천주의를 웅변하는 키워드가 되는 셈이다. 그 밖의 불교 관련의 상식을 간단히 소개하면 다음과 같다.

경전

부처가 45년간 깨달은 진리를 중생에게 설법한 내용으로서 석가모니 부처가 직접 명문화하거나 보관한 경전은 없고 제자들이 기원전 1세기경부터 펴낸 것이다. 원래는 인도의 고대 언어인 산스크리트어나 지방 방언인 팔리어로 기록되었다가 불교의 확산과 더불어 각 나라의 언어로 번역되었다. 한국은 한문 경전을 사용한다. 경전에는 삼장三藏[29]이 있다.

108번뇌

인간의 6가지 감각의 문(눈, 귀, 코, 혀, 몸(피부), 뜻(마음))과 세상의 6가지 객체(색깔과 모양, 소리, 냄새, 맛, 감촉, 생각(관념))가 만나면 각각 (1) 즐거운 느낌(욕심을 초래), (2) 괴로운 느낌(분노를 초래), (3) 무덤덤한 느낌(어리석은 마음)이 일어난다. 이 6가지 접촉에 3가지 느낌을 곱하면 18가지의 느낌이 생긴다. 이는 불건강한 마음을 유발하므로 번뇌라 불린다. 이 번뇌는 정신적인 것과 육체적인 것이 있고(18×2=36), 과거, 현재, 미래에 걸쳐 계속되므로(36×3=108) 백

여덟 가지의 번뇌가 있다는 상징성을 띤 숫자가 생겨났다.

불교의 우주관 : 33천

불교의 우주관은 서른세 개의 세계가 존재한다고 본다. 인간세상 위로는 스물여덟의 세세가 존재한다. 범종을 타종할 때 28번, 혹은 33번을 치는 이유는 이 우주공간에 불법이 퍼지기를 염원하는 상징이 담겨있다. 흥미로운 점은 조선시대 때 도성문의 개폐 시에도 아침에는 28번을, 저녁에는 33번을 쳤다는 점이다. 현재에도 제야의 종은 33번을 타종한다. 이념과 상관없이 관습으로 계승되어지는 문화의 속성을 엿보게 한다.

	무색계無色界	4천	
	색계色界	18천	
삼三 계界	욕欲 계界	타화자재천	
		화락천	
		도솔천	
		야마천	
		도리천	불이문
		사왕천	천왕문
		인 간	일주문
		수 라	
		축 생	
		아 귀	
		지 옥	

3 사찰의 공간구조와 그 상징

사찰은 가람伽藍이라고도 하는데 가람이란 인도어의 Sangarama를 한자로 승가람마僧伽籃摩라 하였고 여기에서 가람伽藍이라는 말이 생겼다.[30] 사찰은 불상을 모신 전각과 탑을 중심으로 곳곳에서 부처의 가르침을 형상화시켜 놓았기 때문에 그 공간구조의 특징과 상징성을 이해한다면 보다 의미 있는 한국문화재 이해가 가능하다. 다음으로는 사찰을 잘 이해하기 위한 예비지식을 살펴보기로 한다.

문

일반적으로 세 개의 문을 거쳐 들어간다.

(1) 일주문一株門 : 사원의 입구를 상징하는 대문이다. 세속의 차원에서 벗어나 처음 불법의 세계에 들어옴을 의미하는데 두 개 혹은 네 개의 기둥을 나란히 세우고 지붕을 얹었다.

(2) 천왕문天王門 : 불법을 보호하는 사천왕이 배치되어 있다. 발밑에는 악귀를 누르고 있다. 표정이 험악한 이유는 중생의 탐욕과 분노와 어리석음을 질타하기 위함이라고 한다.[31]

(3) 불이문不二[32]門 : 도리천(하늘세계)을 상징한다. 인간의 백 년이 하루에 해당한다. 도리천의 왕이 제석이다.

이외에도 일주문과 천왕문 사이에 금강문金剛門이 있는 경우가 있다. 금강문에는 금강역사 두 명이 수문장으로 배치되어 있다. 일반적으로 천왕문을 들어서면 경내다. 덕산의 수덕사는 일주문, 금강문, 천왕문을 지나 경내에 들어가는 구조이며 부산의 범어사는 일주문, 천왕문, 불이문을 지나 경내에 진입하게 된다. 양산 통도사의 경우는 일주문과 천왕문을 지나 극락보전과 약사전이 있고 불이문을 지나 원통전과 대웅전이 위치해 있다. 순천 송광사의 불이문은 사찰 내 뒤편에 위치해 있기도 하다.

전殿과 각閣

각 건물의 편액은 그 건물의 주인이 누구인가를 말해주는 이름표이다.

명 칭	의 미
대웅전大雄殿	석가모니를 한자어로 대웅大雄이라 하여 석가모니부처를 안치한 건물이다.
극락전極樂殿	아미타부처가 주인이다.
비로전毘盧殿[33]	비로자나 부처를 모신 전이다.
약사전藥師殿	병든 중생을 해탈시켜주는 약사여래를 모신 전. 손바닥에 약합을 올려놓고 있다.
나한전羅漢殿	석가모니 부처의 대제자인 아라한(나한)을 부처와 함께 모신 전이다.
천불전千佛殿	불교에서는 현재 우주공간에 천 명의 부처가 있다고 한다. 이들 부처를 모신 전이다.

이외에도 관음보살을 모신 관음전이 있다. 관음보살을 중심 불상으로 안치할 때는 원통전圓通殿이라 부른다.(전라북도 선암사) 또한 장육전丈六殿은 일반인의 키가 8척(인도 척尺)이라면 그 두 배인 1장 6척의 크기로 만든 불상이 안치되어 있는 곳이다. 이는 사람들이 많은 공덕을 쌓기 위해서 일부러 불상을 크게 한 것이라고 한다.(지리산 화엄사)

또한 조선시대를 거치면서 전각의 명칭과 그 내부의 불상이 일치하지 않는 경우가 있다. 그러나 그 전각 주변의 구조물과 관련지어보면 이해할 수 있는 경우가 대부분이다. 예를 들면 충남 운산의 개심사에는 '대웅보전'이라는 편액이 걸려있지만 내부의 불상은 아미타부처이다. 그런데 이 사찰 입구의 문에는 '해탈문解脫門'이, 누각에는 '안양루安養樓'[34]라고 적혀 있어서 아미타부처를 주불로 모신 사찰임을 알 수 있는 것이다.

다음은 민간신앙을 수용한 사찰의 공간을 보자. 부처가 안치된 전殿보다는 등급이 낮아 각閣이라 호칭한다.

명 칭	의 미
산신각山神閣	민간신앙에 전승되는 산신을 안치했다. 주로 대웅전 뒤편에 위치한다.
칠성각七星閣	수명을 관장한다는 북두칠성을 일곱 여래[35]로 표현하여 안치한 곳이다.
삼성각三聖閣	산신, 칠성, 나반존자(타인의 힘을 빌지 않고 혼자서 성불한 이)를 함께 안치한 곳이다.
용왕각龍王閣	용왕을 안치한 곳. 용은 불교에서는 불법을 보호하고 극락세계로 인도하는 상상의 동물로 알려져 있지만 용왕각은 민간신앙에서의 수신水神인 용왕을 안치한 공간이 된다.

이외에도 수목신앙이나 입석신앙을 수용한 흔적도 남아있다. 사찰입구에서 자주 볼 수 있는 장승, 돌무더기, 남근석 등도 조선시대를 거치면서 민간신앙과 융합한 불교의 자취를 엿보게 하는 부분이다.

사물四物

사찰의 규모에 상관없이 반드시 구비해 둔 불법을 전하는 네 가지 도구를 말한다.

(1) 범종梵鐘 : 지옥에서 고통 받는 중생을 구세하여 괴로움을 없애고 즐거움을 얻도록 하기 위한 목적으로 사용된다. 절에서 대중을 모으거나 때를 알리기 위해서도 사용된다. 타종은 새벽예불 때는 28번, 저녁 예불 때는 33번을 친다. 각각 불교의 세계관인 33천과 지상계로부터 하늘세계까지의 28천을 상징하는 숫자이다.

(2) 목어木魚 : 나무로 물고기[36] 모양을 만들어 걸어두고 두드린다. 물속에 사는 물고기를 바른 길로 이끈다고 한다. 처음에는 완전한 물고기 모양을 하고 있었으나 후대로 오면서 용의 얼굴에 여의주를 물고 있는 모양으로 바뀌었다. 이는 불교에

불국사 목어

불국사 운판

서는 용이 불법을 전하는 상서로운 동물이며 극락으로 인도
하는 존재로 여겨지기 때문에 이러한 의미가 덧붙여진 모습
으로 이해된다.

(3) 운판雲版 : 청동이나 철로 구름무늬 모양의 넓고 납작한 판을
만들고 판 위에 보살상이나 진언을 새긴다. 가장자리에는 용
이 승천하는 모습이나 구름과 달을 새기기도 한다. 운판이
울리면 공중에 날아다니는 중생을 제도하고 허공을 헤매며
떠도는 영혼이 천도할 수 있다고 한다.

(4) 법고法鼓 : 『법화경서품法華經序品』에는 번뇌와 망상, 집착, 오
욕을 없애는 설법을 할 때 북을 친다고 하여 수행정진을 목
적으로 북을 친다.[37]

사찰의 주요 석조물

(1) 당간지주幢竿支柱 : 절의 입구에 당간을 세우는 기둥이다. 당

당간지주　　　　　　　　칠장사 철당간지주

간幢竿이란 깃발을 달아두는 장대인데 불교의 종파를 나타내는 기치로 절의 문전에 세웠다.[38] 지주는 두 개의 돌기둥의 형태로 남아있는 것이 대부분이나 철 당간지주가 남아있기도 하다. 당간지주가 중요한 이유는 목조건물인 사찰이 소실되었어도 후대에 사찰의 소재지를 확인하는 표시석이 되기 때문이다.

(2) 탑 : 본래 석가모니 부처의 유골을 봉안했던 인도의 스투파(Stupa)에서 유래되었다. 석가모니는 돌아간 후 화장(다비)을 한 결과 전신 사리[39]로서 8가마니의 사리가 수습되었다고 한다. 이를 제자들이 인도의 각 지역으로 분배하여 봉분형태의 무덤으로 조성하였다. 이것이 '스투파'다. 불교가 전파되면서 석가모니의 사리 봉분을 헐어서 인도 이외의 각 지역에 분배했다. 그 과정에서 사리가 분배된 지역에서는 탑을 만들

어 유골을 봉안하게 되었다. 이후 불교가 더욱 전파되면서 탑은 사리 외에도 사찰의 중요 경전이나 기타의 성스런 물건을 안치하는 곳이 되어 예배의 대상이 되어 왔다.

탑은 크게 세 구조로 나뉜다. 기단부, 탑신부, 상륜부인데 탑의 층수는 탑신부의 옥개석의 숫자를 센다. 탑의 층수는 홀수이며 3, 5, 7, 9층탑이 있다. 삼층탑은 천지인天地人을, 5층탑은 오행五行을, 칠층탑은 북두칠성을, 구층탑은 9가 양수陽數 중에서 최대의 양수이기 때문에 가장 상서로운 숫자로 알려져 있다. 또한 한자의 '구久'와 연결시켜 오래다, 장수하다, 깊다는 뜻으로도 쓰인다. 한편 상륜부에는 스투파의 흔적으로서 밥그릇을 엎어놓은 것 같은 모양의 복발覆鉢이 있다. 그런데 탑 중에는 경천사지 10층 석탑, 원각사지 10층 석탑이 존재한다. 이것은 왜 10층일까? 이 탑은 원나라의 양식으로 한국석탑양식과는 다르다. 이 탑(71쪽 참조)은 3층탑과 7층탑이 이중구조로 되어 있음을 알 수 있다.

불상

불상은 언제부터 만들어졌을까? 석가모니가 입멸한 직후에는 불상이 없었고 제자들이 스승을 추억할 때는 스투파나 부다가야의 보리수를 찾아갔다. 그런데 기원전 324년에 알렉산더가 동방원정으로 서인도를 점령했는데 이로 인해 로마의 헬레니즘 문화가 인도지역으로 전파되었다. 그 영향으로 갠지스강 유역 간다라 지방에서 그리스, 로마의 조각상을 닮은 불상을 만들었다. (간다라 불상)

그러나 유럽인의 모습을 한 불상에 대한 반발이 일어나 갠지스강 유역의 마투라 지방에서 인도인의 얼굴을 한 불상을 만들었다.(마투라 불상) 그 가장 큰 특징은 나발螺髮, 즉 소라모양으로 말린 머리 모양에 있다. 이 불상의 양식이 대승불교 전파와 더불어 중국, 한국 등지로 전해졌다. 그러나 각 나라에서 불상이 표정은 다르게 표현되었다. 다음은 불상의 명칭과 각 불상의 손 모양인 수인手印에 대해 알아보자.

불상의 명칭

(1) 석가모니불 : 불교의 창시자, 고타마 싯달타를 말한다.[40]

(2) 아미타불 : 서방 극락세계에 살면서 중생을 위해 자비를 베푸는 부처로 알려져 있으며 우리나라는 삼국시대부터 신앙되었다. 아미타(Amita)란 인도어로 무량無量, 무한無限의 의미이다. 그래서 아미타불을 무량수불無量壽佛, 무량광불無量光佛이라고도 부른다.(예 : 부석사의 무량수전)

(3) 비로자나불 : 인도의 옛말 '바이로차나'를 소리 나는 대로 옮긴 것이다. 태양을 의미한다. 석가모니 사후 그의 가르침을 영원불멸한 가치로 표현하기 위해 태양에 비유하여 불상으로 표현했다. 즉, 우주와 인생에 깃들어있는 영원무변하고 보편타당한 진리를 인격화하여 만든 부처이다.[41] 따라서 다른 부처가 인간의 몸으로 모두 '성불成佛'한 존재라는 점과는 구별된다. 화엄경의 주불이며 통일신라 이후 9세기경 유행했다.

(4) 다보불 : 석가모니 바로 앞에 다녀간 과거불이다.

(5) 미륵보살 : 석가모니가 입멸한 후 56억 7천만 년 후 다시 세상에 출현하여 모든 중생을 제도한다는 미래불이다. 중국의 미륵신앙이 삼국시대에 전래되어 성행했다.

불상의 수인手印

수인은 부처와 보살의 공덕을 상징적으로 표현한 손 모양이다. 석가모니불의 경우, 선정인, 항마촉지인, 통인, 전법륜인을 취하는 경우가 많다. 아미타불은 아미타구품인, 비로자나불은 지권인을 한다.

선정인

선정인
개심사 금동여래좌상
조선

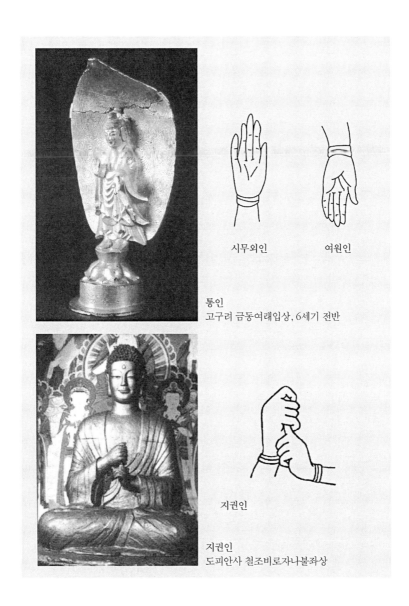

시무외인   여원인

통인
고구려 금동여래입상, 6세기 전반

지권인

지권인
도피안사 철조비로자나불좌상

(1) 선정인禪定印 : 부처가 선정에 든 것을 상징하는 수인이다. 원
래 석가모니가 보리수 아래에서 깊은 생각에 잠겨 있을 때

취한 첫 수인이다.

(2) 항마촉지인降魔觸地印 : 부처가 깨달음에 이르는 순간을 상징하는 수인이다.42(석굴암 본존불 좌상)

(3) 시무외인施無畏印 : 중생의 모든 두려움을 없애고 위안을 주는 수인이다. 한 손을 어깨 높이까지 올리고 손바닥을 밖으로 향하게 한다.

(4) 여원인與願印 : 중생이 원하는 것은 무엇이든지 다 들어준다는 수인이다. 한 손을 아래로 내려서 손바닥을 밖으로 향하게 한다. (3)과 (4)을 합하여 통인通印이라 하여 삼국시대 입상인 불상에 많이 보인다.

(5) 지권인智拳印 : 중생과 부처, 미혹함과 깨달음이 원래는 하나라는 뜻의 수인이다.43 우리나라에는 화엄종의 주불인 비로자나불의 수인이다. 고려시대의 불상에 많다.

(6) 아미타수인 : 아미타부처의 수인이다. 아미타부처는 중생의 윤회의 정도에 따른 설법을 해야 한다고 주장하고 상품상생上品上生에서 중품중생中品中生을 거쳐 하품하생下品下生에 이르기까지 저마다의 행실과 공력으로 극락세계에 환생할 수 있다고 가르쳤다. 이를 손의 위치로서 상품인, 중품인, 하품인으로 구별하고, 손가락의 결합 방식으로서 상생인, 중생인, 하생인으로 구별한다. 구체적으로 살펴보면, 결가부좌結跏趺坐한 자세에서 양손바닥이 배꼽의 위치에서 위를 향해 맞닿은 모양이 상품인, 양손을 가슴 위로 올린 것이 중품인, 중품인의 자세에서 왼쪽 손을 아래로 내린 것이 하품인이다. 다시 손가락의 결합방식에서 엄지와 검지를 맞닿게 하는 것이

개심사 아미타불 하품하생인

상생인   중생인   하생인

상생인, 엄지와 장지를 맞닿게 하면 중생인, 엄지와 약지를
맞닿게 하면 하생인이다. 이를 합하여 상품상생인, 중품중생
인 등, 총 9가지의 수인으로 표현한다.

(7) 전법륜인轉法輪印 : 부처가 깨달음을 얻은 후 바라나시의 녹
야원에서 첫 설법을 했을 때의 수인이다. 인간의 삶이란 마
치 바퀴가 한 바퀴를 채 구르지 못하고 멈춰서는 것처럼 짧
고 덧없다는 것(=찰나)을 바퀴에 빗대어 표현했다. 또한 불

전법륜인

법주사 마애불의상의 전법륜인

법佛法을 바퀴에 비유했다고도 한다. 양손을 가슴 앞에 올리고 각각 엄지와 장지를 맞물린 채로 왼쪽 손바닥은 안으로, 오른쪽 손바닥은 밖으로 향하게 한 모양이다. 그러나 불상에 따라 손가락의 결합방식은 다르게 나타나기도 한다.

보살菩薩

대중 구제가 목적인 대승불교의 이념을 가장 잘 표현한 이들로써 성불이 예정되어 있지만 중생에 대한 교화와 자비실천을 위해 성불을 미루고 있는 존재들이다.

(1) 미륵보살 : 석가모니 다음으로 부처가 될 미륵불이다.
(2) 관음보살觀世音菩薩 : 대자 대비한 보살로서 중생이 어려움을

당했을 때 그 이름을 외우기만 하면 중생의 성품에 따라 여러 가지 모습으로 나타나 중생을 구제해 준다. 대중에게 가장 친숙한 보살로서 인도, 중국, 한국, 일본에 유물이 많이 남아있다.

(3) 문수보살文殊菩薩 : 지혜를 상징하는 석가모니의 협시보살이다. 동자가 사자를 타고 있는 모습으로 표현된다.

(4) 보현보살普賢菩薩 : 자비나 리理를 상징한다. 모든 부처의 이법을 실천하여 중생을 교화하는 일을 맡는다. 석가모니의 협시보살이다. 동자가 흰 코끼리를 타고 있는 모습으로 표현된다.

(5) 지장보살地藏菩薩 : 지옥에서 고통 받고 있는 중생의 구제를 위하여 영원히 부처가 되지 않겠다고 서원한 보살. 승려의 모습으로 표현된다.

▶ ◁정리▷하는 말

불교는 인도에서 태어나 중국을 거쳐 우리나라에 이입되었으나 한국불교는 독자적인 모습으로 그 문화를 일궈왔다. 가장 큰 특징은 중국의 종파불교의 전통을 지양하고 통불교의 전통을 수립했다는 점이다. 또한 조선시대에 억불정책 하에서도 민간신앙, 유교사상을 흡수하면서 자기 생명력을 유지할 수 있었던 요인은 불교사상의 포용성에 있을 것이다. 그리고 오늘날 불교문화재가 우리 문화유산의 큰 비중으로 남아있을 수 있었던 계기는 조선후기의 사찰 복원사업이 펼쳐졌기 때문이었다는 점도 간과할 수 없다. 일반적으로 우리는 조선시대를 '억불정책 일관'으로 이해하는 경향이 있으나 시기에 따라 다르게 전개되었다는 것도 다시금 주목해야 하는 사실로 생각된다.

사찰은 불교의 가르침을 형상화한 공간이다. 따라서 곳곳이 상징으로 가득 찬 암호문의 세계 같기도 하다. 그러나 각각의 상징성과 불교사상에 대한 몇 가지 지식이 있으면 보다 사찰을 의미 있게 답사할 수 있을 것이다.

2

각 시대의 불교문화재 읽기

　절은 한국 전역에 걸쳐있다. 주로 산지에 많다. 산지에 절이 많은 이유는 무엇일까? 혹자는 조선시대의 억불정책 때문에 산으로 도피한 결과라고 한다. 그러나 조선 이전에도 절은 산에 지어지기도 했다. 의상대사가 창건한 9개의 절은 모두 산지에 위치해 있다. 또한 이전에는 도시에도 절이 있었다. 대표적으로는 경주의 황룡사, 분황사, 익산의 미륵사가 평지사찰이다. 산지에 절이 지어지게 된 이유는 선종禪宗과 관계가 있다. 즉 통일신라 말기부터 선종이 유행하면서 번잡한 도시보다는 수행에 적합한 산지로 절의 입지가 바뀌었기 때문이다. 한편 신라의 절로서는 불국사와 석굴암이 있으며 이외에도 각지에 유서 깊은 사찰이 많다. 한국의 대표적인 절은 셋이 있는데 이를 삼보사찰이라고 한다. 부처의 진신사리를 봉안하고 있는 불보佛寶사찰로서 양산의 통도사, 경전으로서 팔만대장경을 보관하고 있는 법보法寶사찰로서 해인사, 또한 16명의 국사를 배출한 승보사찰로서 순천의 송광사가 있다. 절에서는 전통건축양식을 접할 수 있으며 탑을 비롯하여 석등, 불상, 부도, 불화 등이 있다. 또한 민간신앙의 흔적도 발견할 수 있다. 따라서 절을 통해서 우리는 한국에서 1600여 년이 된 불교와 한국 역사의 단층을 접할 수 있는 것이다. 본 장에서는 각 시대의 대표적인 불교문화유산 몇 가지를 살펴보고자 한다.

1 삼국시대의 주요 불교 문화재

서산 마애磨崖삼존불상(백제, 6세기)

이 시대의 불상은 중국의 동위, 서위, 혹은 북제, 주나라 양식의 영향이 보이나 본질적으로 백제인의 얼굴과 백제적인 우아하고 세련된 아름다움이 완전히 정착된 모습을 과시하고 있다.

가운데 불상은 석가모니로서 시무외인과 여원인, 즉 통인을 하고 있다. 얼굴은 둥글고 눈도 클뿐더러 입도 크다. 코는 평퍼짐한 편이다. 남방계의 얼굴을 떠올리게 한다. 넉넉한 미소는 대승불교의 낙천주의를 느끼게 하며 백제인의 호방한 성품 또한 엿보이게 한다. 좌측에는 두 손으로 보주寶珠44를 들고 있는 제화갈라보살이고 우측에는 반가 미륵보살이다. 양자 모두 익살맞기도 하고 천진하기도 한 웃음이 얼굴에 가득하다. 소승불교의 엄격함이었다면

서산 마애삼존불상
백제 7세기경

이러한 미소가 가능했을까? 불상의 미소는 6~7세기경 동아시아에서 유행하던 양식이며, 중국 불상의 미소가 귀족적이고 일본 불상의 미소가 권위적이라면 한국 불상의 미소는 인간적이라고 흔히 비교된다.(사진참조) 그러나 이러한 비교로도 마애불상의 미소의 맛을 충분히 설명하지는 못하는 것 같다. 열반과 인간 세계를 초월한 여유로운 미소가 느껴진다. 삶의 번민에 가득 찬 인간들에게 애당초 고정된 실체가 없으니 번민도 실체가 없는 것을 무얼 그리 걱정하느냐고 껄껄 웃어버리는 달관이 느껴진다. 과연 '백제의 미소'라고 불릴만하다. 원래 절벽에 돋을새김을 한 불상이기 때문에 이

중국 龍門석굴
賓陽洞 주존불(6세기경)

일본 法隆寺
금당 삼존불(623년경)

미소는 해의 움직임과 더불어 그 모습이 천변만화했을 것이다. 한동안 이곳은 보존을 위해 전각을 설치하여 내부가 어두침침했기 때문에 해의 움직임에 따라 미소가 변화하는 모습은 관찰하기 어려웠다. 그래서 이 곳에는 장대에 매단 전등이 놓여 있어서 전등을 움직이면서 직접 그 미소가 던져주는 울림을 느껴볼 수 있도록 하였는데 최근에는 전각을 해체하여 원형을 복구하였다.

신라 감은사지[45]

『삼국사기』 문무왕 21년(681년)조를 보면,

7월 1일 왕이 돌아가시므로… 그 유언에 따라 동해 어귀의 큰 바위에 장사 지냈다. 세상에 전하기를 용으로 화化하여 나라를 지킨다고 하여 그 바위를 가리켜 대왕암이라고 하였다. (중략) 신문왕은… 681년 7월 7일에 즉위하였다. 아버지 문무대왕을 위하여 동해변에 감은사를 세웠다.

감은사지에는 기단부 바닥에 용이 다닐 수 있는 통로가 마련되어있다. 문무왕이 용이 되어 돌아다닐 수 있도록 한 배려이다. 절터 앞에는 삼층석탑 두 개가 놓여 있는데 날카로운 찰주의 상륜부가 눈에 띈다.(사진) 이를 풍수에 입각해 보면 용의 입 안에 여의주(대왕암)가 물려 있는데 거기에 날카로운 송곳니가 두개 나와 있는 모습이 된다. 즉 바다로 쳐들어오는 왜구를 날카로운 이로 부서버리겠다는 의지가 서려있는 것이다. 감은사가 위치한 곳은 원래 바닷가이기 때문에 풍수에서 볼 때는 좋지 않은 땅이다. 이는 나쁜 터에 집을 지어 운수를 바꾼다는 비보풍수裨補風水에 입각한 입지선

감은사 삼층석탑

감은사 동탑 금동사리 외함

정으로 이해되며 이럴 경우의 사찰을 '비보사찰'이라고 부른다. 감은사지 석탑 동탑에서는 최근 금동사리함이 발굴되어 통일신라시대의 정교한 금속세공기술을 세상에 과시하기도 했다.

성덕대왕신종聖德大王神鐘의 종소리의 신비

성덕대왕 신종은 일명 '에밀레 종'으로 불리운다. 즉 그 종소리가 '에밀레라' 즉 '에미 탓으로'라는 종소리로 들리기 때문이다. 신라 경덕왕이 대종의 주조를 위하여 성금을 모으려 했을 때 어느 민가의 아낙네가 어린애를 안고 희롱조로 "우리 집엔 시주할 것이라고는 이 애밖에 없는데요."라며 스님을 놀렸다고 한다. 대종이 연신 실패하자 부정을 탔기 때문이라고 하여 아기를 희생시켰다는 설이 『삼국유사』에 전한다.

이 설화에 대해서는 학계에서는 가능하다는 선과 불가능하다는 설로 나뉘어 있다. 희생설을 주장하는 측은 뼛속에 있는 인(P)의 성분은 물질의 합성, 합금에 신기한 작용을 한다는 사실에 주목한다. 진시황제가 만리장성을 쌓을 때 땅 다지기에 사람의 시신을 썼다는 점, 삼한시대의 김제의 벽골제碧骨堤는 푸른 뼈의 제방이라는 뜻으로 말뼈를 섞었다고 하는데 성덕대왕 신종의 경우 10군데의 쇳물 주입구에서 동시에 쇳물을 부었는데도 기포자국이 없는 이유

성덕대왕신종(771년)
국보 29호, 국립경주박물관

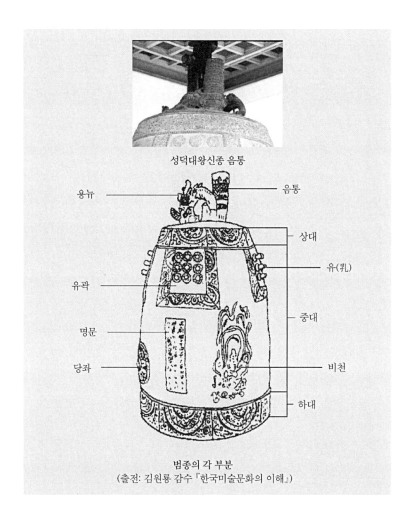

성덕대왕신종 음통

용뉴 ——— 음통
——— 상대
——— 유(乳)
유곽 ———
——— 중대
명문 ———
당좌 ——— 비천
——— 하대

범종의 각 부분
(출전: 김원룡 감수 『한국미술문화의 이해』)

는 역시 인의 효용을 이용했을 것이라는 주장이다.[46]

이를 부정하는 주장은 국립 경주박물관의 의뢰로 포항산업 과학
연구원에서 1998년 이 종의 성분을 조사한 결과, 인이 전혀 검출되
지 않았다는 점을 들고 있다.[47] 성덕대왕신종의 명문銘文에는 경덕
왕을 위하여 구리 12만 근을 들여 대종 주조를 시도했으나 완성을

보지 못하고 경덕왕이 돌아가자 아들 혜공왕이 동왕 7년(771년)에 완성되었다고 새겨져 있다.[48]

성덕대왕신종은 밀랍 주조법을 사용하였으며 종이 완성되기까지 30년이 걸렸다고 한다. 한국의 범종은 중국과 일본의 범종과 달리 종을 거는 고리인 용뉴龍鈕 위에 음통音筒이 있어서 잡소리를 걸러주는 역할을 하도록 되어 있다. 또한 바닥에는 둥글게 홈을 파서 종소리가 공명하여 일정하게 머무르면서 주위로 천천히 퍼져 나가도록 고안되어 있다. 그리고 종의 표면에 비천문飛天紋을 새기고 있는데 이것도 중국이나 일본에서는 보이지 않는 점이다. 예술성이나 종소리에 있어서 세계에서 주목하고 있는 범종이기도 하다.

일본교토 神護寺종(875년)

일본 興福寺종
(출전: 坪井良平, 『日本の梵鐘』)

2 통일신라시대의 불교문화재-석굴암과 불국사

석굴암

경주는 청소년기의 수학여행 장소로 각광을 받는 곳이다. 선생님들은 잠이 많은 학생들을 억지로 깨워 새벽에 토함산을 오르게 한다. 일출을 보고 들리는 곳이 석굴암이다. 그러나 석굴암은 규모도 작을 뿐더러 유리장이 설치되어 있어서 찬찬히 살펴볼 구석이 없어 보인다. 그래서 알려진 명성만큼 그 곳의 가치를 제대로 느끼지 못하고 돌아오는 경우가 많다. 석굴암에 유리장이 만들어진 사연은 유홍준의 『나의 문화유산답사기』 2권에 자세하다. 그 내용을 소개하면 다음과 같다.

석굴암이 일제시기 초기에 허물어진 사실이 발견되어 1914년 총독부에서는 이를 해체하고 보수했는데 그 과정에서 벽체에 콘크리트를 부어넣었고 그 위에 부조된 조각을 붙였다. 한편 바닥을 뜯어보니 석굴 뒤쪽 암반에서 두 개의 샘물이 올라오는 것을 발견하고 아연관을 깔아 배수로를 만들어 밖으로 빼내었다. 일본은 근대적 건축기술을 과시하여 조선의 문화유산을 복원한 셈이 되는데 그런데 이상 징후가 나타났다. 석굴암의 벽면에 습기가 차서 이끼가 끼는 현상이 발생했던 것이다. 일제시기 내내 석굴암은 약품세척, 증기세척을 당하면서 해방을 맞이하게 되었다. 석굴암 벽면에 습기가 차는 이유를 밝혀낸 이는 이태녕 박사다. 그는 석굴암 석면의 결로 현상은 석면의 온도조절이 균형을 잃었기 때문이라고 지적했다. 즉 이전에는 두 개의 샘물 때문에 석굴 바닥 온도가 조각이 있는 벽면보다 낮아 바닥에만 결로 현상이 생겼다. 그런데 벽면에 콘크리트를 다져넣고 바닥에는 아연관을 매설함으로써 온도가 낮아야 할 바닥 온도가 높아지고 벽면 온도가 낮아져 정교한 조각이 있는 벽면에 물기가 맺히게 된 것이다. 이러한 이유를 알아냈지만 석굴암을 원형으로 돌리기에는 어려웠다. 할 수 없이 1971년부터 석굴보존에는 관람객 출입이 해롭다고 하여 유리장을 설치했으며 24시간 에어컨이 가동되어 온도 조절을 하고 있는 상황이다.[49]

석굴암을 창건한 이는 김대성이다. 그는 전생의 부모를 위해 석불사를 창건하고 현생의 부모를 위해 불국사를 세웠다고 한다. 경덕왕 10년(751년)에 착공하여 김대성이 죽은 후에는 나라에서 공사를 맡아 완성했다.

석굴암은 인도석굴 Chaitya굴의 양식을 따른 인공 석굴이다. 암자로 불리나 규모만 작을 뿐 사찰구조를 그대로 재현하고 있다. 석굴암의 구조는 전실의 네모난 공간과 원형의 주실로 나뉜다. 전실에는 팔부신중과 인왕상, 사천왕상이 부조되어 있어서 사찰의 구성 상 천왕문과 금강문에 해당하는 부분이다. 주실에는 본존불과 함께 보살과 제자상이 벽면에 늘어서 있다. 천장은 아치형으로서 28개의 별자리를 표현했다. 소탑[50]의 안치, 궁륭천장, 석굴입구의 팔각석주, 굴 안 상단의 감실 등은 인도석굴 본연의 양식이다.[51]

먼저 전실을 살펴보자.

팔부신중

전실 맨 앞쪽 좌우에 넷이 부조되어 있다. 인도의 힘 있는 신들로 가상 동물인데 석가모니의 교화를 받아 불교의 수호신이 되었다고 한다. 그러나 이는 창건 당시의 조각이 아닐 것이라고 한다. 그 이유는 팔부신중 신앙은 8세기 중반 이후 나타남과 아울러 조각 수법이 제각기이기 때문에 여러 번 파손되어 보수한 것으로 이해된다.

인왕상

금강역사라고도 하는데 보통 탑 또는 절의 문 양쪽에서 수문신장의 역할을 한다. 왼쪽 역사는 입을 벌려 공격하는 모습이며 오른쪽 역사는 입을 다문 채 방어의 자세를 취하고 있다. 날쌔며 무서운 표정이지만 조금도 악의가 없는 얼굴이다. 이는 중국이나 일본의 금강역사상에서 볼 수 없는 모습이기도 하다.[52]

사천왕상

본존불을 맞이하는 문턱 좌우에 악귀를 억누르고 있는 모습이다.

본존불

결가부좌하여 항마촉지인을 취하고 있다. 통일 이전의 부처가 주로 입상으로 다정하게 웃고 있는 모습이지만 석굴암 본존불은 지혜와 능력이 극치에 달한 우아하면서도 위엄 있는 모습이 특징이다. 광배의 위치는 간격을 두고 멀리 배치하여 더 입체적인 조화

석굴암 본존불

를 느끼게 한다. 광배의 둘레를 장식한 연꽃잎은 위로 올라갈수록
크고 아래로 내려올수록 작다. 이는 아래서 기도하는 사람의 착시
현상을 노린 것인데 불두의 크기가 몸의 크기보다 큰 것도 같은 원
리이다.

제석천과 범천

인도 고대신화에 나오는 신이다. 불교에서는 석가여래를 찬양하
고 불법을 지키는 신이다. 제석천은 왼쪽에 깨끗한 물을 담은 병을
들고 있다. 범천상은 우리나라 범천상 조각 중 가장 뛰어나다고 한
다. 원래 범천상은 중성인 신인데 여기서는 여성스러운 신으로 묘
사되었다.

문수와 보현보살

석가모니의 협시보살로 알려져 있다.

십대제자상

열명의 제자가 각기 설법, 수도, 불사 등을 행하는 모습을 조각
했다.

십일면 관음보살

본존불의 바로 뒤편에 위치해 했다. 보관 위에 부조된 머리를 합

석굴암 **십일면 관음보살**

하여 모두 11면이다. 이는 관음보살의 다방면의 기능과 역할을 드러내기 위한 것이다. 예전에는 9면이라고 알려졌으나 2면이 소실되었다고 한다. 오른손을 내려 목걸이를 잡고 왼손은 병을 잡아 가슴 앞에 들었는데 그 병에는 활짝 핀 한 송이 연꽃이 꽂혀있다.[53] 이 석굴암의 석재는 화강암으로서 가장 단단한 석재이다. 따라서 유연한 곡선미라던가 하늘하늘한 옷의 주름 등이 표현된 것은 가히 신기에 가까운 수법이라고 지적되고 있다.

그런데 본존불의 정체는 무엇일까? 항마촉지인을 하고 있는 것을 보면 석가모니부처로 보인다. 그런데 이 본존불을 둘러싸고 석가모니불이라는 주장과 아미타불이라는 주장이 팽팽히 맞서고 있다. 먼저 석가모니불이라고 주장하는 측에서는 그 이유를 다음과 같이 들고 있다.[54]

(1) 석가모니불의 특징인 항마촉지인을 하고 있다.
(2) 본존불 주위에 십대제자가 있고 석가모니의 협시보살인 문수와 보현보살이 협시하고 있다.
(3) 『대당서역기』에는 현장 스님이 부다가야에서 본 석가모니 성도상이 당나라 척도로 폭 11.8척, 높이 13.2척이라고 하는데 이 크기와 본존불의 크기는 같다.
(4) '수광전壽光殿'이라는 현판은 당시 아미타신앙의 요소를 받아들인 것에 불과하다.

는 것인데 아미타불이라고 입장에서는 다음과 같은 이유를 들고 있다.[55]

(1) 1891년 이 석굴을 중수한 사실을 담은 현판에서 '미타굴彌陀窟'로 불려왔던 기록이 있다. 오늘날까지 '무량수불無量壽佛 무량광불無量光佛'을 뜻하는 '수광전'이란 편액이 전래되고 있다.

(2) 오른손의 항마촉지인과 우견편단右肩編袒(오른쪽 어깨를 드러내고 왼쪽만 감싸는 옷차림) 양식은 당시 신라 아미타불상에서 가장 널리 보급된 양식이다.

(3) 부석사 무량수전 항마촉지인 본존불이 아미타불인 것처럼 이 석굴암 본존불도 신라 왕실의 정토왕생을 바라는 의미에서 조성되었으므로 아미타불이다.

는 것이다. 그런데 남천우는 아미타 부처 설에 힘을 실어주는 새로운 사실을 지적했다. 그것은 본존불이 바라보고 있는 방향이 동짓날 해 뜨는 방향과 일치한다는 것이다.[56] 동지는 구력舊曆에서는 한 해의 시작을 알리는 기점이었다. 본존불이 동짓날 기준으로 정서正西방향에 위치해 있다는 것으로 아미타부처가 '서방정토'를 관장하는 부처로서 서편에 위치해 있다는 신앙과 밀접히 관련된 표현법이라고 하지 않을 수 없다. 이러한 논쟁을 수렴하면서 최근의 저서에서 강우방은 아미타경의 눈으로 보면 아미타가 되고, 법화경의 눈으로 보면 영산회상도가 되며 화엄경의 눈으로 보면 비로자나불이 된다고 하면서 석굴암 유적은 한 종파나 한 경전으로 설명할 수 없는 종합적인 성격을 띠고 있다고 지적했다.[57]

불국사

불국사의 창건설화는 『삼국유사』 경덕왕 10년(751년)의 기사에
보인다.

모량리의 한 가난한 여인 경조에게 머리가 크고 이마가 평평해서 이름이
대성大城이라는 아이가 있었다. 하루는 스님이 하나를 보시하면 만 배를 얻는
다는 말을 듣고 부잣집에 품팔이한 품삯 전부를 보시했다. 얼마 후 대성이 죽
었는데 그날 밤 재상 김문량의 집에 하늘에서 소리가 들려 '모량리 대성이 너
희 집에 태어날 것이다.'고 알렸다. 아이가 왼손을 쥐고 있었는데 7일 만에 펴

1914년의 불국사

1922년의 불국사

극락전
측면 축대

보니 '대성'이라는 금패쪽을 쥐고 있었다. 모량리 어머니를 맞아 함께 봉양하고 현세의 부모님을 위해 불국사를 전생의 부모님을 위해 석불사를 세웠다[58]

는 것이다. 무엇보다도 윤회사상이 널리 받아들여지고 있던 당시의 사회상을 엿볼 수 있다. 불국사는 1924년 개수공사를 거쳐 1970년에 복원되어 오늘에 이르고 있다. 그러나 복원과정에서 경루를 복원하지 못했고, 석가탑 상륜부를 지나치게 장식적으로 처리한 점이나, 구품연지가 복원되지 못한 점을 문제점으로 지적하고 있다.

불국사의 구조는 대웅전, 극락전, 비로전의 세 영역으로 나뉘어져 있다. 신라인이 그린 불국토와 이상적 피안의 세계를 높은 석축 위에 표현하였는데 법화경에 입각한 석가모니 부처의 사바세계 불국을 대웅전으로, 아미타경에 근거한 아미타부처의 극락세계를 극락전으로, 화엄경에 입각한 비로자나 부처의 연화장세계를 비로전에 담았다.

석축은 1층 기단엔 큰 돌을, 2층 기단에는 작은 냇돌을 쌓았는데 작은 냇돌의 모양을 유지하기 위해 인공석을 다듬어 맞추었다.(그 랭이 공법) 그러나 그 맞추는 방식은 자연 돌을 기준으로 인공 돌을 손질하는 방법을 취했다. 이는 한국 전통건축의 자연주의 기법 을 자세히 살펴볼 수 있는 실례實例로서 주목되는데 이웃나라의 사 찰건축에서는 보이지 않는 방법이다. 즉 자연돌이 주인이며 인공 돌은 그 보조적인 역할을 하게 했다. 한국의 자연주의 추구 방법이 자연의 것들을 무방비로 방치한다는 방식이 아니라 인간이 기교를 최대한 가하면서도 인공미를 절제하는 방식으로, 자연 그 자체의 아름다움을 존중하고 살리는 방식으로 추구되었음을 보여준다. 이 러한 방식은 극락전 측면 석축에서도 드러나고 있는데 경사로에 맞추어 비스듬히 석축을 쌓아 올렸다. 이도 자연의 모습을 존중하 고 주인으로 삼으려는 발상을 극명하게 보여주는 부분이다.

석축의 중앙에는 대웅전의 진입로로서 청운교, 백운교가 있고 극락전의 진입로로서 연화 칠보교가 있다. 각각 계단의 개수는 33 인데 이는 33천의 우주관을 반영한다. 청운 백운교 위에는 자하문 紫霞門이라는 편액이 걸려있다. 보랏빛 안개가 서리는 문이라는 뜻 이다. 이전에는 이 밑에 구품연지가 있었다고 한다. 연화칠보교 위 로는 안양문安養門의 편액이 걸려 있는데 안양국이란 극락의 다른 이름이다.

대웅전 앞에는 좌우로 석가탑과 다보탑이 있다. 이는 법화경에 서 석가모니 부처가 설법을 하고 있을 때 과거불인 다보부처가 탑 의 모양으로 솟아오르면서 석가모니 부처의 설법에 감복했다는 내용에 근거하여 조성되었다. 석가탑은 남성적인 위엄과 간결미로 알려져 있다. 1966년 지진으로 흔들려 탑이 기울어지고 균열이 생겨 보수되었다. 이 과정에서 이층 옥개석이 깨지는 사고가 있었으며 석가탑 안에 사리 장엄구와 무구정광 다라니경(국보 126호)이 발

석가탑

다보탑

일본 滋賀縣 菩提寺 다보탑
(751년경)

견되었다. 그런데 사리병을 승려가 운반 도중 깨뜨리는 실수를 범했다고 한다.[59]

한편 다보탑은 중국이나 일본에서도 조영되었지만 불국사의 다보탑의 형태는 유일무이하다.(사진참조) 모든 것은 둘로 나눌 수 없다는 불이不二사상과 사방팔방으로 불법이 퍼져나가는 모습을 탑에서 표현했다. 기단부 위에는 원래 네 면에 돌사자[60]상이 놓여져 있었는데 현재는 한 개만이 남아있다. 다보탑은 국보 20호로 지정되어 있다.

비로전은 1973년 복원 때 고려시대 양식으로 지었다. 지권인智拳印을 취한 금동비로자나불좌상(국보 26호)이 안치되어 있다. 통일신라 후기 8세기 후반 양식이다.

극락전은 1925년에 복구되었다. 기단부는 신라시대 것으로 알려져 있으며 아미타불을 모신 목조 수미단은 일제시기의 것이다.

3 고려시대의 불교문화재-팔만대장경

고려시대의 대표적 문화유산이라면 팔만대장경을 꼽을 것이다. 대장경이란 불교의 경전인 경장, 율장, 논장을 말한다. 이의 판각 시기는 몽고의 침략시기인 고려 고종 23년(1236년)부터 고종 38년(1251년)까지 16년간에 걸쳐 제작된 총 81,258장의 목판이다. 고려의 구본舊本과 북송본北宋本, 거란본 등 여러 장경을 수집, 참조하여 만들었으며 강화도 내 선원사에 보관되어 있다가 조선시대 태조 7년 전후에 해인사로 옮겨졌다.

동아일보 2002년 11월 9일자의 사회면에는 팔만대장경의 훼손에 대한 기사가 실렸다. 그 내용은 정부가 72년에 경판을 보관하고 있는 법보전과 수다라전에 기존의 판가 외에 한 개씩을 더 설치하여 이곳에 1만 5,708장의 경판을 보관했는데 90년대 초부터 경판에 비틀림과 굽음 현상이 발견되어 훼손되고 있었다는 기사였다. 경판전의 남서쪽 벽면이 외부와 너무 가까워 여름 두 달을 제외하고는 연중 햇볕에 노출되고 빗물도 날아들고, 또한 관람객들이 살창 너머로 만져서 훼손되는 상황이라고 전했다. 이러한 기사는 13세기에 만들어져서 오늘날까지 팔만대장경이 보존될 수 있었던 비밀이 무엇인지를 새삼 궁금하게 하며 다른 한편으로는 석굴암의 경우와 마찬가지로 현대인의 과학, 내지는 합리성이라는 발상으로는 옛 사람의 지혜를 통찰하지 못하는 어리석음을 범하기 쉽다는 것을 깨닫게 해준다.

해인사 장경각

장경각의 살창의 모습 2

장경각의 살창의 모습 1

　팔만대장경은 해인사 장경각에 보관되어 있다. 장경각은 크게 장방형의 구조로 되어 있고 대장경판을 보관하고 있는 법보전과 수다라전은 일렬 배치로 되어 있다. 장경각은 조선 성종 19년에 중건되었는데 가야산 중턱 해발 730미터 지점에 위치하여 건물 전면에는 양측 기둥 사이에 붙박이 살창을 아래, 위로 두었다.

　위 사진에서 보이는 것처럼 창문의 크기는 양쪽이 다르다.

　한쪽이 위 창이 크면 반대편 위 창은 작은 모양으로, 아래 창이

팔만대장경 보존서가

작으면 반대편 아래 창은 크게 내었다. 이는 통풍을 극대화하기 위한 조치이다. 해인사 주변의 습도는 연중 주변보다 6~10% 정도 높다. 따라서 경판이 썩기 쉬운데 장경각의 위치는 계곡에서 멀고 바람이 불어 자연습도가 조절이 되는 곳에 위치해 있으며 또한 통풍을 고려한 설계로 오랜 세월 보존이 가능했던 것이다.[61] 그런데 1972년의 신판가 설치로 인해 공기의 대류가 이루어지지 못하고 햇빛과 비바람에 노출되어 훼손이 되기 시작한 것이다. 두 번째 보존의 비밀은 경판의 구조인데 경전이 새겨진 경판의 두께는 2.8cm인데 경판을 감싸고 있는 마구리재의 두께는 4cm이다. 경판을 서가에 꼽았을 때에도 통풍이 되도록 조치한 것이다. 또한 경판에는 옻칠을 하여 벌레 먹는 것을 방지했다.

이외에도 박상진의 지적에 의하면 장경각의 바닥은 자갈과 모래, 숯을 다져넣었으며 그 위에는 고운 황토에다 조개, 굴 껍질을 태워 나온 재를 섞었다고 한다. 이렇게 하면 땅의 수분의 양을 조절할 수 있으며 조개나 굴 껍질은 먼지가 날아다니는 것을 흡착하

여 경판에 먼지가 쌓이는 것을 최소화할 수 있다고 한다.[62]

팔만대장경은 이 당시의 불경으로서는 동아시아 유일의 자료이다. 조선시대에도 여러 차례 장경각을 보수했는데 이는 일본이 거듭 경판을 대여해 줄 것을 요구했었기 때문이라고 한다. 유교국가로서 억불정책을 표명했던 조선이 불교문헌계를 지켜왔다. 그야말로 세계의 문화유산으로서 보존하는 일이 오늘날을 살아가는 우리들의 역할임은 말할 필요도 없을 것이다.

▶ 정리하는 말

한국 문화 가운데 불교는 삼국시대부터 고려시기에 전성기를 맞이했고 조선 후기에 다시 주목되면서 오늘에 이르고 있다. 각지의 불교문화재는 이와 같은 역사성과 함께 주로 목조건축인 관계로 수시로 수리와 소실과 복원의 과정을 거쳐 오늘에 이르렀다. 예를 들면 불국사 극락전의 경우 통일신라 양식의 기단부와 고려시대 건축양식과 일제시기 때 복원된 수미단, 뿐 아니라 일제시기를 거치면서 전각의 내부 바닥은 일본식 다다미가 깔리기도 했다. 또한 사찰 가운데에는 불화와는 관계없는 일본 무사가 그려진 벽화가 남아있는 곳도 있다.(경상남도 표충사) 사찰을 통해서 한국의 역사가 과거에서 오늘로 어떻게 이어져 왔는지를 한눈에 관찰할 수 있다는 점은 그 자체로서 가치가 있다.

한편 팔만대장경의 경우는 조선시대에 해인사 장경각의 건설과 보존, 수리의 과정이 없었다면 오늘날 존재할 수 없었을 것이다. 조선이 이념적으로는 불교를 억압했지만 사찰 수리와 문화재 보호

의 노력이 있었던 점은 이 시대를 새롭게 바라봐야 하는 이유이기
도 하다. 더욱이 유서 깊은 사찰의 경우는 한층 더 한국사 전개의
사연을 고스란히 담아내고 있는 경우가 많다. 따라서 사찰이 단지
종교로서의 불교의 산실로만 이해되는 공간이 아니라 한국사 전개
의 체취를 느낄 수 있는 공간이라는 점에서 소중히 해야 하는 문화
유산이라 하지 않을 수 없다.

또한 사찰건축은 전통건축의 아름다움을 여실히 보여주는 공간
이다. 배흘림, 민흘림 등 기둥의 모습과 지붕을 얹기 위해 짜 올리
는 구조물-공포栱包의 짜임새와 모양, 집안 내부에서 천정의 목재
가 고스란히 확인되어 외면의 단순함 속에 현란함이 감춰져 있는
것 또한 전통건축의 매력이다. 또한 사찰건축에는 풍경에서, 창호
지 문을 걷어 올릴 수 있는 장치인 등자 쇠, 자연경관과 어우러진
전각의 배치 등은 일본이나 중국에서 볼 수 없는 단아한 아름다움
을 보여준다. 이러한 사찰의 아름다움이 마음에 와 닿는 순간, 우
리 문화에 대한 관심과 애정이 각자의 마음에 뿌리내리기 시작했
음을 발견하게 될 것이다.

1 불교방송 편,『알기 쉬운 불교』, 불교방송출판부, 1992, 24쪽.

2 유초하,『한국사상사의 인식』, 한길사, 1994, 101쪽.

3 고대국가의 일반적 조건은 영토획정, 강력한 행정과 율령체계, 종교이나.

4 문화재지식정보센터(http://info.cha.go.kr)문화재 통계 자료에 의함.

5 노무지,『한국전통문화의 이해』, 정훈출판사, 1995, 516~517쪽.

6 장휘옥,「삼국불교의 해외진출과 그 의의」,『한국불교사의 재조명』, 불교시대
  사, 1994, 84~85쪽. 그러나 한국불교와 일본불교는 그 성격이 다르다. 같은 대
  승불교이면서도 한국불교는 경전 중심의 敎宗(顯敎)이 발달한 반면 일본은 선
  종 중심이면서 밀교密敎가 발달했다.

7 원효는 34세인 650년에 의상과 함께 1차 당나라 유학을 시도했다가 고구려 순
  라군에게 잡혀 감옥에 갇힌 다음 다시 신라로 돌아온다. 11년 뒤 45세에 의상
  (37세)과 함께 2차 유학을 시도하였지만 유학길에서 모든 것이 마음이 만드는
  허상임을 깨닫고 당나라 유학을 단념한다. 그는 평생 87부 180여 권의 저작을
  남겼으며 이항대립의 틀을 벗어난 일심一心과 화쟁和諍을 강조하였으며 하층
  민에게까지 불법을 전파했다. 인왕백고좌 법회 때 100명의 법사에서 제외될 정
  도로 비주류로 취급되었으나 아무도 이해하지 못한『금강삼매경』의 주석서를
  펴내어 신라 최고의 불교사상가임을 드러내었다. 현재, 그에 관련한 학계의 논
  문은 700여 편을 상회할 정도이다.
  고영섭,『원효탐색』, 연기사, 2001년 참조.

8 '이理'는 이법계理法界로서 절대적인 본체이며 '사事'는 사법계事法界로서 상
  대 차별적 현상을 말한다. '이'와 '사'가 서로 무관한 것이 아니고(이사무애), 현
  상계의 개별 사물들도 서로 무관한 것이 아니다.(사사무애) 즉 이념과 현상, 현
  상과 현상이 엄격히 구별되는 것이 아니라 서로 융통하여 끊임없이 전개, 약동
  함을 말한다.

9 이기영,「한국의 불교사상 개설」,『한국의 불교사상』, 삼성출판사, 세계사상전
  집 11, 16~17쪽.

10 교학의 전통적인 권위를 부정하면서 불성은 중생의 누구에게나 내재되어 있음
   을 강조하여 자신의 마음속의 불성을 깨치도록 함. 선승들은 경전에 의지하지
   않고 밖으로부터의 모든 인연을 끊고 산림에 은거하여 좌선. 자연히 개인주의
   적 성향을 노정했다.

11 김두진,「한국불교사 성격론」,『한국불교사의 재조명』, 37쪽.

12 황준연,『한국사상의 이해(개정판)』, 박영사, 1995, 86쪽.

13 특별한 종교적 수행을 목적으로 승속의 구별 없이 하나의 수도단체를 형성하

는 것.

14 불교의 수행법은 삼학三學이라고 한다. 1단계는 '계戒'로서 계율을 지킨다. 2 단계는 '정定'으로서 좌선을 하고 정신이 집중되는 경지, 즉 삼매三昧의 상태를 말한다. 정의 단계에 접어든 수행자는 몸의 병이 없어진다고 한다. 3단계는 '혜慧'로서 오랫동안 '정'을 닦으면 해탈에 이른다는 것이다. 지눌은 '혜'의 경지에 이른다하더라도 수행을 그치지 않고 '정'과 '혜'를 겸비해야함을 주장했다.

15 돈오頓悟란 계와 정의 단계를 거치지 않고 곧바로 혜의 경지로 가는 것이다. 육조 혜능이래 신라 말에서 고려 중기까지 이 '혜'가 강조되었다. 먼저 자기존재의 실상을 문득 자각하는 돈오(갑작스런 깨달음)가 선행되어야 하며, 그 후 돈오에 의해 자신과 사물을 보는 인식의 일대전환이 이루어졌다 해도 계속해서 과거의 그릇된 습관적 힘과 싸워나가는 진지한 수행과정이 필요하다고 한다.

16 불교의 세 가지 보물이다. 불보佛寶는 석가모니의 진신사리, 법보法寶는 불교 경전을, 승보(僧寶)는 불법을 닦는 승려를 가리킨다.

17 황준연, 앞의 책, 90쪽.

18 김상현, 『한국불교사 산책』, 100~102쪽.

19 한종만, 『한국불교사상의 전개』, 민족사, 1998, 참조.

20 태종조에서 중종조까지 억불책은 강도가 높아졌다. 승려수와 사찰수의 감소, 사원 소유 노비와 토지의 국고 환수, 도첩제 폐지로 승려가 되는 길을 막았다. 3년마다 실시한 僧科를 폐지하였고 불교의 종단도 없앴다.

21 한종만, 앞의 책 참조.

22 참된 말이라는 뜻으로 인도 고대어로 된 염불을 말한다. 불교가 타 지역으로 전파되면서 그 지역의 언어로 경전이 번역되는 과정에서 오역이 생겨날 소지는 많았다. 이러한 한계를 극복하기 위해서는 원전의 언어로 염불을 하는 것이 효과적이라고 하여 진언이 중시되었다. 일본에서는 진언종이 하나의 종파로 확립되기도 했다. 현재 한국의 불교의례는 진언에 입각하고 있다.

23 법산, 「조선후기 불교의 교학적 경향」, 『불교사의 재조명』, 346쪽.

24 정광호, 「한말 개화기의 불교」, 『불교사의 재조명』, 371쪽.

25 이에 대한 유익한 개설서로는 케네스 첸, 『불교의 이해』, 분도출판사, 1994가 참고가 된다.

26 아무런 걸림이나 장애가 없는 자유자재한 경지. 윤회에서 벗어난 상태.

27 니르바나. 불어서 끈다는 뜻. 마음속에 깃든 온갖 헛된 욕망과 집착의 불길이 완전히 꺼져버린 고요하고도 편안한 상태.

28 케네스 첸, 앞의 책 참조.

29 경장經藏은 석가모니의 제자 아난존자가 기억해 낸 부처의 가르침이다. 율장 律藏은 우바리존자가 구술한 출가자의 계율과 승단의 규율을 규정이다. 논장 論藏은 경장에 대한 해석과 연구를 체계화한 것이다.

30 김원룡 감수, 『한국미술문화의 이해』, 예경, 1994, 394쪽.

31 동방에는 지국천왕持國天王이 있다. 착한 이에게 복을, 악한 이에게 벌을 준
다. 남방에는 증장천왕(增長天王)이 있다. 만물을 소생시키는 일을 주관한다.
서방에는 광목천왕廣目天王이다. 악한 자에게 고통을 주어 불법으로 인도한
다. 북방에는 다문천왕多聞天王이다. 어리석음의 어둠에서 방황하는 중생을
인도한다.

32 不二란 너와 나, 중생과 부처, 미망과 깨달음, 생사와 열반 등 온갖 상대적 개
념들을 초월하여 모든 것이 둘이 아닌 관계에 있다는 뜻.

33 사찰에 따라 대적광전大寂光殿, 혹은 대광명전大光明殿이라고도 한다.

34 극락의 다른 이름이 안양국安養國이다.

35 如來는 '진리 그 자체로 오신 분'이라는 뜻.

36 사찰에는 물고기모양을 형상화한 물건으로 목탁, 풍경 등이 있다. 물고기는 살
아도 죽어도 잠을 잘 때도 항상 눈을 뜨고 있다. 이처럼 수행에 정진하라는 상
징성이 담겨 있는 것이다.

37 김원룡 감수, 앞의 책, 354쪽.

38 김상현 외, 『불국사』, 대원사, 110쪽.

39 인도의 사리라에서 유래했다. 유골이라는 뜻이다.

40 우리나라의 석가불은 입상일 경우 통인, 좌상에서는 선정인을 취하는 경우가
많다. 통일신라시대에서 고려시대에 걸쳐서는 항마촉지인과 지권인이 주류이
며 협시보살로는 문수보살과 보현보살이 위치하나 관음보살과 미륵보살이 좌
우에 배치되기도 한다.

41 밀교에서는 대일여래大日如來라고 한다.

42 석가모니가 보리수 아래에서 成道할 대에 악귀의 유혹을 물리친 증인으로 地
神을 불러 자신의 깨달음을 증명하였다는 내용에서 유래했다. 왼손은 손바닥
을 위로 향하게 하여 결가부좌한 다리 가운데에 놓고 오른손은 무릎 밑으로
늘어뜨려 다섯 손가락을 편 모양이다.

43 오른손의 둘째손가락을 왼손으로 잡는 형식이다. 오른손은 불계, 왼손은 중생
계를 상징한다.

44 복을 내려주거나 재앙을 물리쳐주는 구슬.

45 감은사感恩寺는—처음 문무왕이 진국사鎭國寺라 명명하고 동해를 바라보는
위치에 세워 왜구로부터 나라를 지키고자 했으나 준공을 앞두고 세상을 떠나
서 그 아들인 신문왕이 선대왕의 업적을 기리고 그 은혜에 갑읍한다는 의미로
감은사라 개명하고 동왕 2년(682년)에 준공했다.
황의수, 「불교건축」, 『한국의 전통문화』, 국립중앙박물관, 1996 참조.

46 유홍준, 『나의 문화유산답사기』 1권, 창작과 비평사, 1993, 189~190쪽.

47 이종호, 『현대과학으로 다시 보는 한국의 유산 21가지』, 새로운 사람들, 1999,
66~67쪽.

48 국립문화재연구소편, 『한국의 범종』, 1996, 241쪽.

49 유흥준, 『나의 문화유산답사기』 2권, 창작과 비평사, 1994, 171~203쪽

50 현재까지 행방불명이라고 한다.

51 진홍섭, 『한국불교미술』, 문예출판사, 1998, 67쪽.

52 『답사여행의 길잡이 2 경주』, 108쪽.

53 위의 책, 112~118쪽.

54 강우방, 「석굴사 본존의 도상(圖像) 소고」, 『미술자료』 35, 국립중앙박물관, 1984, 12.

55 황수영, 『한국의 불상』, 문예출판사, 1989, 황수영, 「석굴암 본존 명호고」, 『신라문화제 학술발표회 논문집』 21, 2000.

56 남천우, 「감불을 포함한 제상(諸像)과 석굴법당의 교리적 해석」, 『역사학보』 111, 1986.

57 강우방, 『법공과 장엄』, 열화당, 2000, 240쪽

58 유흥준, 『나의 문화유산답사기』 2권, 창작과비평사, 162~63쪽.

59 유흥준, 「경주불국사」(상, 하), 『나의 문화유산답사기』 3권, 창작과 비평사, 참조.

60 사자는 동물의 제왕으로서 불법의 권위를 사자에 빗대어 표현한다. 입을 벌리고 있는 사자는 불법을 전파하는 모습이며 입을 다문 사자는 언어를 초월한 영역에 존재하는 불법의 진리를 상징한다.

61 박상진, 『다시 보는 팔만대장경판 이야기』, 운송신문사, 1999년 참조.

62 박상진, 위의 책, 102쪽.

유교문화의 전개

1

조선시대 유교문화

   1392년 조선이 건국한 후 유교는 통치이념이면서 지배층의 사상과 정치형태를 규정하는 원리였으나 임진왜란 이후에는 피지배층으로 확산되어 조선의 문화 전반의 이데올로기로서 큰 영향을 끼쳤다.

   그동안 조선시대 유교에 대해서는 일반적으로 당쟁, 관념성, 비현실성 등을 이유로 근대적인 가치와 상반되는 이념으로 외면하는 경향이 있었다. 그러나 유교이념이 조선시대 600여 년이나 지배해왔다는 점, 오늘날 현대 사회에서도 여전히 한국인은 유교적 가족윤리를 중시하고 효孝나, 인仁 등 유교적 이념을 유효한 것으로 간주하고 있다는 점은 유교문화의 현재적 생명력을 보여준다. 따라서 유교를 외면하기에 앞서 조선시대 유교사상과 문화가 오래도록 지속될 수

있었던 요인과 그 문화를 살펴봄으로써 현대인의 정신사적 위치를
보다 잘 이해할 수 있을 것이다.

본 장에서는 조선시대 유교문화를 대상으로 하여 유교사상의 개
요를 검토하고 이의 담지자였던 지배계층의 삶을 중심으로 살펴보
고자 한다.

1 유교사상의 개요

유교儒敎와 유학儒學의 차이는 무엇일까? 유교가 공자(B.C 551~
B.C 479년)의 가르침을 의미하는 데 대하여 유학은 제자들의 세대
를 거치면서 보다 철학적, 이론적인 체계를 갖춘 사상을 말한다.[1]

공자의 가르침을 한 마디로 표현하면 '인仁'이다. 인仁이란 '인人
+이二'라는 조합에서 알 수 있듯이 사람과 사람 사이의 관계 방식
을 의미하는데 그것은 다름 아닌 '어짊'이다. '인仁'을 실천하는 방
식은 '충忠'과 '서恕'가 있는데 '충'은 마음에 중심이 있는 상태, 즉
흔들리지 않는 마음을 의미하며 '서恕'는 같은 마음, 즉 내가 진정
으로 타인을 이해한다는 것, 역지사지易地思之하는 마음이다. 역지
사지할 때 사람은 타인을 진정으로 용서하게 된다는 뜻이다. 달리
말하면 타인을 배려하는 마음이라고 할 것이다. 즉, 공자는 인간의
신뢰 회복을 중시하여 인간은 서로 다투면서 경쟁하거나 또는 신神
에 대한 신앙에서가 아니라 인간 상호간의 신뢰를 통하여 살아가
는 존재人道主義라고 보았다. 그런 점에서 유교는 인간의 자발적인
사려와 주체적인 의지를 강조한다. 바로 '수신修身'이 필요한 이유

이다.

 그러나 자신이 아무리 바른 마음을 갖고 있다고 해도 겉으로 표현하지 않으면 타인은 이를 알 수 없다. 따라서 '인'을 실천하는 방식이 필요하게 되는데 그것이 '예禮'이다. 공자가 '극기복례克己復禮'를 주장한 것은 바로 이러한 맥락에서이다.

 한편 유교는 세계와 인간에 대해 어떻게 이해하고 있을까? 유교는 자연의 변화과정에 있어서 주체의 의지가 존재한다고는 생각하지 않는다. 이理와 음양오행陰陽五行의 기氣의 결합과 운동에 의해 만물은 만들어지며 규칙적으로 순환한다고 본다.[2]

 '이理'와 '기氣'의 결합에 의해 만물이 탄생하는 모습을 주희朱熹는 맷돌에 비유하여 설명한다. 하늘 짝이 맷돌의 위짝에 해당하고 아래짝은 땅 짝이다. 콩을 넣고 맷돌을 돌려보자. 갈려나온 콩의 모양은 다양하다. 이 다양함은 왜 생긴 것일까? 그것은 '기氣'의 작용방식 때문이다. 개별 사물에 있어서 이치理는 동일하나 가해진 기氣는 다르기 때문에 다양함이 생겨난다. 그런데 유독 인간만이 만물 중에 영특한 이유는 무엇일까? 그 이유는 하늘이 생명을 낳는 이법이 인간에게만 주어졌기 때문이라고 본다. 즉, 인간을 소우주小宇宙라고 표현하는 이유이며 '아버지가 날 낳으시고 어머니가 날 기르신다'는 성어가 존재하는 이유이다. 그러나 인간 개개의 모습이나, 자질, 능력, 신분 등은 동일하지 않다. 그 이유는 인간 전체의 이理는 동일하나 기氣가 각각 다르게 작용하기 때문이라고 본다. 따라서 인간사회, 삼라만상은 차별을 근본 속성으로 한다는 논리로 귀결된다. 이는 유교사회의 신분제를 긍정하는 원리로 기능했다.

한편 유교에서는 사람이 죽으면 어떻게 된다고 생각할까? 죽음은 자연의 법칙에 따르는 것인데 인간은 혼백魂魄으로 이루어져 있어서 육신인 백魄은 죽음과 더불어 땅에 묻혀 흙으로 돌아가며 성품인 혼魂은 하늘이 거두어 간다고 본다. 따라서 귀신이 존재한다고 여기지 않으며 영혼의 존재를 인정하지 않는다. 그렇다면 조상 제사는 왜 하는 것일까? 혼백은 모두 기氣인데 이것이 완전히 소멸하기까지는 대략 120년 정도가 걸린다고 본다. 따라서 4대손까지의 제사를 행하는 것인데 그 때 조상은 아직 자연에 흡수되기 이전의 상태이므로 후손들과 감응한다고 생각했다. 그러므로 조상제사는 효의 연장선상으로 간주되는 행위였다.

이와 같은 '효'는 인간이 사회 속에서 살아가면서 가장 중시해야하는 덕목이다. 왜냐하면 이치로서 하늘이 인간을 낳았다면, 현실에서 나를 낳아 준 이는 부모이기 때문이다. 따라서 부모에 대한 효는 하늘에 대한 공경에 연결된다. 그렇다면 임금에 대한 충忠과 부모에 대한 효孝 중에서 어느 것이 우선할까? 이는 '오륜五倫'을 따져보면 알 수 있는데 군주와 신하의 덕목은 '군신유의君臣有義'라 하고 부모와 자식의 덕목은 '부자유친父子有親'이라고 한다. '의義'란 계약관계로서, 유지될 수도 있지만 깨질 수도 있는 속성을 갖고 있다. 신하(유교사회의 선비)는 군주가 바른 정치를 할 때는 충성을 다하지만 군주가 신하의 간언을 귀담아 듣지 않을 경우에는 군주를 버리고 사직하는 일이 종종 있으며 신하는 이를 오히려 '선비정신'을 지킨 것으로서 자랑스럽게 여긴다. 한편 '친親'이란 글자는 간격이 없이 완전히 밀착되어 있는 상태를 나타낸다. 유교이념이 위계성을 중시하는 데 비해 부자지간의 관계는 어느 관계에 비할 수 없이 친밀하다. 부자지간이 '천륜天倫'이라면 군신지간은 '인륜人倫'으로 불리는 것도 이러한 이유에서 이다.

한편 유교는 인간의 성품 어떻게 규정할까? 기본적으로 인간은 선하다고 본다. 그 선함의 이유에 대해 맹자는 사단지심四端之心 중 측은지심惻隱之心으로 설명했다. 우물가에 다가가는 어린아이를 구한 사람의 마음은 이해관계가 발동하기 이전에 드러나는 인간본연의 선함을 보여준다고 한다. 맹자 이후 인간의 선함에 대한 확신은 유교의 인간관의 기초이기도 하다. 그러나 다른 한편으로 인간은 육신과 마음을 겸비하여 육신은 욕망과 연결되어 있기 때문에 악에 빠지기기 쉽다. 따라서 욕망을 제어하기 위해 끊임없이 수신修身해야 하는 당위성이 생겨난다.

그렇다면 수신의 방법은 무엇일까? 인간을 악으로 이끌 수 있는 '기'의 가변성을 다스리고 인간 본연의 선함(이理)으로 돌아가도록 하는 것이 수신의 요지이다. 이를 위해서 욕망과 연결되어 있는 재화나 사치를 경계한다. 따라서 이윤을 얻고자 하는 행위나 사치한 것은 덕을 잃은 행동이며 소인小人으로 간주하는 가치관이 성립되는 것이다. 이러한 인식으로 인해 유교사회에서는 본질적으로 재화가 발달할 수 없었다. 따라서 공업은 경시했고 장사하는 이들은 꾼으로 천시하는 반면, 농경은 하늘과 땅이 준 선물이므로 가장 귀한 것으로 여겼다. 이에 따라 선비는 검소와, 청렴을 덕목으로 지켜야 하며 경제관념이 없는 것은 오히려 귀감으로 여겨졌다.

유교적 인간은 수신을 통하여 사물의 객관적 세계에서 올바른 지식을 얻고(격물치지格物致知), 의지를 정성스럽게 하며(성의誠意), 마음을 바로 함(정심正心)으로서 자신의 덕을 닦을 수 있다. 이를 기초로 할 때 집안이 다스려지고(제가齊家), 나라가 다스려지고(치국治國) 나아가서 천하가 태평해진다고 보았다. 결국 수신修身은 평천하平天下의 기초가 되는 셈이다.[3]

이러한 유교사상의 기본 바탕은 기본적으로 한국의 단군신화에서 드러난 특징과 일맥상통하는 것으로 생각된다. 즉 인간중심주의, 인간을 본질적으로 선한 존재로 규정하는 것으로 인한 인간에 대한 낙천주의, 또한 무력에 의한 지배 복종 보다는 교화를 중시한 방식, 인간과 인간간의 관계성을 중시한 점 등이 그 것이다.

이러한 점은 우선 유교사상이 이 땅에서 오랜 생명력을 가질 수 있었던 이유를 설명하는 항목이 될 것이다. 그렇다면 조선시대 때 이 사상을 담지한 양반과 그 주변 사람들의 삶은 어떻게 이루어졌을까?

2 조선시대 양반의 삶

양반과 선비의 개념

조선시대 지식관료층을 부르는 두개의 호칭이 있다. 하나는 양반이고 다른 하나는 선비이다. 조선시대의 행정법인『경국대전』에는 양반에 대한 명확한 개념 규정이 없고 단지 동반東班과 서반西班이라는 용어가 보일 뿐이며 사족과 서인에 대한 차별, 양인과 천인에 대한 차별 인정이 보인다. 이상백은 양반에 대하여 '유학을 업으로 삼고 아무런 제한 없이 관료로 승진할 수 있는 신분, 실제로 중요한 관직과 제반특권을 독점하며 명교名教와 예법을 근수하는 사회의 지도적 계급으로서 존재' 한다고 정의했다. 이에 대해 미야지마 히로시는 법제적으로 명확한 기준이 있었던 것은 아니라, 이 신분을 유지하기 위해서는 일정한 조건을 갖춰야 한다고 보았다. 즉, '양반신분을 유지하는 기준은 관직에 나아간 경험이 있는가? 학문적 업적이 있는가? 가계에 과거합격자를 배출하였는가? 조상 중 저명한 학자가 있는가? 양반 끼리 혼인했는가? 양반의 생활방식을 보존하고 있는가? 등이 충족되어야 한다'고 지적했다.[4] 조선시대 양반신분은 법제적으로 규정된 지배신분이라고 볼 수는 없으며 사회적 관습적으로 유지되어온 신분이었다고 보는 것이 타당할 것이다.

한편 양반의 또 다른 호칭이 선비[5]다. 선비란 넓게는 지식이 있는 자를 칭하나 기본적으로 유교 문화 안에서 유교이념을 담당하는 인격자(유자儒者)에 국한된다. 선비는 의리를 지키고 청빈한 생활 자세를 견지해야 하며, 삶의 덕목은 인仁이여야 한다. 맹자는 선비의 조건으로 '지조'를 들었다. 따라서 양반이 관료적 관점에서 조선시대 지식층을 가리키는 명칭이라면 선비란 정신적 의미에서의 호칭으로 이해할 수 있다.

과거科擧지향의 삶

이들 중에는 현실에서 학문을 닦는 선비로 평생을 사는 이도 있었겠지만 대부분 이들의 삶은 출생에서부터 과거급제에 목표가 설정되어 있었다. 이는 마치 오늘날 한국의 교육현실과 흡사하다. 다음은 조선의 대부분 지식인의 삶 속에서 과거가 얼마나 중요한 의미를 지녔는가를 보여주는 사례이다.

  퇴계 이황(1501~1570)은 21세에 결혼, 23세에 서울 상경, 3번 과거에서 낙방, 27세에 진사시 합격(초시, 장원), 부인 병사. 30세 재혼, 33세에 문과 합격, 첫 관직 승문원 부정자(종9품), 1548년 풍기군수.

  율곡 이이(1536~1584)는 6세까지 외가에서 성장, 13세에 진사 초시에 합격, 1556년(21세) 한성시(문과) 장원, 이후 9번 장원(구도장원공), 1561년 부친 사망, 첫 관직은 호조좌랑(정5품), 30세 사간원 정언, 49세 사망.

  정약용(1762~1836)은 15세 결혼, 이승훈이 매형, 이가환의 집에서 성호 이익의 학문에 관심, 22세 과거 진사시급제, 이벽과 교류하여 천주교를 알게 됨, 문과급제는 27세, 첫 관직은 승정원 가조서(정7품), 1801년 신유사옥 때 전라도 강진으로 유배(18년간), 75세 사망.

  홍대용(1731~1783)은 1765년 35세에 거듭되는 실패로 과거 단념, 그 후 음관陰官으로 관직 진출.

  박지원(1737~1805)은 20세 이후 수년간 과거공부, 35세에 포기. 50세에 음관으로 관직진출.

  이처럼 정통-유학자이던 혁신적 유학자(실학자)이던 조선시대를 살았던 지식인에게 과거와 관료로서의 출세는 누구나 지향해야 하는 삶의 과정으로 여겨진 것이 사실이다.

  이상적으로 말하자면, 선비에게 관직의 의미는 자신의 덕을 사회 속에서 실현하기 위한 방도였으며 관직을 목적으로 삼는 것이 아니라 관직을 통하여 자신의 뜻을 펴고 신념을 실현하는 기회를 얻는 것이었다.

그러나 현실적으로 과거급제는 양반의 특권을 유지할 수 있는 일반적인 통로였다. 양반은 균역에서 면제되며, 형법에서 체형은 노비가 대신 받도록 할 수 있었다. 이러한 특권은 1차 시험인 생원, 진사시에 합격하는 것만으로도 유지되었으며 조선 후기에는 양반의 자손(유학幼學)이라는 명분만으로도 가능했다.

과거제도와 관료입문 과정[6]

과거시험에는 문관을 뽑는 문과와 무관을 뽑는 무과, 의관, 역관 등 기술관을 뽑는 잡과가 있었지만 대부분은 문과 시험에 매달렸다. 과거는 3년마다 실시하는 식년시와 부정기시가 있었다. 식년시는 3년에 한 번 열리는데 식년의 전해인 자子, 묘卯, 오午, 유년酉年 가을에는 1차 시험을 치르고 식년 봄에는 2차 시험을 치른다. 이외에 수시로 열리는 부정기시에는 즉위일이나 즉위한지 30년 기념일 등 경사가 있을 때 열리는 증광시, 국가에 경사가 있을 때 문과,무과에만 적용되던 별시, 명륜당에서 성균관 유생을 대상으로 열리던 알성시 등이 있다.

문과의 경우를 예로 들어 보자. 1차 시험 초시는 소과小科라고도 하는데 생원시(경서 위주로 시험)와 진사시(문장 위주로 시험)로 나뉜다. 여기에 합격하면 양반의 신분이 유지되며 성균관에 입학할 수 있는 자격이 주어진다. 2차 시험인 대과大科는 다시 세 단계로 나뉘는데 초시에는 합격자를 총 240명 뽑는다. 복시에는 33명의 합격자를 내는데 이들은 사실상 모두 급제자이다. 왕이 직접 답안을 보고 채점하는 전시에서는 왕이 등수를 매겨 갑과 3명, 을과 7명, 병과 23명을 정한다. 1차 시험인 초시에는 사서오경에 대한 이해를 필기와 구두시험으로 평가하는 것이다. 2차 시험인 복시는 문학을 시험하는 부賦, 중국에 보내는 외교문서의 문체인 표表, 전箋의 문장능력을 시험했다. 3차 시험인 전시는 당시의 급무에 대한 자신의 의견을 논술하는 대책을 시험했다. 금기사항은 정자인 해서楷書로 작성해야 하며 도교, 불교, 법가, 음양가 등 이단서를 인용하여서는 안 된다. 또한 국왕이나 선대왕의 이름자를 써서는 안 된다는 것 등이다. 이렇게 하여 과거에 급제하면 대부분의 경우 종9품직에 임명된다. 그러나 장원 급제자에게는 종6품계를 주었다. 이는 곧바로 중견관료이자 지방수령이 될 수 있는 참상관이 되는 것인데 종9품에서 승진하는 기간을 비교할 때 7년의 이득이 있었다. 성적이 내려갈수록 처음 받는 품계는 낮아졌다. 1등급으로 급제하지 않는 한 모두 당시의 성적에 따라 해당하는 품계만 받았는데, 6품에 올라야 실질적인 업무에 종사할 수 있다. 정3품 이상을 당상관이라 하며 그 이하를 당하관이라고 구별한다.

한편 문과급제자는 반드시 거쳐야 하는 통과의례가 있었다. 허참례와 면신례가 그것인데 허참례란 신참관료가 선배관료에서 향응을 베풀어 소속을 허락받는 의례이고 면신례란 허참례 후 10일 뒤에 다시 성의를 표하여 잔치를 벌여야 한다. 이 때 광대와 기생은 필수이며 밤새도록 주연을 베풀어 새벽녘에 참석자 전원이 한림별곡을 부르며 마쳤다고 한다. 신참관료들에 대해서는 선배들의 괴롭힘이 있었다. 거름을 당나라의 향기로운 분가루라 부르면서 얼굴에 바르도록 하거나 음담패설을 늘어놓게 하기도 하고 하루 종일 춤을 추게 하기도 했다. 경우에 따라 금품상납을 요구하기도 했다.

이항복의 과거응시에서 관료입문의 과정

선조 때 재상 이항복의 삶을 중심으로 조선시대 양반의 일생을 살펴보자. 이항복은 어린시절 골목대장으로서 통솔력이 있었으며 자신의 옷을 가난한 친구에게 벗어주는 등 물질보다는 인간관계를 중시하는 모습을 보였다고 한다. 9살 때 아버지를, 16세에 어머니를 여읜 후 어머니의 묘소 옆에서 묘막을 짓고 3년 상을 치르면서 크게 결심하여 과거공부를 시작한다. 이항복은 진사시에 도전하여 합격하는데 2차 시험인 복시에는 낙방했다. 그런데 생원진사시에 합격하면 성균관에 입학할 자격을 얻게 되므로 그는 성균관 기재생(청강생)으로 들어갔다.

성균관에서는 생원과 진사 각각 100명씩 모두 200명을 선발했다. 이들은 왕이 직접 성균관유생들에게 실시한 별시에 응시할 자격이 주어지는 사람들이었다. 이항복이 문과시험을 통과한 것은 그의 나이 24세(1580년)이다. 성균관에서 공부한지 5년 만에 알성시에 응시하여 병과로 급제했다. 병과에 급제한 이항복은 승문원 부정자(종9품)를 제수 받았다. 다음해, 예문관 검열(정9품)이 되며 이후 청요직을 역임했다. 청요직이란 홍문관, 사간원, 사헌부7를 말하며 출세를 보장받은 직책이었다. 이항복이 청요직을 거칠 수 있던 배경에는 자신의 능력도 있었겠지만 경주 이씨 출신이라는 점, 영의정 권철의 손자사위라는 점이 작용했다. 청요직으로 진출하는 데에는 가문과 학맥과 배경이 필요했다.

그런데 이와 같은 과거 응시가 모든 양반층에게 열려있던 제도였을까? 조선시대 때 과거응시가 현실적으로 모든 양반층에게 열려 있는 것은 아니었다는 정두희의 연구는 주목된다. 그는 과거가 몇몇 소수 가문에 의해 독점되었다고 지적했다.[8]

관료생활

조선시대 관직의 숫자는 문반의 경우 중앙에 741개, 지방에 1,038개였으며 무반은 중앙에 3,324개, 지방에 502개였다. 무반의 대부분은 군대 장교의 자리이며 상급직은 무반직이래도 문반이 맡았다. 예를 들면 병조판서는 문반이 임명되었다.

관료생활은 봄, 여름에는 묘시卯時(아침 5~7시)에 출근하고 유시酉時(저녁 5~7시)에 퇴근했다. 겨울에는 진시辰時(오전 7~9시)에 출근하고 저녁 신시申時(오후 3~5시)에 퇴근하는데 각 시대의 왕의 통치 스타일에 따라 일정하지는 않았다. 영조는 논의사항이 끝나야 신하들을 귀가시키는 스타일이라 밤늦게까지 관료들이 궁궐 안에 남아 있어야 했으며 고종은 밤이 되어야 업무를 시작하는 스타일이라 관료들은 대부분 새벽녘에 귀가해야 했다고 전한다.[9]

과거합격 후 청요직에 오르는 사람이 20%정도이며 그 중 정승이 되는 사람은 1%에 불과하다. 조선의 관료사회는 치열한 경쟁사회였으며 그것도 소수의 가문에 독점되어 있었던 것이 현실이었다.

관료가 출근하면 〈공좌부〉(중하급 관료의 출근부)에 서명해야 하며 정기적인 조회에 참여해야 한다.[10] 관청의 분위기는 고위관원인

당상관과 실무자인 낭관으로 구성되어 있으며 상하의 지위와 책무가 엄격히 구분되었다. 각 부서의 업무는 독립되어있었는데 이 가운데 사간원은 비교적 자유로운 분위기였다.

관료의 주요 일과 중 경연經筵은 유교의 경전을 읽고 왕에게 경전을 교육하는 것인데 여기에 참석하는 재상과 산사의 언관을 경연관이라고 한다. 보통 10여 명이 함께 참여하여 경전 공부 외에 당면한 정책에 대한 토론이 이루어지고 때에 따라 격렬한 언쟁이 오가기도 한다. 안건을 가다듬어 수의收議(재상들로 구성된 최종논의기구)에 부치게 되며 왕의 승인을 얻어 시행했다. 경연은 왕과 가까이 정책 현안을 협의할 수 있는 기회이기 때문에 관료들이 희망하는 직책이기도 했다.

한편 인사는 어떻게 결정할까? 당하관의 인사권한은 이조에서 장악했다. 관리 임명에는 5품 이하의 관원의 경우 자질의 타당성을 검토하는 서경署經을 거쳐야 한다. 인사의 최종 결정은 사헌부와 사간원의 동의로 결정되었다. 그런데 이러한 중요한 인사업무를 담당하고 있는 관직이 '정랑'이었다. 또한 정랑은 자천제11가 적용되었다. 따라서 하급직이면서도 막강한 인사권을 휘두르는 요직이었다. 조선시대 분당分黨의 시작이 바로 이조 정랑 직을 둘러싼 다툼에서였다는 것은 시사적이다.12 당상관의 경우는 서경을 거치지 않으며 후보자의 이름이 적힌 단자單子를 올리면 왕이 낙점하였다.

관료생활의 일생에서 관료들이 유배를 당하는 경우는 자주 있었다. 부정이나 과실이 없어도 선비정신을 지키다가 유배되는 경우가 많아서 관리들은 이를 부끄럽게 여기지 않았다. 유배생활은 지

당쟁의 시원

당쟁의 시원은 이조정랑(정5품)직을 둘러싸고 발생했다. 이조 정랑은 청요직의 추천권을 장악하고 있었다. 그 이유는 상급관료의 영향력을 배제하기 위해서였다. 선조 7년(1574년) 이조정랑 오건은 후임에 김효원을 임명했는데 이를 심충겸이 '김효원은 훈구대신 윤원형의 식객'이라고 하여 반대했다. 사실 김효원은 윤원형의 사위 이조민과 친구 사이로 윤원형의 집에 왕래했던 것이었다. 결국 김효원이 정랑이 되지만 그 후임자를 선임할 때 물망에 오른 자는 심의겸으로 심충겸의 동생이었다. 김효원은 전날의 앙갚음으로 심의겸을 거부했다. 이로 인해 양자간의 대립이 시작되었는데 김효원은 서울의 건천동에 살아서 동인, 심충겸은 정릉에 살아서 서인이라 하였다. 김효원은 퇴계 이황의 문인이고 소장파였으므로 그의 주위에 소장사림파들이 모였다. 심의겸의 주변에는 장년사림파가 몰렸다. 당시 선조는 이들의 대립을 우려하여 양자를 좌천시켰는데 심의겸은 개성유수로 김효원은 함경도 경흥부사로 보냈다. 동인은 김효원의 부임지가 더 멀다는 이유로 연일 상소했다. 이에 대해 율곡이 동인의 편을 들지 않았다고 하여 미워하여, 율곡은 자의와 상관없이 서인의 영수격이 되었다. 율곡은 당파간의 대립을 우려하며 1584년에 죽는다. 1590년 일본시찰을 위해 서인 정사 황윤길, 동인 부사 김성일이 일본을 시찰하고 귀국한 다음, 황윤길은 일본의 침략가능성을 보고했고 김성일은 이를 부정했다. 이유는 서인의 편을 들어줄 경우 그 동안의 율곡의 십만양병설의 주장이 옳은 것이 되며 동인의 정치적 입지가 약화될 것을 우려했기 때문이다. 이로서 동서분당의 막이 올랐다.[13]

정된 유배지의 지방 유력자가 죄인을 감호하였으며 1449년 이후에는 유배인의 처첩, 미혼자녀 동거도 가능했으며 직계가족의 왕래가 가능했다.

양반의 일상생활

양반들의 일상생활은 어떠했을까? 주된 일과는 독서다. 이들은 대개 인시寅時(새벽 3~5시)에 기상하여 부모님께 새벽 문안을 드리고 사당을 배알한 후 독서, 편지쓰기, 자제교육을 담당했다. 취침은 대게 자시子時(23~1시)였다. 양반들은 가솔을 동솔하여 농사나 재산증식도 중시했다. 퇴계 이황은 3,4채의 가옥을 가졌으며, 150여 명의 노비, 수천 두락의 전답을 소유했다. 대체로 학자의 지조와 절개도 안정된 경제적 기반 위에 존재했음을 보여준다.[14]

또한 경제생활에서 녹봉이 차지하는 비중은 작았다. 유희춘의 미암일기(1567년 10월~1577년 5월)를 통해 살펴보자. 유희춘이 받은 녹봉[15]의 액수는 1568~1575년까지 총 17회 녹, 1회의 봉을 받았다. 정량을 받은 경우는 6회(35%)이며, 65%는 감록되었다. 그 이유는 흉년, 중국사신의 왕래로 인한 지출과다 등의 이유였다. 선조 원년(1568년)에는 백미 32섬, 콩 14섬, 보리 6섬, 명주 4필, 포 12필을 녹으로 받았는데 이는 당하관에 대한 녹이다. 같은 시기 공노비로부터 수취한 선상가가 26여 섬이며 지방관과 친 인척으로부터 받은 쌀이 186섬, 논 소출이 83여 섬이었다. 선조 6년(1573년)에는 백미 50섬, 콩 16섬, 보리8섬, 명주 4필, 포 14필을 녹으로 받았고 같은 시기 선상, 보병가 104여 섬, 받은 쌀이 49섬 6말이어서 녹봉보다는 그 외 수입이 많았다.[16] 손님을 맞이할 때는 선물교환이 빈번한데 이는 가계의 중요한 재원이기까지 했다. 그래서 미야지마 히로시는 이를 '증답경제贈答經濟'라고 명명하기도 한다.[17] 또한 지방관으로부터 물품수증이 빈번하다. 물품 수증은 지방관을 비롯한 동료관인, 친인척, 지인으로부터 물품을 거둬들였는데 유희춘의 경우 10년 동안 2,855회에 달한다.(면포, 의류, 용구류, 문방구류, 어패류, 약재류, 견과 등) 유희춘은 인근의 지방관으로부터 무차별로 거둬들였다. 겉으로는 자발적인 증여이나, 기본적으로 유희춘과 증여자의 이해관계에 바탕 했다. 따라서 지방관의 교체는 양반가의 경제생활에 직결되는 문제이기도 했다.[18]

한편 양반들이 토지를 확대하는 방법은 첫째, 혼인을 통해서 이루어졌다. 성종 때에도

지금 혼인을 정하고자 하는 자는 사위와 며느리의 성행性行과 가법家法을 묻지 않고 구차히 부귀를 흠모하여 그 집 권세가 귀하게 될 수 있거나 그 집의 재산이 부를 이룰 수 있으면 혼인을 맺고자 하여 온 힘을 다하며, 혹 남에게 뒤질까 걱정하여 아들을 둔 사람은 기저귀를 벗어 부모가 될 도리를 알지 못하는데도 너무 일찍 결혼을 시키며〔성종실록, 권130. 성종 12년 6월 갑자조. 당시 홍문관 부제학 이맹형(1436~1487년)이 말한 혼인풍속〕

라는 지적을 볼 수 있는데 퇴계 이황의 재산증식도 재혼한 김씨 부인이 재산가였다는 이유가 컸다. 둘째, 토지를 매득하기도 했다. 주로 친인척끼리 거래했는데 그 이유는 문중의 전체 토지 규모가 줄지 않도록 하기 위해서였다. 16세기 이후에는 황무지의 개간을 통한 토지 확대가 증가했다.

노비증식과 관리에 있어서는 양천교혼良賤交婚과 종모법從母法[19]을 이용했다. 1609년 울산호적의 분석 결과, 사노비(60%)는 공노비(27%)의 2배 이상 교혼하였으며 사노비 중 솔거노비의 교혼율이

높았다. 노비 소유는 양반들의 재산 규모의 중요한 일부분이어서 재산상속 시에 노비도 함께 상속되었다. 양반들은 직접 장사를 하지는 않지만 노비를 통하여 장시에 농작물을 판매하도록 하여 이익을 도모하기도 했다.

이러한 여러 사실들은 조선시대 양반이 삶의 다양한 모습을 보여주는데 겉으로 드러나는 유학자로서의 삶뿐 아니라 관료로서의 생활, 또한 가정의 경제주체로서의 생활도 소홀히 하지 않았던 모습이 엿보이기도 한다. 낮은 녹봉과 이를 메우기 위한 지방관 수탈, 혹은 증답경제 관행, 지주로서의 경제활동, 노비 증식, 토지확대 등의 수단으로 재산을 증식시켰던 모습은 조선시대의 선비를 경제관념이 희박하고 단지 유교경전만을 읽는 모습으로 상상해 온 것과는 다르다. 과거와 관료의 독점, 관리임용에 있어서의 부정부패의 고리, 지방관과의 유착, 신분제도를 이용한 노비 증식 등의 모습은 조선유교문화의 어두운 뒷면이라고 해야 할 것이다.

3 조선시대 여성의 생활

한편 여성의 삶은 어떠했을까?[20] 조선시대에는 기본적으로 일부일처 제도를 법으로 보호하고 남편의 관직 제수에 따라 아내에게도 품계가 주어질 정도였고 남편과 아내가 서로 예우하는 언어를 사용하는 등 표면적으로는 여성에 대한 존중이 지켜진 것으로 보이기도 한다. 그러나 실상에서는 많은 굴절이 존재했다.

먼저 남성에게는 첩을 두는 것이 허용되었다.[21] 그러나 첩은 남편의 사랑은 얻을지언정 현실에서는 유교적 규율이 엄격히 지켜지는 사회의 아웃사이더였다. 더구나 그 자녀는 아무리 똑똑하더라도 서얼금고법의 적용을 받지 않을 수 없었다. 즉 첩 소생의 자식은 과거응시나, 관직에 나아갈 수 없었다. 유래는 이러하다. 태종 때부터 서자는 현직에 임명하지 못하도록 했다. 태종은 태조가 적자嫡子를 제치고 둘째 부인인 신덕왕후 강씨의 소생 방석을 세자로 삼은 것을 증오하여 왕자의 난을 일으켜 서얼가문인 정도전 등을 주살했는데 이후 서자는 현직에 임용하지 못하도록 조치했다. 성종 8년(1477년), 재가녀의 자손은 벼슬할 수 없다고 규정했으며 이는 다시 강화되어 성종 16년(1485년), 재가녀의 자손은 과거에도 응시할 수 없다고 규정했다.[22] 한편 양반들에게 축첩은 관료 입문의 불문율이었다. 첩을 두어야만 양반행세를 할 수 있었다고 한다. 이것은 아무리 학문적으로 업적을 쌓은 유학자라 해도 예외는 아니었다.

이러한 여성에 대한 차별제도는 유교사상이 차별 자체를 자연의 섭리로 간주한 데에서 합리화되었다. 남녀차별의 사회적 관습은 조선시대 주거공간에서도 드러난다. 즉 조선의 민가 구조는 안채와 사랑채가 분리되어 있으며 안채는 담장 안에 다시 담장을 두르고 중문을 달아 그 폐쇄성을 강조했다. 게다가 중문 안에는 내외담이라는 칸막이가 설치되어 있어서 행여 중문이 열린 틈으로 사랑채에 온 손님이 안채를 엿보았을 때 안채의 여성들이 보이지 않도록 조치했다. 남자아이는 7세가 되면 사랑채로 거처를 옮겨 아버지와 함께 생활하기 시작했다. 이러한 풍습은 구한말까지 이어졌다. 당시 조선을 견문하고 기록을 남긴 이사벨라 비숍은 거리에서 만나는 조선의 여인들은 항상 대문으로 들어가고 있어서 이상하게 여겼다. 이유는 여인들이 거리에서 모르는 이를 만나면 즉시로 몸을 숨기기 위해 아무 데나 들어가야 하기 때문이었다고 한다. 따라서 여성들은 남성들이 잠을 자는 밤에 거리를 다니고 동무를 만나 시간을 보낸다는 이야기를 덧붙이고 있다.[23]

그런데 이러한 풍습은 언제부터 시작된 것일까? 조선 초기까지의 결혼제도는 기본적으로 남귀여가혼男歸女家婚이었다. 이는 고구려의 서옥제壻屋制[24]에서 유래된 것으로 남자가 여자 집으로 장가가는 혼인이었다.

이에 대해 조선 초기 유학자들은 남자는 하늘이고 여자는 땅인데 남자가 여자 집으로 들어가는 혼인은 자연의 섭리를 거스르는 행위이므로 중국처럼 친영親迎을 해야 한다고 주장했다. 이리하여 세종 17년(1435년), 파원군 윤평과 숙신옹주의 결혼을 통하여 친영제를 실행했으나 현실에서는 쉽게 정착되지 못하고 결국 절충된 방식이 '반친영半親迎'이다. 즉 혼례를 여자의 집에서 치르고 2~3일, 길게는 1년을 여자 집에 머무르고 시집으로 들어가는 혼인법이다. 그러나 율곡 이이가 어린시절을 외가인 강릉에서 보낸 것이나, 이항복도 장인 집에서 살았다고 하는 이야기를 통해 볼 때 임진왜란 무렵까지 남귀여가혼의 풍습은 양반가에서도 여전히 존재했다고 할 것이다.

또한 조선 초기까지 여성들은 제사에도 참여했으며 재산의 균분상속도 이루어졌다. 재산의 균분상속은 서애 유성룡의 분재기分財記, 율곡 이이의 분재기를 통해 볼 때에도 아들, 딸, 기혼, 미혼 구별 없이 자식들 모두에게 골고루 재산을 나누어준 것으로 보아 조선

중기까지도 재산의 균분상속은 이루어졌다고 보인다.

남녀의 자유연애도 조선 초기에는 거리낌이 없었다. 태조 때 박강생의 상소문에 '명문거족의 부녀의 행실이 재가再嫁는 고사하고 삼가三嫁까지 하고도 음욕을 이기지 못하여 본인이 직접 나서서 시집가는 풍조까지 생겨났다'고 개탄할 정도였는데 이러한 전통은 고려시대 때에 남녀가 한 냇물에서 목욕하는 것은 예사였고, 성종의 왕비 유씨는 왕족에게 시집갔다가 개가한 여인이었으며, 충선왕의 왕비 허씨는 7남매를 거느린 과부였고, 경종의 왕비는 왕이 죽은 후 숙부와 정을 통하여 아이를 낳았으며, 인종은 자기 이모와 결혼했다. 이와 같은 자유연애풍조는 조선 초기에도 영향을 끼친 것으로 보인다. 세종 9년에도

검한성 유구수의 딸이고 평택 현감 최중기의 처인 감동은 병을 치료하러 친정집에 간다고 서울에 와서 남편이 있는 몸으로 영의정 정탁의 첩이 되더니 이어 38명의 사대부와 간통하였다. 그 중에는 명상 황희의 아들인 판중추부사 황치신, 참판 박호문, 의주목사 남궁계, 상호군 이효량 등이 있었다. 특히 이효량은 감동의 남편 최중기의 매부인데도 간통하였다

는 사건도 기록 속에 보인다. 성종 때에는 승문원 지사인 박윤창의 딸 어을우동於乙宇同 사건도 있었다. 이 사건을 계기로 성종은 여인의 재가까지 금하고 재가한 여인의 후손은 일체의 과거와 벼슬에서 소외시키는 영令을 내리게 되지만, 이러한 점에서 고려를 이어서 조선 초기까지는 자유연애 풍조가 있었음을 확인할 수 있다.

여성에 대한 본격적인 행동규제는 조선 중후기에 정착하게 되어

부녀자의 사찰 출입을 금지하고, 동제, 성황제 등 잔치를 벌여 노는 행위도 금지되었다. 복장에서도 귀천의 등급을 드러내도록 했다. 한편 내외법이 지켜져서 남녀간의 자유로운 접촉이 금지되었고 여인의 자유로운 문밖출입도 금지되었다. 가까운 친척 외의 남자와 접촉해서는 안 되었다. 외출 시에 상류층 여성은 너울로 얼굴과 머리를 가리도록 하고, 하층여성은 장옷으로 머리에서 발끝까지 가렸다.(215쪽 사진 참조) 남녀의 주거 공간도 분리되어 여성은 안채에서 남성은 사랑채에서 생활하도록 했다. 또한 여성은 형식적인 교육을 받지 못하였고 칠거지악에 의한 일방적인 이혼이 가능했다.[25] 재혼녀의 자제는 과거응시를 제한함으로써 내용적으로 여성의 수절을 장려했다.

그러나 이러한 행동규제는 양반층에 주로 적용되었으며 양인 층에서는 반드시 그렇지도 않았다. 그 이유는 양반가에서는 수절을 지키지 않으면 자식의 과거 응시자격을 박탈하는 것이 되어 자식의 앞길을 막게 됨을 두려워했지만 양인 층에서는 그럴 필요성이 없었기 때문이다.

▌ 정리하는 말

유교사상은 단군신화에서처럼 인본주의와 교화주의를 기본 골격으로 한다는 점에서 한국정신사의 흐름과 그 맥을 같이 하고 있다. 우선 이러한 점에서 조선시대 600여 년 간 유교사상이 지배하고 그 흔적이 오늘날에까지 영향력을 발휘하고 있는 이유를 가늠해볼 수 있을 것이다.

주희에 의해 체계화된 성리학은 본질적으로 차별을 인정하고 차별이라는 사회질서의 형식 안에 모든 계층과 개개인의 삶을 위치지우고 위계화 시켰을 뿐 아니라 개개인의 바람직한 삶의 모습까지 제시하고 이끌고자 하였다. 그러한 점에서 유교는 사회, 국가질서 뿐 아니라 개인의 삶의 가치관마저 지배하는 정교한 통치이념이면서 사상원리였다. 이렇게 체계화된 원리였기 때문에 그 지배력 또한 장구하였다고 생각한다.

그러나 유교의 인정仁政이라는 이상론이 그대로 사회에 구현되지는 못했다. 그것은 무엇보다도 인간 본연의 속성상 욕망을 완전히 배제시킨다는 것은 불가능했기 때문일 것이다. 과거와 관직이 소수자에게 독점된 것, 권력을 이용한 치부, 여성이나 양인, 천인 위에 군림하던 양반 생활의 이면 등은 조선사회의 이념과 현실 사이의 모순을 보여주는 지표이면서 이러한 상황이 가중되면서 이에 대한 반발의 기운이 누적되어 갔다고 할 것이다. 조선 후기가 되면 천주교의 남녀평등관념이 여성들이나 백성들에게 환영받고 동학에서도 남녀평등을 중시하는 한편 갑오농민전쟁에서 과부재가, 노비 폐지를 요구하였던 것은 이러한 조선시대 양반문화가 안고 있던 모순에 대한 반발의 표출이었다고 할 수 있다.

그렇다면 조선시대의 양반문화 속에서 우리가 오늘날에도 길어올려야 하는 부분은 무엇일까? 그것은 인본주의와 교화주의, 또한 인간의 이성에 대한 끊임없는 신뢰, 인내심을 갖고 진리를 탐구해나가는 학문적 열정을 꼽을 수 있을 것 같다.

조선시대의 대표적인 문화유산은 단연 궁궐이다. 최근 서울의 궁궐들은 예전의 썰렁했던 잔디밭이 사라지고 복원공사가 성과를 거둬가면서 조선의 아름다운 궁궐건축을 우리 눈앞에 펼쳐놓고 있다. 궁궐은 조선 600여 년 간 유교정치 구현의 사령탑이며 왕실의 삶이 이루어졌던 생활공간이다. 조선의 건국과 멸망의 과정이 궁궐의 역사 속에 고스란히 담겨있다. 본 장에서는 조선시대의 궁궐을 중심으로 궁궐의 역사와, 궁궐 답사의 예비지식과 더불어 궁궐의 역사 속에 조선의 흥망성쇠가 어떻게 담겨있는지를 살펴보고자 한다.[26]

1 궁궐宮闕의 역사

조선에는 4개의 궁궐이 있었다. 가장 먼저 지어진 순서대로 경복궁, 창덕궁(창경궁), 경희궁, 경운궁(덕수궁)이 그것이다. 궁궐은 조선최고의 통치권자인 왕이 사는 집이며 실제 관료들과 정사政事를 돌보는 일터이기도 하다. 궁궐 안에는 많은 사람들이 산다. 왕가의 사람들을 중심으로 이들을 시중드는 궁녀가 대략 5~600여 명, 내시가 300여 명, 이외에 관료들을 합하여 천여 명의 사람들로 부산한 곳이 궁궐이다. 따라서 오늘날의 궁궐에는 주요 건물들만이 남아 있지만 예전에는 궁녀들이 기거하는 살림집을 포함하여 상당수의 전각들이 늘어서 있었다.

조선시대 궁궐은 크게 법궁法宮과 이궁離宮으로 나뉜다. 법궁은 국왕이 임어하는 공식 궁궐 중 으뜸이 되는 궁으로서 정치가 행해지는 중심공간이다. 이궁이란 화재 등 만일의 사태에 대비하여 왕이 이어할 수 있도록 지어놓은 궁이다. 따라서 조선에서는 항상 두 개의 궁궐을 중심으로 정치와 생활이 이루어졌다. 이를 양궐체제兩闕體制라 한다.

시기적으로 가장 먼저 지어진 궁궐은 경복궁이다. 경복궁은 조선 건국의 일등공신인 정도전에 의해 설계되었다. 중국의 궁궐제도를 모방하여 주요한 전각이 일렬배치로 지어진 것이 특징이다. 광화문光化門은 경복궁의 정문이다. 광화문 네거리에서 보면 북쪽을 향해 서면 백악이 보이고 서쪽에 인왕산, 동쪽에 산자락이 흘러내려가며 경복궁을 감싸는 형세이다.

광화문 좌우에는 중국 고대부터 전해오는 상상 속의 동물인 해태상이 있다. 해태는 본래 뿔이 하나이고 성품이 충직한데 사람들이 싸우는 것을 보면 바르지 못한 자를 들이받고 사람들이 서로 따지는 것을 들으면 옳지 못한 자를 무는 성질을 가지고 있다고 한다. 그래서 중국 우禹임금 때 법을 맡았던 신하인 고요皐陶기 옥사獄事를 다스릴 때 이 짐승을 써서 죄가 있는 사람을 들이받게 했다고 전한다. 우리나라에서 사헌부司憲府와 깊은 관련이 있다. 사헌부의 관원은 치관豸冠이라고 하여 해태가 장식된 모자를 썼다. 사헌부의 장관인 대사헌은 가슴과 등에 붙이는 흉배의 문양으로 유독 해태를 수놓았다.

현재 광화문 앞에 서면 이상하게 보이는 것이 하나 있다. 바로 한글로 적힌 편액이다. 광화문은 1950년 한국전쟁 때 불타 없어져서 석축만 남았었는데 1968년 박정희 대통령의 특명으로 철근 콘

구한말
광화문 앞의 해태

크리트로 다시 지어졌다. 편액 글씨는 박정희 대통령의 글씨이다.

경복궁은 화재와 재앙이 많았던 궁궐이다. 조선 초기에 왕자의 난으로 피바람이 일었으며 종종 화재가 발생한 기록이 조선왕조실록에 보인다. 임진왜란으로는 궁궐이 완전히 소실되었다. 조선 말기 흥선 대원군이 경복궁 중건을 단행했으나 한차례 화재로 인해 큰 손실을 보기도 했다. 경복궁의 이 화기火氣를 억누르기 위해 도성의 남문인 숭례문의 편액을 세로로 적기도 했으나 큰 도움은 못 되었던 것 같다. 19세기 말에 경복궁은 1894년 갑오개혁 당시 일본군의 궁성 쿠데타가 일어났던 곳이며 1895년 10월에는 이곳에서 명성왕후가 시해당하기도 했다.

이후 경복궁은 일제시기를 지나면서 르네상스식 5층 총독부 건물에 눌려 많은 전각들이 해체당하고 역사의 뒤 안으로 묻혀지게 되었다. 이러한 과정에서 광화문도 헐릴 위기에 있었는데 1920년대 조선 지식인의 많은 공감을 얻고 있던 민예학자 야나기 무네요시(柳宗悦, 1889~1961년)의 글이 1922년『개조改造』9월호에 실리면서 반대여론이 급등했다.[27]

사라지려하는 한 조선 건축을 위해서

광화문이여, 광화문이여, 너의 목숨이 이제 경각에 달려 있다… 정치는 예술에 대해서까지 무례해서는 안 된다. 예술을 침해하는 따위의 힘을 삼가라… 우방을 위해서, 예술을 위해서, 역사를 위해서, 도시를 위해서, 특히 그 민족을 위해서 저 경복궁을 건져 일으켜라… 용서해다오. 나는 죄짓는 모두를 대신해서 사과하고 싶다.

이 여론에 밀려 총독부는 광화문을 해체하여 옮기기로 했는데 1926년 7월 22일 광화문이 해체되어 1927년 9월 15일 현재 국립민속박물관 입구자리로 옮겨졌다. 지금의 광화문은 원래 위치보다 조금 안으로 물러앉은 위치라고 한다.

경복궁은 임진왜란 이전까지 조선의 법궁이었다. 임진왜란 이후 조선 왕실은 경복궁을 다시 지으려는 생각을 하지 않았기 때문에 이후는 빈 터에 소나무만 무성한 채로 19세기를 맞이했다.

두 번째로 지어진 궁궐은 창덕궁이다. 부분적인 화재와 보수가 거듭되었지만 성종 때 지어져 오늘날에도 그 시절의 흔적을 갖고 있는 유일하게 장수한 궁궐이다. 임진왜란 이전에는 이궁이었으며 이후에는 법궁으로 기능했다. 1884년 갑신정변의 무대가 되었으며 조선의 마지막 임금인 순종이 1926년까지 살았고 영친왕비인 이방자 여사가 1980년대까지 기거했던 곳으로 사람들의 삶의 숨결이 가장 최근까지 배어있던 궁궐이기도 하다.

경복궁이 일렬 배치인데 대하여 창덕궁은 조선의 자연지형을 그대로 살려 전각의 위치를 구성했다. 따라서 보다 자연주의적인 조선 전통건축의 조형미를 잘 드러내는 궁궐로 알려져 있다.

한편 창덕궁과 같은 영역에 창경궁이 있다. 1482년(성종 13년) 창덕궁에 다 수용하지 못하는 할머니, 어머니 같은 왕실가족과 그에 딸린 인원을 수용하기 위해 창경궁을 지었다. 임진왜란 때 소실되었다가 1615년(광해군 7년)에 중건되었으며 다시 인조반정, 이괄의 난으로 피해를 입었다가 인조 11년에 수리되어 창덕궁과 함께 동궐로 불리어 법궁 영역으로 사용되었다.

일제시기 창경궁은 창경원으로 불리웠다. 이 곳에 식물원과 동

일제시기 창경궁 벚꽃놀이

물원이 지어지고 벚꽃이 심어지면서 경성시민의 명소가 되었다. 해방 이후 1980년대까지도 창경원으로 존재했다. 그 후 창경원의 동물은 서울대공원으로 옮겨가고 다시 궁궐로 복원되어 오늘에 이른다.

세 번째로 지어진 궁궐은 경희궁이다. 임진왜란 이후 조선 왕실은 경복궁 중건보다는 새로운 궁궐을 짓기로 한다. 그래서 광해군 때 짓기 시작한 궁궐이 경희궁이다. 임진왜란 이후 창덕궁이 법궁이었다면 경희궁은 이궁이었다. 경복궁이 서울의 북쪽에 있어서 북궐, 창덕궁을 동궐이라고 불렀다면 경희궁은 서궐이라고 불렀다. 일제시기에 완전히 전각이 헐려 현대사를 살아간 이들은 서울에서 경희궁을 본 적은 없었다. 그런 궁궐이 있었는지도 몰랐다고 해야 옳을 것이다. 현재 서울 시립박물관 옆에 부분적으로 복원되어 있다.

일제시기 경희궁정문 홍화문

마지막으로 지어진 궁궐이 덕수궁이다. 정식명칭은 경운궁慶運宮이다. 원래 이곳에는 행궁行宮이 있었다. 행궁이란 왕이 왕릉에 행차할 경우 행로에서 머무는 집이다. 그렇다면 이 곳에는 무덤이 있었다는 이야기다. 이 일대의 지명이 정동貞洞인데 원래 조선시대 정릉동貞陵洞에서 유래된 것이다. 태조의 계비인 신덕왕후 강씨의 능이 있었기 때문이다. 1396년 신덕왕후가 죽자 태조는 오늘날 경향신문사에서 러시아공사관 터에 이르는 지역 어딘가에 능을 만들었다. 그러다가 태종 때 현재의 성북구 정릉으로 능을 옮긴 후에는 일부에 왕비의 토지를 관리하던 궁방(명례궁)이 있었고 세조의 큰손자인 월산대군이 살았다. 그런데 그가 1488년에 죽은 이후 거의 방치되고 있었다. 이를 정릉동 행궁이라고 불렀다.

임진왜란 때 경복궁이 불타 없어진 후 갈 곳이 없는 선조가 16년 간 이 곳에서 살았으며 광해군은 이 곳에서 왕위에 올랐고 이 행궁을 경운궁으로 명명했다. 이 곳에서 인조가 다시 왕위에 올랐는데 그 후 창덕궁과 경희궁이 완성되자 19세기 후반기까지 잊혀진 공간이 되었다.

고종은 명성왕후가 시해당한 후 1896년 2월 일본과 친밀한 김홍집 내각을 불신임하기 위해 러시아 공사관으로 거처를 옮긴다. 일종의 왕이 주도한 정변이다. 이로 인해 김홍집 내각은 붕괴했다. 고종은 러시아공사관에 1년여를 살았는데 그 곳에 있으면서 경운궁터에 새 궁궐을 짓게 했다. 1897년 2월 고종과 왕세자는 경운궁으로 환궁했다. 경운궁이 완성된 것은 1902년(광무 6년) 9월이며 이후에도 각 전각이 지어졌다. 고종이 경운궁 터에 본격적인 궁궐을 짓게 한 이유는 이 일대가 외국인 공사관이 밀집된 지역이기 때문이었다. 1880년대 경운궁이 비어있었을 때 이 일대를 미국, 영국, 러시아, 프랑스 등에게 공사관 터로 갈라주었던 것이다. 지금은 궁궐 바깥에 위치하나 일본과 을사보호조약을 맺었던 중명전 또한 경운궁의 부속건물이었다.

그런데 경운궁은 왜 덕수궁으로 불리게 되었을까? 1907년 고종은 헤이그에 이준 등의 밀사를 파견하여 만국평화회의에서 을사보호조약의 부당함을 호소하고자 했다. 이것이 일본 측에 알려지면서 고종은 결국 순종에게 강제로 왕위를 양위당하고 경운궁으로 물러나 앉았다. 상왕이 된 고종에게 주어진 존호는 덕수德壽였다. 그래서 일제시기에 경운궁을 덕수궁이라 부르게 되었는데 해방이후에도 이 명칭이 일반화 된 것이다. 고종은 경운궁 함녕전에서 1919년 2월 임종을 맞이했다. 이것이 3.1운동의 도화선이 되었던 것은 잘 알려진 사실이다. 이러한 사연을 갖고 있기 때문에 경운궁 또한 파란만장했던 근대사의 풍경을 보여주는 역사적 공간이기도 하다.

2 궁궐 답사의 예비지식

궁궐의 공간구조

궁궐宮闕이란 많은 집들이 높은 담장 안에 둘러싸인 모습을 뜻하는 글자이다. 조선의 궁궐 구조는 크게는 중국의 궁궐제도를 본받았다. 오문삼조五門三朝라 하여 다섯 개의 문과 세 개의 주요 공간(외조外朝, 치조治朝, 연조燕朝)이 일렬배치로 구성되어 있다.

그러나 창덕궁처럼 자연 지형을 그대로 살린다거나, 지붕선의 완만한 곡선, 문살의 다양함, 꽃담굴뚝, 갖가지 문양, 단청 등은 조선궁궐의 독특한 측면이다.

궁궐은 크게 내전(내전內殿; 치조와 연조)과 외전(외전外殿; 외조)으로 나뉜다. 궁성문을 기점으로 하여 먼저 외전영역이 나온다. 외전은 공식적으로 신하를 만나 조회, 의식을 행하는 공간(정전正殿 혹은 법전法殿)이다. 의식이 있을 때만 사용하는 공간이기 때문에 실제적인 정사政事가 이루어지는 공간은 아니다. 외전 앞에는 품계석이 놓인 마당이 있는데 이를 조정朝廷이라고 한다. 정부를 조정이라고 표현하는 것은 여기에서 유래되었다. 조정에는 품계석이 늘어서있

다. 국가의식을 할 때 각 관원들은 자신의 품계에 맞춰 도열해야
한다.

그 다음의 공간은 내전이다. 내전은 크게 왕의 집무와 기거가 이
루어지는 대전大殿과 왕비의 거처인 중궁전中宮殿으로 나뉜다. 대전
은 다시 편전便殿과 연거지소燕居之所로 나뉜다. 편전은 왕이 주요
신료들을 만나 정무를 수행하는 집무실이다. 회의와 관료들의 보
고청취가 이 곳에서 이루어진다. 그 다음의 공간은 왕의 기거공간
인 연거지소가 있다. 중궁전은 궁궐 가장 중앙부 깊은 곳에 위치해
있다. 왕비가 상궁, 양반가의 부인 등 내명부를 통괄하는 곳이며
생활이 이루어지는 공간이다.

그 외 편전의 오른편에는 차기 왕위 계승자의 활동공간인 동궁東
宮이 있으며 시중드는 궁녀 등의 생활공간은 내전의 뒤편에 위치해
있다.

궁궐의 뒤쪽에는 반드시 후원後苑이 있는데 휴식공간이며 과거
장소, 군사훈련도 행한다. 소규모의 논이 있어서 왕이 직접 계절에
따라 모내기와 수확을 직접 했다. 이로써 계절의 운행과 풍흉의 정
도를 직접 체험하기 위함이었다.

조선의 왕은 하늘의 이법을 부여받은 존재로 위치 지어졌기 때
문에 풍흉은 왕의 덕德과 밀접히 관계되는 것으로 여겨졌다. 그때
그때의 민정民情을 헤아리기 위한 정무政務 자료인 셈이다. 후원은
궁궐의 북쪽에 있다고 하여 북원, 혹은 아무나 못 들어간다고 하여
금원禁苑으로 불리운다.

또한 편전 주변에는 관서로서 궐내각사闕內各司가 있다. 빈청賓廳
(정승, 판서 등 고위관료의 회의 공간), 정청政廳(이조, 병조에서 인사업

무 처리), 대청臺廳(사헌부, 사간원 언관의 집무 공간), 승정원(왕명출납 담당승지의 관서), 홍문관(왕의 학문을 보좌), 예문관(외교문서 담당) 등이 있었다. 그 외 내시의 활동공간이 있었다.

건물의 명칭

사찰과 마찬가지로 궁궐의 건물도 등급이 있다. 다음은 가장 격이 높은 건물부터 소개한 것이다.

(1) 전殿 : 건물 가운데 가장 격이 높다. 왕과 왕비, 왕의 어머니 할머니의 기거 공간.

(2) 당堂 : 규모는 전과 비슷하나 격은 한 단계 아래. 일상적인 활동 공간.

(3) 합閤과 각閣 : 전이나 당의 부근에서 전과 당을 호위하는 건물.

(4) 재齋와 헌軒 : 왕실 가족이나 궁궐에서 활동하는 사람의 기거, 활동 공간.
  * 재 : 일상 주거 용, 혹은 독서, 사색 공간.
  * 헌 : 대청마루가 발달되어 있는 집.

(5) 루樓 : 바닥이 지면에서 사람 한 길 정도 높이의 마루로 된 집. 1층은 각閣.

(6) 정亭 : 연못이나 개울가의 휴식이나 연회 공간.

경복궁 답도

궁궐의 조형물

(1) 정鼎 : 솥으로 배가 둥글고 다리가 셋에 귀가 둘 달렸다. 정은 천자는 아홉, 제후는 일곱, 대부大夫는 다섯, 사士는 셋을 사용한다.

(2) 답도踏道 : 계단 가운데 경사진 면에 봉황 두 마리가 구름 속에서 마주보고 있는 문양이 새겨져 있다. 왕의 가마가 지나가는 곳이다.

(3) 용 : 왕을 상징한다.

(4) 봉황 : 상상 속의 새. 오색을 띠며 산 짐승을 먹지 않으며, 산 초목을 꺾지 않으며 무리를 짓지 않으며 여행도 하지 않으며 그물에 걸리지 않으며 오동이 아니면 깃들지 않고 대나무 열매가 아니면 먹지 않고 단 샘물이 아니면 마시지 않는다고

한다.

(5) 사신四神 : 좌청룡, 우백호, 남주작, 북현무

(6) 십이지신十二支神 : 쥐, 소, 범, 토끼, 용, 뱀, 말, 양, 원숭이, 닭, 개, 돼지. 방위와 시각을 나타내는데 많이 쓰인다.

(7) 서수瑞獸 : 상서로우 뜻을 닮은 짐승들. 정체는 불분명하다. 계단의 소맷돌, 난간 모퉁이, 기둥, 돌출부위에 제각각 자리 잡는다. 나쁜 것을 쫓는 벽사辟邪의 역할을 한다.

(8) 잡상雜像 : 추녀마루 끝부분에 올려놓는다. 장식효과와 함께 잡귀를 막는 벽사의 의미를 지닌다. 건물과 지위, 품격에 따라 개수가 다른데 경복궁 근정전은 일곱, 숭례문은 아홉 개, 경회루의 잡상은 열한 개이다.

경복궁 잡상

궁궐의 전통문양

모 양	상 징
萬(卍)	산스크리트어 "스리밧사(shrivatsa)" 태양, 번개, 물, 불을 의미. 불교의 영향, 길상과 만복이 집결
부귀기호(凸)	양陽. 부귀와 자손번창
회(回)	결실과 영구
방승方勝 : 네모와 마름모를 연결	마음이 함께함
연환連環 : 원이 계속 연결됨	좋은 일이 지속
포도송이, 꽃무늬, 복福, 수壽	자손의 번창, 가정의 화목기원, 무병장수
난초	충성심과 절개
거북	등이 둥글게 솟고 바닥이 평평하여 천원지방을 뜻함. 현무玄武: 북방을 수호하는 방위신. 장수와 벽사辟邪
사슴	무리를 지어 살면서 이동할 때마다 낙오자의 유무를 살핌. 우애, 장수. 또한 녹鹿을 녹봉祿俸으로 보아 권력 의미.
토끼	태음(달)
박쥐(편복蝙蝠)	행복幸福
인동초, 당초	장구한 발전
소나무	절의와 지조
매화	순결과 절개, 고상한 품격, 아내
대나무	강하고 유연한 성질. 군자의 풍격과 절개, 남편
물고기	과거급제, 다산, 자유로움. 물과 물고기는 왕과 신하의 관계에 비유

3 궁궐로 보는 조선의 역사

경복궁

정문은 광화문이다. 근래 두 번째 궁성문인 홍례문[28]이 복원되

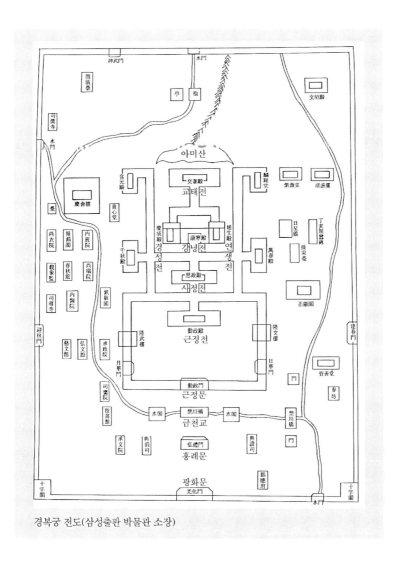

경복궁 전도(삼성출판 박물관 소장)

었다. 근정문을 지나면 근정전勤政殿(정면 5간, 측면 5간)이 있다. 근
정전은 각종 국가의식, 행사를 치르는 외전(정전)이다. 천정의 일곱
발톱을 가진 황룡그림은 원래 봉황이었던 것이 1897년 대한제국

이후 바뀐 것이다. 용의 발톱 수가 일곱 개인 것은 황제를, 다섯 개인 것은 제왕을 가리키는데 1897년 대한제국 성립으로 조선도 황제국이 되었다는 것을 나타낸 것이다.

사정전思政殿은 편전으로서 왕의 집무실이다. 그 뒤로 왕의 침전인 강녕전康寧殿이 있다. 향오문嚮五門을 지나 정면 11간 측면 5간의 건물이다. 동소침의 이름이 연생전延生殿이고 서소침의 이름이 경성전慶成殿이다. 임진왜란 때 불타 없어졌다가 고종 초년에 중건되었다. 1917년 창덕궁 내전에 큰 불이 나서 이를 복구할 때 경복궁의 건물을 옮겨갔는데 강녕전은 해체되어 창덕궁의 희정당으로 거듭났다. 현재의 강녕전은 새로 복원한 것이다.

그 뒤편에는 왕비의 거처인 교태전交泰殿이 있는데 '태泰' 괘는 주역에서 아래가 '건乾'이고 위가 '곤坤'인 괘로서 양과 음이 합하는 모양을 의미한다. 즉 왕과 왕비의 동침이 이루어져 차기 왕위계승

경복궁 홍례문

자를 낳는다는 상서로운 의미를 담고 있다. 세종 22년(1440년)에 지어졌으며 임진왜란 때 소실되었다가 고종 때 복원되었다. 그러나 1917년 경복궁의 전각이 해체되면서 창덕궁 대조전의 부재로 쓰였다. 현재의 건물은 근년에 복원된 것이다.

그런데 강녕전이나 교태전에는 용마루가 없다. 침전에는 용마루가 없다. 그 이유는 왕과 왕비가 동침을 하는 경우 지붕에 있는 용이 침전에 있는 용(왕)과 부딪칠 것을 꺼려했기 때문이라고 전한다. 경복궁에는 두 개의 침전이 있는 것이다. 『세종실록』을 보면 강녕전에서도 왕이 정무를 처리했다는 기록이 있으며 왕과 왕비가 신하들을 모아 연회를 베풀었다는 기록도 보여 반드시 침전으로만 사용했던 것은 아닌 것 같다.

근정전의 동편 일대는 자선당資善堂과 비현각조顯閣이 있다. 자선당은 세자의 공식 활동공간이며 비현각은 부속건물이다. 주변에 세자시강원(세자를 교육하고 보필하는 업무 담당부서-춘방春坊)과 세자익위사(세자 경호-계방桂坊)이라는 관서가 있었다. 왕이 거처하는 내전의 동쪽에 해당한다고 하여 동궁이라고 부른다. 임진왜란 때 불타버렸으며 이후 세자들은 동궐(창덕궁, 창경궁)이나 서궐(경희궁)에서 생활했다. 자선당에서 세자생활을 했던 사람은 순종 뿐 이다. 최근에 복원되었다.

동궁 영역에는 수정전이 있다. 대원군 때 경복궁을 중건하면서 지어진 건물인데 임진왜란 전에는 집현전이 있던 자리이다. 고종 초년에는 고종의 연거지소로 사용했으며 때로는 정무를 의논하는 편전으로 사용되기도 했다. 갑오개혁 당시 군국기무처, 내각의 청사로 사용되었다.

향원정,
1890년

옥호루,
명성왕후가 시해당한 장소

경회루는 외국사신 접대공간이며 과거 급제자의 축하연, 궁중연회에도 사용되었다. 1412년 태종 12년에 확장 개축했는데 '경회慶會'란 '올바른 사람을 얻어 경사가 모이기를 바란다'는 뜻이다. 임진왜란 때 돌기둥만 남았다가 1867년 다시 중건되었다. 정면 7간, 측면 5간이며 지붕은 팔작지붕이다. 경회루 앞 연못에는 두 개의 구리로 된 용을 넣었다. 용은 물과 불을 다루는 동물이며 2는 불을 상징하는 숫자로 경복궁의 화기를 억누르려는 조치로 보인다. 1997년 연못에서 용이 출토되었다.

경회루 2층의 마루바닥은 높이가 일정하지 않다. 중앙부 3간이 가장 높은데 천지인을 상징하며 그 간을 구성하는 기둥은 8개이다. 팔괘를 상징한다. 그 다음은 12간인데 이는 1년 12개월을 상징한다. 기둥 16개는 각 기둥사이에 네 짝 문이 있어 64괘를 이룬다. 가장 바깥의 20간은 회랑인데 기둥 24개는 24절기를 상징한다.

아미산峨嵋山은 교태전 뒤의 나지막한 산이다. 경회루 연못을 팔 때 나온 흙으로 쌓아 만든 인공 산인데 백두산의 기운이 북한산으로, 다시 조금 낮은 백악 산으로 마지막에 아미산으로 이어진다고 한다. 아미산 굴뚝에는 귀면이나 십장생, 사군자, 당초문 등을 구워 박아 넣어 굴뚝의 실용성과 미술품으로서의 가치를 겸비했다.

이외에 고종 즉위의 막후 실력자였던 신정왕후(조 대비)가 거처했던 자경전慈慶殿이 있는데 꽃담이 아름답다.(212쪽사진 참조) 경복궁 동궁의 북쪽, 교태전의 동북 편에 위치한다. 고종4년에 지어졌다. 1873년, 1876년 두 차례 화재 후 다시 지어 지금까지 남아있다. 이름의 유래는 정조가 즉위하면서 어머니 혜경궁 홍씨를 위해 창경궁에 커다란 집을 짓고 이름을 자경당慈慶堂이라 한데서 비롯되었다. 자경이란 자친慈親 곧 왕의 웃어른이 되는 여성에게 경사慶事가 임하기를 바란다는 뜻을 담고 있다.

자경전을 지나 안으로 들어가면 커다란 연못이 있고 정자가 있다. 향원정이다. 방지方池 가운데에 둥그런 섬에 육모지붕을 한 이 층짜리 정자가 있다. 천원지방天圓地方이라는 우주관을 담고 있는 모양이다.

경복궁의 가장 뒤편에는 건청궁乾淸宮이 있다. 1873년 고종이 주도하여 지었다. 고종은 주로 이 곳에 머물기를 좋아했다고 하며 조선에서 처음으로 전등이 가설된 곳도 이 곳이다. 1894년 갑오개혁

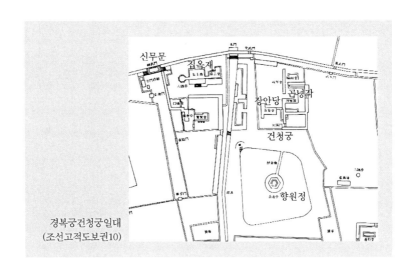

경복궁건청궁일대
(조선고적도보권10)

당시 창덕궁으로 이어했다가 한 달 만에 경복궁으로 돌아왔을 때 고종이 들어간 곳도 건청궁이었다. 1895년 명성왕후는 건청궁의 한 건물인 옥호루에서 시해 당했다. 이후 고종은 러시아공사관으로 파천하면서 경복궁을 외면해 버렸다.

창덕궁

창덕궁의 정문은 돈화문敦化門이다. 광화문이 교화를 빛낸다는 뜻이라면 돈화문은 교화를 돈독히 한다는 뜻이다. 돈화문 앞에는 원래 월대가 있었다. 일제시기 때 자동차를 타게 되면서 땅 속으로 묻혔는데 1997년에 아스팔트를 걷어내고 부분적으로 월대부분을 살렸으나 아직 불충분한 상태이다. 돈화문을 지나 오른 쪽으로 꺾으면 멀리 진선문進善門이 보이는데 금천교를 지나야 한다. 금천교는 1411년(태종 11년), 창덕궁을 처음 지을 당시의 건축물로서 현존하고 있다. 금천교 아래에는 양쪽으로 서수瑞獸가 앉아 있다.

진선문을 지나 인정문을 들어서면 2층 지붕의 인정전仁政殿이 나온다. 창덕궁의 외전이다. 정면 5간, 측면 4간의 20간 바탕에 팔작지붕이며 다포식 건물이다. 추녀마루 끝에는 잡상雜像이 아홉 개씩 놓여있다. 겉에서 보기에는 2층이지만 속은 통 층이다. 용상 뒤에는 '일월오봉병日月五峰屏', 즉 해와 달이 떠있고 다섯 봉우리가 솟아 있는 병풍이 있다. 해와 달은 왕과 왕비를, 다섯 봉우리는 조선의 국토를 가리킨다고 한다.

인정문과 인정전의 외관에서 눈에 띠는 것은 용마루에 박힌 청동 오얏꽃 문양이다. 인정문과 인정전 용마루에 각각 세 개, 다섯 개씩 박혀있다. 오얏꽃은 황실의 문장으로 대한제국시기부터 사용되었다. 덕수궁이나 창경궁에도 오얏꽃 문양이 보인다.

선정전宣政殿은 편전인데 인조반정 때 소실되었다가 경희궁의 편전 광정전을 뜯어서 옮겨와 지었다. 청기와가 눈에 띤다. 청기와는 우리나라에서 생산이 안 되는 염료로 굽기 때문에 귀해서 특별한 건물에만 채택되었다. 경복궁의 근정전과 사정전의 지붕도 청기와

창덕궁 금천교

인정전 용마루의
오얏꽃 문양

덕수궁 덕홍전의
오얏꽃 문양

인데 광해군 때 중국에서 회회청이라는 염료와 염초焰硝를 수입하
여 청기와를 구웠다고 한다.

　대조전大造殿은 중전의 침전이다. 역시 용마루가 없다. 희정당熙
政堂은 침전의 하나이면서도 순조 대부터 편전으로 이용했다. 1917
년 11월 10일 순종이 기거하던 대조전 온돌에서 화재가 났는데 이
후 총독부와 협의하여 경복궁 내의 교태전과 강녕전 등 주변건물
을 이건하기로 했다. 1920년 10월 완공되었는데 좁은 희정당 터에
큰 강녕전 건물이 들어앉게 되었다. 강녕전은 원래 용마루가 없는

창경궁 식물원 앞의
오얏꽃 모양의 분수대

집이었으나 옮기면서 시멘트로 바른 용마루가 생겼다.

　낙선재樂善齋는 창덕궁의 동남쪽에 있으며 창경궁과 이웃해 있다. 1847년 지어졌는데 국상을 당한 왕후와 후궁의 거처로 이용되었다. 대문에는 장락문長樂門이라는 편액이 보여 장수를 바라는 염원을 담았다. 낙선재에는 1989년까지 이방자 여사가 살았다. 당시에는 양옥을 지어 살았는데 그 후 철거하고 옛 모습만 남겨 복원했다. 후원 영역에는 연경당演慶堂이 있다. 1828년 순조 때 사대부집을 모방하여 지은 99간 집이다. 선정전과 사정전은 일본식 마루바닥이다. 이는 일제시기 때 보수된 흔적이다. 또한 건물 내부에는 화려한 조명장식, 유리문이 보이며 이외에 하얀 타일이 시공된 부엌 등이 눈에 띠는데 이는 근대적 건축 양식의 도입 흔적이다. 이러한 예는 희정당의 정면에서도 발견된다. 이채롭게도 서양건축에서처럼 현관이 돌출되어 있고 진입로가 마련되어 있다. 이는 자동차를 타고 현관입구까지 갈 수 있도록 한 것이라고 한다. 고종과 순종은 조선에서 처음 자동차를 탄 인물로 기록되어 있다.

　1907년 11월, 순종이 창덕궁으로 이어하는 것과 때를 맞추어 순종을 위로한다는 명목으로 창경궁의 보루각(물시계가 설치되었던 곳)에 동물원을 개설하는 공사를 시작하였고, 1909년에는 식물원과 이왕직 박물관이 개설되어 일반인의 관람을 허락했다. 창경궁은 1911년 4월 26일 창경원昌慶苑이라는 이름이 붙여지고 일본에서 벚나무 수천 그루를 수송하여 심었다. 1924년부터 밤에도 개장하여 일제시기에는 밤 벚꽃놀이의 명소가 되었다.

덕수궁

원래 경운궁의 정문은 인화문仁化門이다. 정전인 중화전과 침전인 함녕전 사이로 내다보이는 위치에서 남향으로 있었다. 그러나 지형으로 볼 때 앞이 막혀있어서 1900년대부터 동문인 대안문大安門을 기점으로 도로가 생겼고 이후 대안문이 정문 구실을 하게 되었다.

1897년 경운궁으로 환궁한 고종은 연호를 건양에서 광무로 고쳤다. 그 후에도 궁궐 역사役事는 계속되어 선원전, 함녕전 등이 지어졌으며 1900년에는 궁궐 내에 전등을 밝혔다. 광무 5(1901)년에는 경희궁으로 바로 건너갈 수 있는 구름다리를 만들었다.

경운궁 화재

모인 사람들 뒤로 대안문의 편액이 보인다.

고종 인산 전날 경운궁 대한문 앞에 모인 사람들

광무 6년(1902)에는 정전인 중화전이 착공되었다. 그런데 광무 8
년(1904) 경운궁에는 큰 불이 난다. 침전인 함녕전을 수리하는 도
중 불씨가 강풍을 타고 번져 중화전, 즉조당, 석어당 등이 불탔다.
마침 러일전쟁의 와중이어서 재건된 중화전은 원래의 이층이 아닌
단층으로 완성되었다.

그런데 위의 사진 두 장을 비교해 보면 궁성문의 편액이 대안문

에서 대한문으로 바뀌었다. 이 편액은 왜 달라졌을까? 1904년 화재 후 1906년 4월 경운궁 공사가 끝날 무렵 지관이 찾아와 편액의 뜻이 나빠서 국운이 기울 것이라고 했다. 그래서 고종이 '안安'을 '한漢'으로 바꾸도록 했는데 '한漢'은 '놈'이라는 뜻이다. 상놈을 가리키는 말이 상한常漢이며, 혹은 문외한門外漢 등의 조어에서 한漢의 용례를 찾아 볼 수 있다. 그만큼 대한제국은 지푸라기라도 잡는 심정으로 기울어가는 국운을 만회해 보고자 했던 것이리라.

1907년 8월 헤이그 밀사사건의 책임을 추궁 받은 고종은 왕위를 순종에게 이양한다. 경운궁 돈덕전에서 순종의 즉위식이 거행되었다. 순종은 11월 13일 창덕궁으로 이어했으며 그 후 경운궁은 덕수궁으로 불리우게 되었다.

덕수궁에는 서양식 건축물이 곳곳에 있다. 역시 서구문물 도입이 왕성하게 전개되던 근대의 풍경을 반영한 것이다. 중명전은 서양식 건축으로서 1900년경 러시아 건축가가 지은 경운궁 최초의 서양식 2층 벽돌건물이다. 고종황제의 알현소나 연회장, 외국사절의 접견소로 사용했다.

과거의 중명전　　　　　　현재의 중명전

석조전

1905년 을사보호조약이 강제된 장소이기도 하다. 1925년 4월 화재로 전소했지만 외벽은 그대로 남아 현재에 이른다. 현재는 덕수궁 바깥에 위치해 있는데 민간의 사무실로 사용되다가 최근 서울시에서 사들여 수리중이다.

석조전石造殿은 1900년 대한제국의 재정고문역을 맡았던 영국인 총세무사 브라운(Sir John Mclevy Brown)이 주도하여 착공했다. 1905년 일본인 메가다 다네타로(目賀田種太郎, 1853~1926)가 재정고문으로 부임하면서 인계하여 1909년 완공되었다. 이오니아식 기둥이 늘어서 있는 석조 건물이다. 원래는 경희궁에 지으려 했으나 브라운의 주장으로 이 위치에 지어지게 되었다. 보통 조선의 전통건축에서는 뜻을 담아 건물의 이름 짓기를 중시한다. 그런 점에서 볼 때 이 곳의 이름은 단지 '돌로 만든 전殿'이라는 뜻으로 밋밋하기 짝이 없다. 일제시기에 일본 미술품 전시장이었다가 해방 후 미소공동위원회가 열리기도 했다. 1953년 이후 국립박물관, 현대미술관으로 쓰이다가 현재는 궁중유물전시관으로 사용되고 있다. 서양

정광헌

식 건물로 또 하나 빼놓을 수 없는 곳은 정관헌이다. 서양식 테라스풍의 건물인데 내전 후원의 정자 기능을 대신했다. 철제 난간에는 박쥐 등 전통문양을 새겨 넣었다. '한혼양재韓魂洋才'라고 할만하다. 고종은 이곳에서 커피를 즐겨 마셨다고 전한다. 이외에도 돈덕전과 구성헌이 서양식 건물이었다고 하는데, 현존하지 않는다.

정리하는 말

조선의 궁궐은 600여 년의 조선의 역사 속에서 많은 화재와 재건, 해체와 복원, 근대의 새로운 서양식 건축기법의 도입으로 한양

韓洋 절충식 건축의 시도, 창경궁이 창경원이 되는 등, 조선 초기부터 일제시기까지 조선이 겪은 격변이 녹아있는 장소이다. 그 속에는 조선 유교문화의 번영과 임진왜란 이후의 재기와 구한말의 혼란과 비운의 과정이 있었다.

역사는 사람들의 삶의 확대판이다. 개개의 삶에 굴곡이 있는 것처럼 역사 속에 많은 우여곡절이 있는 것은 당연하다. 그럼에도 불구하고 그 안에서 한국의 문화를 일궈온 원동력이 무엇일까를 발견해 내는 것이 우리들의 몫은 아닐까?

조선시대 문화의 전개 속에서 조선인은 첫째, 중국의 제도를 모방했지만 그것을 창조적으로 재구성하여 조선인의 정서를 담은 문화로 창조했다. 그것은 궁궐 지붕선의 단아한 곡선 속에 화려한 문살, 갖가지 현세의 염원을 담은 문양의 다양성 가운데 현세의 삶에 대한 애정과 낙관을 드러낸 점에서 살펴볼 수 있을 것이다. 둘째, 꽃담 굴뚝의 경우처럼 기능적인 측면과 미적 측면을 동시에 획득하는 방식 또한 조선인의 문화 창조력의 저력을 보여주는 부분이라고 할 것이다. 셋째, 각 전각마다, 공간마다 이름을 짓고 문양을 새기는 방식은 조선인의 모든 자연과 사물을 존중하고 소중히 여기는 정서를 반영하고 있다. 이러한 정서는 단군신화 이래 한국인의 심성이었음은 부연할 필요가 없을 것이다.

■ 주

1 이 부분의 서술은 다음의 저술에 의거했다.

　김교빈, 이현구 지음,『동양철학에세이』, 동녘, 1993, 금장태,『유교사상의 문제들』, 여강출판사, 1990, 윤사순,『한국유학사상론』, 열음사, 1986, 윤사순,『한국의 성리학과 실학』, 열음사, 1987, 한형조,『주회에서 정약용으로』, 세계사, 1996.

2 예를 들면, 하나의 씨앗이 있다고 치자. 씨앗의 모습만으로는 그것이 무슨 꽃의 씨앗인지 알 수 없다. 어느 날 비가 와서 씨앗이 땅속에 파묻히게 되었으며 햇볕과 양분과 바람에 의해 싹이 트고 자라 꽃을 피웠다. 이 때 사람들은 그 꽃을 보고 비로소 꽃의 정체를 알게 된다. 그렇다면 씨앗 안에는 그 꽃의 유전인자가 이미 존재했음을 알 수 있다. 그것을 이理라고 한다. 이치, 원리, 본질, 유전정보로 해석할 수 있다. 그러나 씨앗만으로 곧 싱싱한 꽃이 되는 것은 아니다. 씨앗이 비에 휩쓸려 내려가 아예 꽃을 피울 기회를 잃어버릴 수도 있다. 즉 씨앗의 발아와 성장을 돕는 조건인 태양, 바람, 비, 양분 등이 필요불가결하다. 이것을 기氣라고 한다. 이러한 점에서 이와 기의 속성이 결정되는데 이理와 기氣는 서로 떨어질 수 없는 관계에 있다. (이기불상리理氣不相離) 또한 이理는 운동성이 없지만 기氣는 움직인다. 이理는 불변임에 대하여 기氣는 가변적이다. 이러한 이치에 따라 유학자 중에 이理의 역할을 중시한 학설을 '주리설主理說', 기氣의 역할을 중시한 학설을 '주기설主氣說'이라고 그 특징을 설명하는 것이다.

3 이에 대하여 일본에서의 유교는 다른 방식으로 이해되었던 점이 흥미롭다. 즉 일본의 대표적인 유학자 오규 소라이荻生徂徠(1666~1728)는 수신과 제가는 사적인 영역이고 치국과 평천하는 공적인 영역이므로 수신이 평천하의 기초가 될 수 없다고 보았다. 즉 개인 도덕을 정치적 결정으로까지 확장시키는 것을 단호하게 부정했다. 이는 일본인이 근현대사 속에서 公과 私를 엄격히 구별하고 사가 공에 종속될 수 있다는 심성을 갖게 된 이유 중 하나로 생각된다.

　丸山眞男,『日本政治思想史硏究』(1952년 초판), 東京大学出版会, 1989, 75-77쪽.

4 미야지마 히로시,『양반』, 도서출판 강, 참조.

5 금장태 교수의 지적에 의하면 어원적으로 선비란 '어질고 지식이 있는 사람'을 말한다. '선'은 몽고어의 어질다는 뜻인 'sait'의 변형인 'sain'과 연관되고 '비'는 몽고어와 만주어에서 '지식이 있는 사람'을 뜻하는 '박시'의 변형인 'ᄇ이'에서 온 말이라고 한다.

금장태,『한국의 선비와 선비정신』, 서울대학교출판부, 2000, 3쪽.

6 한국고문서학회,『조선시대 생활사』, 역사비평사, 1996, 관료생활, 과거제도 참조.

7 홍문관(왕의 자문, 궁중의 경서, 실록관리), 사헌부(감찰), 사간원(언론기관의 역할, 국정감시, 감독)

8 조선시대 과거급제자 총수는 14,600여 명(식년시 급제자 : 6,030명/비정기시급제자 : 8,590명)이다. 비정기시는 여유기간을 한 달에서 4,5일 정도밖에 주지 않으므로 실질적으로 서울에 거주하는 명망가의 자제에 국한되기 싶다. 급제자는 소수가문에 집중되어 있다. 300명 이상 급제자 배출가문은 5가문(이 중 전주이씨가 845명 배출), 150명 이상은 22개 가문(대구 서씨, 풍산 홍씨, 반남 박씨 등), 반남 박씨 문과급제자 198명 중 129명이 1519년 급제한 박소朴紹의 직계자손이다.

정두희,「양반사회의 명과 암」,『한국사 시민강좌 29-양반문화의 재평가』, 일조각, 2001, 108~109쪽.

9 신명호,『조선의 왕』, 가람기획, 1998 참조.

10 조하朝賀 ; 매월 초하루, 보름/조참朝參 ; 매월 4회, 5, 11, 21, 25일/상참常參 ; 매일 의정부, 육조, 한성부, 사헌부, 사간원, 홍문관 등 핵심부서의 관원들이 편전에서 왕에게 문안드린다. 당상관이 참여하나 사헌부, 사간원, 홍문관에서는 중급관원도 참석.

11 自薦制. 각 부서에서 필요한 후임 낭관을 현임 낭관이 천거할 수 있는 제도.

12 이덕일,『당쟁으로 보는 조선역사』, 석필, 1997 참조.

13 이덕일, 위의 책.

14 이성임,「조선중기 양반의 경제생활과 재부관」,『한국사 시민강좌 29집-양반문화의 재평가』, 일조각, 2001 참조.

15 祿俸. 녹은 3개월마다, 봉은 월별 이하로 지급되다가 현종 12년(1671년)부터 관료의 급여는 매달 지급하는 월봉으로 바뀜.

16 이성임, 앞의 논문 참조.

17 미야지마 히로시, 앞의 책 참조.

18 이성임, 앞의 논문 참조.

19 양인과 천인은 혼인할 수 있는데 이 경우 자녀의 신분은 어머니를 따른다.(종모법) 그런데 천인의 신분은 계속 천하다는 〈일천즉천一賤卽賤〉의 원칙에 따라 천인 남자와 양인 여자가 혼인하여 낳은 자식의 경우도 천인이 되었다.

20 이 부분의 기술은 이배용 외,『우리나라 여성들은 어떻게 살았을까』1, 청년사, 1999, 정성희,『조선의 성풍속』, 가람기획, 1998에 의거했다.

21 고려 말기의 상류층은 다처풍습이 있었다. 태종13년(1413년) 유처취처有妻取妻를 금지한 대가로 다처를 포기한 많은 남성에게 제공하는 반대급부로서 축

첩을 용인했다. 반면, 태종은 자녀안恣女案을 만들어 세 번 결혼한 여자를 여기에 기록하게 했다. 자녀안은 고려시대에도 있었지만 조선시대에는 유부녀의 음행을 통제하고 노비로 격하시키는 제도로 기능했다.

22 재가가 가져오는 폐단은 자식의 성씨, 복상문제, 남자위주의 가계계승에 혼란을 주기 때문이었다. 남자의 재혼은 처를 잃은 지 3년 후에 할 수 있다.

23 이사벨라 비숍, 신복룡 역, 『조선과 그 이웃나라들』, 집문당, 2000 참조.

24 고구려에서는 남자가 혼인할 의사가 있는 여자의 집을 찾아가 부모에게 혼인을 청한다. 부모가 허락하면 그 날로 여자와 동침하고 뒷채에 집을 지어 머무르게 한다. 자녀가 10살 정도 될 때까지 친정살이를 하며 이후 분가하는 혼인제도이다.

25 칠거지악이란 (1) 처가 시부모를 잘 모시지 못한다, (2) 아들 못 낳는다, (3) 음란, (4) 질투, (5) 병, (6) 수다, (7) 도둑질의 일곱가지이다. 그러나 '삼불거三不去'라 하여 처가 쫓겨나면 들어갈 곳이 없을 때, 부모의 삼년상을 치렀을 때, 가난할 때 시집와서 부유하게 되었을 때는 쫓아내지 못하도록 했다.

26 이 부분의 기술은 홍순민, 『우리 궁궐이야기』, 청년사, 이강근, 『한국의 궁궐』, 대원사, 이강근, 『경복궁』, 대원사, 장순용, 『창덕궁』, 대원사, 주남철, 『비원』, 대원사, 김순일, 『덕수궁』, 대원사, 유홍준, 『나의 문화유산답사기』 등을 참조했다.

27 야나기 무네요시(柳宗悅)는 '民藝'(fork craft)라는 개념을 만든 학자이다. 전통시대의 예술은 지배자의 전유물이었는데 야나기는 대중 속에 사용되어 온 일상용품 속에서 역사적, 예술적 가치를 발견해내고 이를 널리 대중들에게 알렸다. 식민지 조선인들에게 조선의 도자기, 공예품을 바라보는 심미안을 처음으로 이야기하여 당시의 많은 이들이 조선을 발견하려는 새로운 시각을 얻게 되었다. 염상섭은 야나기의 조선 강연회의 통역으로 활동하기도 했으며 식민지시기 언론사는 야나기의 행보를 크게 보도했다. 그의 미적인 관점은 한국현대미술에도 일정하게 영향을 끼치고 있는 형편이다.

김희정, 「조선에서의 야나기 무네요시의 수용」, 『일어일문』, 한국일어일문학회, 2004, 참조.

28 원래 홍례문弘禮門이었으나 1867년 중건당시 '홍弘'자가 청나라 선대황제의 이름(諱)이어서 이를 피하여 '興禮門홍례문'으로 하였다.

전통생활문화

1

전통음식문화 다시보기

해방 이후 한국의 근대화는 전통의 부정 위에서 시작되었다. 그 과정에서 한국인은 한옥韓屋에 반대되는 양옥집에서, 양장을 하고, 나이프와 포크로 식사하는 풍경을 이상적인 삶의 모습으로 동경해 왔다. 1988년 서울에서 올림픽이 개최되던 당시, 프랑스의 여배우가 한국이 개고기를 먹는 야만의 나라라고 비난하는 바람에 서울시내 길가에는 개장국의 간판이 모두 철거되고 대신에 도로 안쪽에 사철탕이니 영양탕이니 하는 간판이 내걸린 일이 있었다. 이러한 풍경은 한국인의 의식 속에 한국의 음식문화에 대한 열등의식의 표출이 아니었을까?

전통음식에 대한 부정적인 인식의 출발을 우리는 구한말에 만날 수 있다. 구한말 조선을 다녀간 외국인들은 견문기에서 조선의 의식주생활의 야만성에 대해 종종 지적했다. 그리피스는 '차를 즐겨 마시는 중국과 일본에 위치하면서도 차가 발달하지 않았다'고 했으며 '잔치의 평가는 음식의 질에 있는 것이 아니라 그 양에 있다'(『은자의 나라 조선』)고 비꼬았다. 또한 된장을 먹는 것에 대해서는 곰팡이를 먹는 민족이라고 비아냥거렸다. 이러한 서구인의 인식은 서구문화를 추종해온 근 현대 속에서 어느새 우리 의식으로 탈바꿈하는 전도顚倒된 가치관을 발견하게 된다.

의식주 문화는 공동체의 민족적, 지리적, 기후적, 토산물, 경제적 조건을 기반으로 관습적으로 행해온 기호嗜好의 산물이며 공동체의 특성을 고스란히 반영하는 부분이다. 따라서 한국 문화의 역사를 조망하고자 할 때 빼놓을 수 없는 분야가 전통 의식주문화이다. 본 장에서는 위에서 언급한 근대의 외국인이 지적했던 내용들이 과연 타당한가라는 문제의식을 갖고 우리의 전통 음식문화를 되짚어보고자 한다.

1장醬에 대하여

한국인의 주식은 곡물이다. 한반도에서 벼농사의 시작은 기원전 10~15세기경인 신석기시대로 보고 있다. 대전 둔산 유적, 광주 신창동 유적에서는 팽이형 토기, 석검, 그물, 돌도끼의 파편, 각종 목제 농기구 등이 출토되어 농경이 거의 오늘날과 유사한 방법으로 이루어지고 있음을 보여준다. 한편 흥미로운 점은 시루가 발견되었다는 점인데 이전에 빗살무늬 토기에 끓여먹던 조리법에서 찌는 방식으로 조리법이 발달했음을 알 수 있다.(203쪽 사진 참조)

삼국시대 6세기 이후에는 소와 쟁기를 이용한 농경을 하게 되었다. 이 시기 중국의 사서에서 주목되는 기술은 『양서梁書』「제이전諸夷傳」에서 고구려가 장양藏釀을 잘한다는 설명이다. 장藏은 저장하는 것을 말하고 양釀은 술항아리를 의미하는 유酉와 속에 물질을 담는 뜻인 낭囊자가 합쳐진 글자이다. 술병 등의 용기에 원료를 넣어 발효시켜 술, 식초, 된장, 간장 등을 빚는 것을 말한다. 우리나라의 역사서에서 장醬에 대한 최초의 기록은 신라 신문왕이 김흠운의 딸을 부인으로 맞이하였을 때의 혼수품 중에 벼와 더불어 장과 메주가 포함되어 있는 내용이다. 장과 메주가 있었다면 당연히 간장도 있었을 것이다. 이를 추측케 하는 내용은 「약밥고사」에서 발견된다.

신라왕이 정월 보름에 천천정天泉亭에 거동하니 까마귀가 은으로 만든 함을 왕 앞에 물어다 놓았다. (중략) 왕이 까마귀의 은혜를 생각하여 해마다 이날에는 맛있는 밥을 만들어 까마귀를 먹였다. 찹쌀을 쪄서 밥을 짓고 곶감, 마른 밤, 대추, 마른 고사리, 오족용烏足茸(부들꽃)을 가늘게 썰어 맑은 물과 맑은 장醬을 섞어 다시 찐 다음 다시 잣과 호두열매를 넣어 만든다. 그 맛이 매우 좋아 이를 약밥이라 한다. 속언에는 "약밥은 까마귀가 일어나기 전에 먹어야 한다"고 한다.[1]

위의 내용을 통해서 간장을 이용한 조리법이 다양화한 일면을 엿볼 수 있다.

콩의 원산지는 우리나라와 만주이다. 한국인의 주식이 주로 곡물이라는 점을 감안할 때 콩 발효음식인 장은 한국인에게 단백질 공급원으로서 중요한 부식으로 자리해왔다. 최근 된장의 약리성이 항암효과에서 널리 인정받고 있다는 것은 이미 알려진 사실이다. 또한 콩 조리음식의 경우 발효시킨 된장이 가장 소화흡수율이 높다는 것도 이제 상식이 되어 있다. 한편 일본에서는 된장을 미소라고 하는데 고려 숙종 때(1096~1105년) 송나라 사람 손목의 『계림유사』를 보면 '고려에서는 장_醬을 밀조密祖(미소)라 한다'고 적고 있으며 『왜명유취초』에서도 고려장을 미소라고 지적하고 있는 것을 볼 때 고려의 장이 일본으로 건너갔음을 알 수 있다. 그러나 습기가 많은 기후조건상 발효를 위해서 일본의 장이 누룩을 많이 섞는데 비해 한국의 경우는 콩 자체만으로 장을 담근다. 기후의 차이가 낳은 결과이지만 이로 인해 약리성에서 한국의 장이 더 뛰어나다고 한다.

콩을 이용한 조리법은 장에 국한되지 않고 콩나물과 두부로도 이용되었다. 콩나물은 고려 고종(1214~1260년) 때의 『향약구급방』에 보인다. 고려말엽의 학자 이색(1328~1396년)의 시에도 두부를 예찬한 시가 남아 있다.

나물국 오랫동안 먹어 맛을 못 느껴 / 두부가 새로운 맛을 돋구어 주네 / 이 없는 이 먹기 좋고 / 늙은 몸 양생에 더없이 알맞다

고 했다. 조선시대 이익의 『성호사설』에도 '콩을 맷돌에 갈아 정액만 취해서 두부를 만들면 남은 찌꺼기도 얼마든지 많다. 끓여서 국을 만들면 맛이 먹음직하다'고 하여 두부와 비지를 함께 먹었음을

보여주며 '가난한 백성은 콩을 갈고 콩나물을 썰어 넣어 죽을 쑤어 먹는다'는 내용도 보인다. 삼국시대부터 고려, 조선을 거쳐 오늘날 에까지 한반도의 사람들의 음식문화를 지탱해온 콩은 곡물문화를 보완하는 놀라운 지혜라고 하지 않을 수 없다.

2 차茶에 대하여

　그리피스는 조선은 차가 발달한 중국과 일본의 사이에 있으면서 도 차가 발달하지 않았다고 꼬집었다. 확실히 한국인은 차를 그다 지 즐겨 마시지 않는다. 그 사연은 어떠할까?

　신라시대 최치원의 글에는 '오늘 중군사 유공초가 처분을 받들 어 전달하고 작설차를 보내왔습니다'라고 적고 있다. 작설차는 갓 나온 나무의 어린 싹을 따서 만든 것으로 차 중의 으뜸이다. 차에 대한 기록은 일찍이 김수로왕에게 시집온 허황옥이 혼수품으로 차 를 가져왔다는 데에서 그 유래의 오램을 찾아 볼 수 있다. 김수로 왕을 이어 즉위한 거등왕이 즉위 원년(199년)에 떡, 밥, 차, 과일을 갖추어 다례茶禮를 지냈다는 기록도 보인다. 한편 신라 경덕왕 때 충담사는 부처에게 차 공양을 하고 난 후 경덕왕에게 대접했다(경 덕왕 23년, 765년)는 기록도 차 문화의 흔적을 엿보여 준다.『삼국사 기』「신라본기」흥덕왕조에는 '흥덕왕 3년(828년) 당 사신 대렴大廉 이 차 종자를 가지고 왔다. 왕은 그것을 지리산에 심게 했다. 차는 선덕왕 때부터 있는 것인데 이때에 와서 아주 성해졌다'고 한다. 선덕왕宣德王은 신라 37대 왕으로 재위기간이 780년에서 785년까지이다. 8세기 말경에 신라에서는 차 문화가 번성했음을 엿볼 수 있다.

이기윤은 고려시대에 차를 소재로 한 시를 다음과 같이 소개하고 있다. 충렬왕(1274~1308년) 때 원감국사의 시 〈다선일미茶禪一味〉에는

경치가 아름다울 때면 서둘러 물 끓이고 친구 부르세/차 마시는 일도 선禪 아닐 것 없으니, 선에 있어 격식은 초월하는 법……"

라고 노래했다. 정몽주 또한

보국報國 능력 없는 서생이 / 차 마시는 버릇에 세정世情을 잊는다 / 눈바람 세찬 밤 서재에 홀로 누워 즐기나니 / 돌솥에서 들려오네, 솔바람소리 / 찻물이 끓기 시작하니 / 풍로의 불도 한껏 타오르네 / 감坎 리離는 하늘과 땅의 작용 / 그 뜻 끝없음, 비로소 깨닫는다

라 했다.2 이처럼 고려시대 때 차는 승려와 유학자들이 즐겨 마신 음료였음을 알 수 있다.

차 문화는 원래 불교와 인연이 깊다. 선종禪宗에서는 참선수행을 중시하기 때문에 수행승들은 졸음과 씨름해야 했는데 차에는 카페인이 들어있어서 각성효과가 있었으므로 승려들이 즐겨 마셨던 것이다. 이러한 점을 생각하면 이기윤이 지적한 것처럼 조선시대에는 불교나 도교를 이단시했기 때문에 차 문화가 발달하지 않았다는 것도 타당하게 보인다. 그런데 이기윤은 주자도 차를 가까이 했

는데 조선 유학자가 차를 멀리한 것은 알 수 없다고 하여 그 이유를 설명하지 못하고 있다. 이귀례는 차 생활의 쇠퇴의 가장 큰 이유에 대해 임진왜란 이후 국가와 사원, 백성의 살림이 어려워져 차를 계속 마실 수 없게 되었다고 지적한다.[3] 그런데 임진왜란 이후 영·정조시대(1725~1800년)를 조선 문화의 르네상스기라고 비유하고 경제적으로도 안정기였다는 연구를 고려하면[4] 선뜻 수긍이 가지 않는다. 과연 그 이유는 어떻게 이해할 수 있을까? 여기에서 중국과 일본의 차 문화를 조선의 경우와 비교해 보자.

차의 원산지는 중국 운남성雲南省이다. 김수로왕의 배필 허황옥이 운남성에서 한반도로 건너왔다는 김병모의 지적을 상기하자. 중국은 일찍이 감로甘露전설, 신농神農전설, 달마전설 같은 차의 전설이 전해지며 다도가 정립된 것은 당나라시대이다. 육우陸羽는 현종玄宗 개원開元연간(713~741년)의 인물인데 『다경茶經』을 지어 이후 조선과 일본의 다도에도 큰 영향을 끼쳤다. 당나라 때 차는 이미 민간에 널리 퍼졌는데 육우는 이를 상류층의 차 문화로서 정립시켰다.

일본의 경우는 805년 승려 최징最澄이, 806년에는 승려 공해空海가 당나라에서 차를 가져왔다고 전한다. 이후 300년간 차에 대한 기록은 보이지 않다가 1191년 영서선사榮西禪師가 송宋나라 절강성浙江省에서 다茶나무의 씨를 가져와 현재 일본의 우지차宇治茶(분말차)의 기반을 만들었다. 그 후 일본의 차는 불교의 종파인 선종禪宗과 연결되어 다도茶道라는 문화를 형성시켰다. 지금과 같이 녹차가 일상다반日常茶飯의 음료가 된 것은 에도시대(江戸時代 1600~1867년)부터이다. 중국中国 명明나라 때 1654년에 중국남부 복건성福建省의

은원선사隱元禪師가 일본에 와서 차 잎에 뜨거운 물을 직접 부어서 마시는 방식을 소개하여 이로부터 일본인의 차를 마시는 법이 정착했다고 한다. 에도시대 말기부터 현재와 같은 차가 제조되었다.[5] 이처럼 중국이나 일본에서는 차가 널리 발달했다.

그런데 조선시대에는 왜 차 문화가 쇠퇴한 것일까? 앞에서 콩 문화의 지속과 차 문화의 쇠퇴는 대조적이다. 차 문화가 쇠퇴한 것은 조선시대의 사람들에게 차의 필요성이 반감했기 때문은 아닐까? 필자의 생각으로는 각 나라에서의 차 문화의 쇠퇴와 지속은 각각의 음식문화 뿐 아니라 주거문화와도 밀접히 관련 있다고 생각한다.

중국은 알려진 대로 음식이 기름져서 차를 통해 이를 씻고자 하는 식습관이 정착했다. 또한 일본의 경우는 음식은 담백해서 중국과 같은 이유로 차가 필요하지는 않았다. 일본의 경우는 주거문화에 그 요인이 있다고 생각한다. 즉 일본의 주택사정은 구한말 주한 미국공사를 지낸 알렌이 지적한 대로 사람에게 해로우리만치 춥다.(이에 대해서는 207쪽을 참조) 일본에서 유학한 경험이 있는 필자로서는 이 점을 뼈저리게 체험한 바 있는데 도쿄의 경우 한국의 서울보다 훨씬 외기는 따뜻하다. 그런데 집안에 난방장치는 고다츠(책상 밑에 전기 열판을 붙인 난방기구)가 전부이다. 그래서 한국에서는 차를 마시지 않던 필자도 아침에 일어나면 일본인처럼 우선 뜨거운 차를 마시게 되었다. 추위 때문이다. 일본인이 목욕을 자주하는 것도 주거문화와 관련 있다고 보인다. 일본인은 대개 저녁에 퇴근을 하면서 목욕탕에 들러 귀가한다. 목욕을 통해 보온된 몸으로 아침까지 자기 위해서이다. 이러한 생활문화는 일본인에게 이제 익숙해져 있지만 외국인, 특히 온돌문화에 길들여진 한국인에게는 매우 힘든 일이었다.

　바로 이러한 점에서 거꾸로 조선시대에 차 문화가 쇠퇴한 이유를 발견할 수 있다. 첫째, 바로 온돌의 보급 때문이다. 온돌은 고구려의 쪽구들에서 기원한 돌을 덥혀서 난방하는 방식이다. 애당초는 서민층의 난방방식이었고 귀족들은 침상생활을 했었다. 그런데 조선시대에는 양반주택, 궁궐에도 난방방식으로 온돌이 채용된다. 제주도까지 온돌방식이 전파되는 것은 17세기이다. 온돌의 보급, 즉 따뜻한 온돌방에서 덥혀진 몸은 생리상 더운 차를 찾지 않게 마련이다. 오히려 한 겨울에도 시원한 동치미나 식혜를 찾는 것이 한국의 음료문화가 아닌가? 두 번째 이유는 물에 있다. 구한말 이사벨라 비숍은 우물에서 물을 길어 집으로 돌아가는 아낙을 쫓아갔다. 그녀가 궁금했던 것은 아무데서나 방뇨를 하기 때문에 우물물도 오염이 되었음직한 데 조선인들이 배탈이 나지 않는 이유가 궁금해서였다. 집으로 돌아간 아낙이 물을 항아리에 붓는 것을 보았는데 거기에는 숯이 떠있었다는 이야기이다. 또한 전통 항아리는 숨을 쉰다. 따라서 물에 산소를 공급해주기도 했을 것이므로 어느 정도 위생을 지킬 수 있었다고 보인다.

　이처럼 생활문화는 '필요성'과 밀접히 관련 있다. 필요하면 남고 필요하지 않으면 도태된다. 또한 민중 속에서 선호하는 삶의 방식이 형성되면 좀처럼 변화하지 않는다. 조선에서 차가 발달하지 않은 이유는 차를 즐겨야 하는 필요가 민중 속에서는 그다지 발견되지 않았기 때문이지 구한말 외국인이 지적했던 것처럼 문화의 미성숙 때문은 아니다.

3 김치와 개장국, 대식습관에 대하여

김치에 대하여

한편 오늘날 우리가 즐겨 먹는 김치가 붉어진 것은 임진왜란 이후이다. 그 이전까지의 김치는 야채의 소금 절임 형태였다. 임진왜란 당시 일본을 통해 고추가 전래되어 들어왔다. 사실 고추는 멕시코가 원산지인데 근세 초기 후추를 찾아 항해에 나선 유럽인들이 아메리카 대륙에 도착하여 멕시코에서 후추 대신에 가져간 것이 고추였다. 그러나 이는 유럽의 육식문화에 그다지 효용성이 없었다. 유럽인들에게 필요한 것은 육류의 부패와 냄새를 방지해 줄 후추였다. 이후 고추는 포르투갈 상인을 통해 일본에 전래되었는데 일본의 고추는 너무 매워서 사람들에게 환영받지 못했다. 일본에서 조선에 들어온 초기의 고추도 처음에는 너무 매워서 이를 먹고 죽은 사람이 있을 정도였다고 한다. 이러한 고추가 한국의 토양과 만나 생육을 거듭하면서 단맛이 도는 매운 고추로 거듭났고, 이것이 젓갈과 함께 김치에 들어가게 되면서 18세기 이후 김치혁명이 일어나게 된 것이다. 그 뿐 아니라 한국의 반찬을 생각할 때 고추는 중요한 식자재로 자리 잡았다. 고추장이 만들어지면서 장의 가짓수가 늘었다. 이후 한국의 반찬은 붉은 반찬 투성이가 되었다. 유럽이나 일본에서 환영받지 못한 고추가 한국에서는 음식문화의 중요한 부분을 차지하게 되는 사정을 볼 때 문화의 전파와 뿌리내림과 변용, 토착화의 과정을 한눈에 볼 수 있는데 임진왜란은 조선에게 살육과 황폐함과 일본인에 대한 증오로 기록되었으나 다른 한편으로는 고추가 전래되어 한국인의 먹을거리의 일대 혁명을 가져오게도 했던 것이다. 모든 사물에는 양면이 있음을 이 예를 통해서 확인할 수 있지 않을까?

개장국에 대하여

조선의 개고기를 먹는 풍습은 어디서 유래한 것일까? 고려시대까지 불교문화의 영향이 강했기 때문에 육식문화는 그다지 발달하지 않았다. 송나라 서긍이 지은 『고려도경』에는 고려 사람의 고기요리의 미숙함을 다음과 같이 지적하고 있다.

고려에는 양羊과 돼지가 있지만 왕王, 공公이나 귀인이 아니면 먹을 수 없으며 가난한 백성들은 해산물을 많이 먹는다.

동방 이족夷族의 정치는 매우 인자하여 불교를 좋아하여 살생殺生을 피하기 때문에 국왕, 재상, 대신들이 아니면 양과 돼지고기를 먹지 못한다. 고기요리를 즐기지 않으나 다만 사신이 이르면 전부터 길렀던 가축 중에 잡을 만한 때가 된 것을 잡는다. 잡을 때는 네 발을 묶어 잘 타는 불 속에 던져 숨이 끊어지고 털이 다 타면 꺼내어 물로 씻는다. 만약에 다시 살아나면 몽둥이로 때려 죽인 후에 배를 갈라 내장과 밥통을 모두 발라내고 똥과 더러운 것을 물로 씻어낸다. 비록 국을 끓이거나 구이를 만들더라도 고약한 냄새가 없어지지 아니하니 고기요리의 미숙함이 이와 같다.[6]

고려 말에 원나라의 간섭을 받으면서 몇 가지 음식문화가 원나라로부터 전래되었다. 설렁탕, 순대 등이 그것인데 이는 가축을 잘 도살해야 가능한 일이었다. 몽고인은 도살에 능하다. 그들은 양을

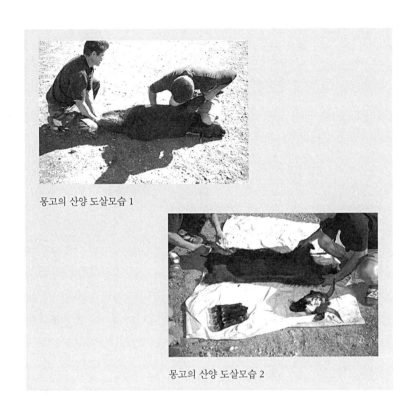

몽고의 산양 도살모습 1

몽고의 산양 도살모습 2

잡을 때 먼저 양의 목 부분을 절개하여 동맥을 끊고 피를 제거하기 때문에 거의 피를 튀기지 않고 양을 해체한다.(사진 참조) 그러한 기술이 조선에도 수용되면서 육식문화가 점차 확대되었다. 그러나 농경을 주업으로 삼는 조선에서 육식의 가짓수는 그리 많지 않았다. 더구나 소는 농사에 중요한 노동력이었으므로 함부로 잡아먹을 수 없었다. 양반가에서도 명절이나 제사 등 특별한 날에만 먹을 수 있었다.

  돼지는 '잘 먹어야 본전'이라는 속담이 있듯이 먹고 탈이 나는 경우가 많았던 것 같다. 조선인이 돼지고기를 기피하는 정서에 대

해 실학자 박제가는

소의 도살을 금한 다음에야 백성들이 다른 가축을 키우기에 힘을 기울일 것이고 그러면 돼지와 양이 번식할 것이다. (중략) 어떤 사람은 돼지고기나 양고기가 우리나라 사람의 식성에 맞지 않으므로 질병이 생길까 염려하기 때문이라고 말하기도 한다. 이것 역시 그렇지 않다. 음식은 자꾸 먹어 버릇하면 습관에 의해 먹을 수가 있다. 그런 식이라면 중국 사람들이 돼지고기나 양고기를 먹으므로 전부 병이 들어야하지 않는가?

라고 개탄한 바도 있다.7 그러나 조선 후기에도 돼지보다는 소를 더욱 선호하는 음식문화가 뿌리내렸다.

한편 닭은 어떠할까? 지금은 계란이 흔하지만 예전에 계란은 특별한 음식이었다. 닭도 함부로 먹을 수 없는 육류였다. 이러한 사정 속에서 개고기 식용은 민중 속에서 조선의 식문화로 자리 잡은 것 같다. 그러나 개장국도 아무 때나 먹을 수 있는 음식은 아니었고 특별한 음식이었다.

조선시대 양반가의 대표적인 요리서인 『음식디미방』에도 개장국 조리법이 자세히 적혀있다. 『음식디미방』은 안동 권씨 안주인이 특별한 음식에 대하여 그 조리법을 후대에 전승하고자 적은 요리책인 것을 감안할 때 개장국은 양반가에서도 별식이었다. 홍석모의 『동국세시기』에는

개를 삶아 파를 넣고 푹 끓인 것인데 닭이나 죽순을 넣으면 더욱 좋다. 개 국에 후춧가루를 타고 밥을 말아서 시절음식으로 먹었다.

고 하는 것처럼 개장국은 시절음식으로서 삼복三伏에 먹는다.

이수광의『지봉유설』에는

복伏이란 음기가 장차 일어나고자 하나 남은 양기로 압박당하여 상승하지
못해서 음기가 엎드려 있는 날이라는 뜻으로 '복일'이라고 이름 했다.

고 적고 있다. 복날에는 일만 귀신이 횡행한다고 하여 날이 다하도
록 문을 닫고 드나들지 못하게 했다. 절기상으로 힘든 농경이 일단
락하고 백성들이 매우 지쳐있을 시절이다. 오행에서 보면 여름은
火이며 가을은 금金이다. 화와 금은 상극관계에 있다. 오행이 '목토
수화금'의 순서로 있으면 서로 등을 돌리어 결국 살육이 일어난다
고 한다.8 상생의 순서는 '목화토금수'이다. 개(戌)는 매우 양성한
양토陽土에 속한다. 따라서 여름과 가을의 부조화 때문에 복날에
개고기를 먹어서 양토의 기운을 활성화시켜 조화롭게 가을을 맞이
하고자 했다.9 한국은 복날에 양토인 개를 먹고 일본은 흙(土)에서
나오는 장어를 먹는다. 일본도 이 날을 '토용의 날(土用の日)'이라
고 한다. 음양오행설의 영향으로 양국의 양기를 보충하려는 의도
는 같은데 나라에 따라 먹을거리가 다르게 형성되었을 뿐이다.

대식 습관에 대하여

동아시아 삼국의 식습관에 대해 '중국 사람은 맛으로 먹고, 일본
사람은 눈으로 먹고 조선 사람은 배로 먹는다'는 말이 있다. 서긍
의『고려도경』에도 고려인은 많이 먹는 것만 좋아하는 듯 자꾸 권

했다는 기술이 있다. 그리피스의 『은자의 나라 조선』에서

　　어머니들은 아이를 무릎 위에 앉히고 총구에 마개를 쑤셔 넣듯이 밥을 먹
인 다음 나뭇가지나 국자로 가끔씩 아이의 배를 톡톡 때려서 꽉 차있는가를
알아본 다음 아이가 신체적으로 더 이상 삼킬 수 없을 경우가 되어야 그만 먹
인다.10

고 지적했다. 또한 여인들이 고봉밥에 김치 한 가지를 놓고 밥을
먹는 그림이 흥미를 끄는데 한국인이 대식가였던 것은 사실이다.
한국인은 왜 그렇게 밥을 많이 먹었을까? 그 이유는 한국은 벼농사
의 북방한계선으로서 충분한 양의 벼가 생산되지 않았다는 점에서
찾을 수 있다. 하얀 쌀밥은 제사 때나 먹을 수 있었으며 일상의 식
생활은 잡곡으로 메워졌다. 더구나 에너지원은 오로지 곡물에 의
존했으므로 많은 양을 먹을 수밖에 없었다. 오늘날의 적은 밥그릇

밥을 먹는 여인들

과 현대인의 다양한 음식문화를 생각하면 수긍이 가는 일이다.

▶ 정리하는 말

한국의 전통음식을 살펴보면, 오랜 역사과정 속에서 도태된 것과 계승 발전되어 온 것, 또한 외부에서 유입되어 정착된 것 등이 있다. 이를 보면 단일국가의 고립된 역사란 애당초 있을 수 없으며 아무리 고립된 정치체제와 세계관을 갖고 있다고 하더라도 편리함과 필요성을 쫓아서 음식문화는 세계를 무대로 끊임없이 상호교류하며 순환한다는 사실을 느끼게 된다. 흥미로운 사실은 어떤 토양에서는 환영받지 못한 작물이 다른 토양에서는 뿌리내리고 비약적으로 확대되기도 한다는 점이다. 고추의 조선 전래는 그 단적인 예가 될 것이다. 그러한 점이 바로 개별 문화권의 문화적 고유성을 형성하는 내용이 되는데 한국의 음식문화의 특징을 몇 가지 열거해 보자.

첫째, 수저문화로서 국물음식이 많다. 중국과 일본은 젓가락 문화이다. 중국인은 국물을 먹을 때만 숟가락을 사용하며 일본인은 국물도 마셔버리는데 비해 한국인은 숟가락과 젓가락을 같이 사용한다. 국물음식이 많기 때문이다.

둘째, 발효문화이다. 장醬과 김치, 술, 음료, 젓갈 등 보존음식이 발달했다. 여름과 겨울이 긴 한국에서 제 철에 생산된 농산물이나 어류 등을 이용하여 보존음식을 만듦으로서 여름에 음식의 부패를 방지함과 아울러 겨울에는 부족한 영양소를 채울 수 있었다.

셋째, 맛의 조화미를 추구한 조리법이 발달했다. 재료와 양념의 복합적인 맛이 발달했다.

넷째, 단일재료의 다양한 이용으로 다양한 반찬 가짓수를 창조했다. 예를 들면 콩으로 만드는 여러 음식에는 장, 음료, 두부, 콩나물, 콩장 등의 반찬, 쌀로 만드는 음식으로는 밥, 떡, 술, 음료가 있으며 육류의 완전소비는 세계적으로 정평이 나 있을 정도이다.

다섯째, 다양한 조리법이 발달했다. 이와 같이 중국과 일본 사이에 있으면서도 한국의 전통음식은 이들과 다른 특성을 갖추며 계승되어 왔다. 한국의 전통음식은 한국인 존재의 기반이며 한국문화의 성격을 그 어느 분야보다도 사실적으로 드러내는 부분이라고 할 것이다.

한국의 옛집에 대해 그리피스나 까를로 로제티는 조선의 건축은 원시적인 상태에 있으며 민족의 독창성을 나타내지 못하고 중국의 진부한 주제를 그대로 모방한 것이 전부라고 지적하고 있다.[11] 한편 조선이 흰옷을 즐겨 입는 이유는 '한이 많아서라던가, 염료가 발달하지 않아서'라는 지적도 종종 접하는 이야기이다.

과연 고층건물이 아닌 키가 작은 집을 지어야 했던 것이 건축기술의 미발달 때문일까? 그리고 우리 전통건축은 단지 중국을 모방한 것에 불과한 것이었을까? 조선인은 한이 많아서 흰옷을 입었을까?

한 지역에서 오랫동안 생명력을 유지해 온 문화양식은 반드시 그 존재이유가 있다. 한국이 목조건축이 많다거나 흰옷을 즐겨 입은 것도 마찬가지이다. 또한 양식의 외형 뿐 아니라 내면세계를 이해하는 것 또한 문화 이해의 중요한 측면이기도 하다. 그 문화를 이해하려고 하기보다 서구적 가치의식 하에 한국의 전통문화를 재단하는 것은 우리 안에 내재한 오리엔탈리즘의 표현이지 않을까?

본 장에서는 한국의 옛 집과 옛 옷의 가치를 재발견해 보고자 한다.

1 옛 집의 변천[12]

세계 각국의 건축물은 각 지역의 자연환경과 인문환경에 의해 소재와 방식이 정해진다. 우선 자연환경을 살펴보면 아주 추운 지방에는 내한구조의 집을 짓고 덥고 습한 지역에서는 통풍이 잘되고 내서적인 건축을 짓는다. 한국의 경우 겨울이 추워 출입구나 창문이 작고 천정이 낮은 집을 짓는다면 일본의 경우는 습기와 잦은 지진으로 나무판자로 벽체를, 짚으로 엮어 만든 다다미나 마루를 바닥재로 채용하는 것도 그 하나의 예이다.

집을 짓는 재료로서는 목조, 석조, 혹은 목재나 석재가 귀한 곳에서는 흙 등이 사용된다. 한반도는 온대이면서도 기온의 연교차가 심한 지역으로 목재 공급에 불리하다. 이로 인해 한국은 목조건축을 기본으로 하되 돌과 흙을 보조 건축 재료로 이용하는 방법이 발달되었다.

한반도의 인문환경이 건축에 미친 영향을 어떠할까? 첫째, 벼농사를 기반으로 하고 있다는 것이다. 소재에서 볏짚의 사용, 농기구 보관이나 손질을 위한 작업공간의 확보, 넓은 마당, 외양간, 창고 등을 보면 농경의 편리함을 도모할 수 있는 공간배치가 이루어졌음을 알 수 있다. 둘째, 중국 한漢문화의 영향이다. 기단과 주춧돌 위에 목조건물을 짓는 양식이나 기와의 사용은 중국에서 도입되었다. 셋째, 풍수지리설이나, 불교, 유교의 영향도 크게 나타나고 있는데 이러한 요인은 한국의 전통건축의 고유한 개성을 드러내는 중요한 요소로 작용했다.

　삼국시대의 건축은 불교의 영향이 강했으며 삼국 중 건축술이 가장 발달하였던 나라는 고구려이다. 당시 삼국은 고구려 척尺을 사용하였다. 신라에는 귀족의 기와집과 서민의 초가집이 확연히 구분되었고 금으로 도금한 금입택이 서라벌에 39개가 있었다고 한

황해도 안악 3호분(4세기경)
고구려 기와집과 시루의 모습

신라의 기와집 모양의
골함

다. 고구려 주택에 대해서는 '그 거처하는 곳은 반드시 산이나 계
곡에 의지하였고 풀로써 집을 덮었는데 오직 불교사원과 신묘神廟,
왕궁, 관청에만 기와를 사용하였다'고 전한다. 『구당서』와 『신당
서』 동이전(백제조)에는 백제의 살림집은 고구려의 풍습과 같다고
한 점에서 볼 때 삼국이 모두 비슷했던 것 같다. 백제에는 기와를
전문으로 다루는 '와박사瓦博士'가 있었다. 통일신라시대에는 기와
집이 보다 많아졌던 것 같다. 통일신라 헌강왕 때는 '민간에서는
기와로 지붕을 덮고 숯으로 밥을 짓는다'(『삼국사기』 신라본기 헌강
왕 6년)는 지적도 보인다.

흥미로운 점은 고구려 사람들은 '가난한 사람들이 겨울을 보내기
위하여 장갱長坑을 만들어 따뜻하게 난방한다'(『신당서』, 『구당서』)
는 내용이다. 이는 바로 온돌의 기원을 알 수 있는 내용인데 중국 국
내성 터 발굴을 통해 구들자리가 확인된 바 있다.

고려의 주거 문화를 살펴볼 수 있는 직접적 자료는 남한에서는
귀하다. 현존하는 건물로는 안동의 봉정사 극락전, 영주의 부석사

고려 청자기와

무량수전 능의 절 건물이나. 나반『고려도경』에는 왕족과 상류층
은 주로 중국풍의 의자, 침상 등을 사용하였고 일반 서민은 구들바
닥에서 생활했다고 한다.『고려사(권85)』에는 최승로의 상소에 '호
족들이 다투어 큰 집을 짓고 법을 문란케 하여 백성들에게 큰 폐를
준다'고 단속할 것을 주청한 점에서 볼 때 귀족의 주택이 사치스러
웠던 것 같다. 위의 사진은 고려의 청자기와이다. 기와를 청자로
구울 정도이니 그 화려한 주택의 모습을 짐작할 수 있다. 고려시대
때에는 한국목조 건축양식의 주류인 주심포와 다포양식이 정착되
었다.

조선시대에는 성리학적 윤리가 강조되어 국가에 종묘宗廟가 있
듯이 양반가에는 가묘家廟를 두도록 권장했다. 주택은 검소하고 실
용적인 구조를 중시했으며 풍수지리에 입각한 택지 선정이 보편화
되었다. 특히 엄격한 내외법에 의해 여성이 거주하는 안채와 남성
이 거주하는 사랑채가 분리된 구조가 일반적이었다. 특히 안채는
직계존비속 이외의 남자는 출입할 수 없도록 하기 위해 중문이 설
치되었으며 문 안쪽에는 〈내외담〉이라는 칸막이가 하나 더 설치되
어 외부인의 접근과 엿보기를 엄격하게 차단했다. 내외의 구별은
변소의 경우도 예외는 아니다. 여성전용의 내측內厠과 남성전용의
외측外厠을 두었고, 또 외측에는 주인과 손님이 쓰는 변소와 머슴이

추사고택
왼편이 안채, 중문
이 있다. 오른편의
개방형 건물이 사
랑채. 솟을 대문은
사랑채의 오른쪽
에 위치한다.

추사 김정희 고택의 솟을대문

초헌을 탄 관리

쓰는 변소를 따로 두었다.

양반집의 상징은 단연 솟을 대문이다. 솟을 대문이란 대문의 지붕을 행랑지붕보다 높인 것인데 당상관 이상이 탈 수 있는 초헌(외바퀴수레)을 탄 채로 집안으로 들어갈 수 있도록 하기 위해 높은 대문을 만든 것인데 후대로 가면서 양반가의 상징으로 자리 잡았다.

2 옛 집의 새로운 발견

온돌

구한말 조선에 대해 외국인의 시선이 대부분 부정적이었던 것과는 달리, 극찬을 받은 부분이 바로 온돌이다. 구한말 주한미국공사를 역임한 알렌은 다음과 같이 온돌에 대해 쓰고 있다.

소작인이나 품팔이 노동자의 오막살이는 비록 누추하다 할지라도 단단하고 작은 침실을 가지고 있다. 짙은 갈색 유지油紙로 덮인 구들과 시멘트 방바닥은 하루에 두 번 밥을 짓기 위해 때는 불만으로도 매우 따뜻하다. 조선 사람들은 이 점에 있어서는 이웃나라 사람들보다 더 훌륭하다. 왜냐하면 일본의 가옥은 해로울 정도로 춥고 화로가 손을 쬐는 유일한 재래식 난방장치일 뿐이며, 그 반면에 중국인들은 혹한에도 결코 따뜻함을 모르기 때문이다. 그들은 북부지방에서 하는 식의 불에 달군 돌 이외에는 집을 따뜻하게 하는 방법이 없다.[13]

위에서 언급한 온돌의 기원은 고구려의 쪽구들이다. 온돌의 방식은 바닥에 구들돌을 깔고 그 밑에 연도를 두어 아궁이에서 땔감을 태워 얻어진 열기가 바닥 밑을 지나가면서 구들장을 데워 바닥을 따뜻하게 하는 난방법이다. 고구려 때는 방안에 아궁이가 설치되어 있었으며 방의 일부분에만 구들돌을 설치했기 때문에 전구들이 아닌 쪽구들이었다. 이는 서민의 난방방식으로 알려져 있으며 고려 때까지 귀족은 중국식 침상생활을 했다. 그러던 것이 조선시대에는 궁궐에도 온돌이 채택되는 등 전 계층에 온돌방식이 확대된다. 제주도에까지 전파되는 것은 17세기경으로 알려져 있다. 오늘날 궁궐에 가서 온돌장치를 만나게 되면 그것이 천오백여 년의 세월을 거쳐 북에서 남으로, 서민에서 귀족으로 전파된 문화의 결과물임을, 또한 '필요가 생명력을 낳는다'는 문화의 힘과 역사성을 느낄 수 있을 것이다.

황토

흙은 한국 옛집의 절대적인 요소이다. 흙을 이겨 방의 바닥에 깔고 천장을 이고 벽을 쳤다. 그것은 원시적인 주거형태가 아니라 나름대로 경험에서 나온 지혜의 산물이다. 흙은 먼저 단열과 보온에 탁월하다. 둘째, 통풍과 습도조절이 뛰어나다. 흙은 여름철의 습기를 흡수했다가 건조한 계절에 뿜어내준다. 또 흙 미립자 틈 속으로 통풍이 이루어진다. 한서의 차가 큰 한국의 풍토에서 흙은 여름은 시원하게 겨울은 따뜻하게 하는 이상적인 건축자재였다. 더구나 최근에는 황토에 대한 약리성이 밝혀지면서 더욱 주목을 받고 있다. 황토 속에는 약 2억 마리의 미생물이 들어있다고 한다. 이는 유기물을 분해하는 역할을 한다. 그 중 특히 주목받는 성분은 흙 속의 효소인 카탈라아제와 프로테아제이다. 전자는 독소를 제공하는 과산화수소를 제거하는 역할을 해서 노화 방지에 효과적이며 후자는 흙 속을 정화시키는 역할을 한다고 한다.[14] 민간요법에서 곪은 상처나 체내의 독소 해독을 위해 황토를 활용하는 것은 이와 같은 근거가 있었던 것이다.

고려 때 이규보가 쓴『동국이상국집』에는 이상국의 아들이 집 후원에 흙집을 지어 겨울철 화초보호와 아녀자의 길쌈 장소로 사용했다고 한다. 또한 조선시대 홍만선의『산림경제』에는 '소똥에 피가 섞여 나올 때는 부엌 한복판의 황토 두 냥을 술 한 되에 타서 끓여 식힌 후 먹인다'고 했다. 궁궐에도 황토 집을 지어 정양 장소로 이용했다. 또한 흙에는 짚을 섞어서 시공하는데 이것도 중요한 역할이 있었다. 즉 흙과 짚이 서로 엉겨 흡착력을 크게 함과 동시에 짚에 있는 균은 습기와 일산화탄소를 흡수하는데 이로 인해 곰팡이가 방지되었다. 짚은 이외에도 김장을 하고 난 뒤 독에 띠를 두르기도 하고 메주를 띄울 때 짚으로 매놓기도 한다. 이는 발효 촉진작용과 잡균의 접근을 막는 기능이 있었기 때문이다. 짚신 또한 지푸라기의 균이 일산화탄소를 흡수하여 발을 쾌적하게 유지하는데 효과가 있었다.

이처럼 흙과 짚을 이용한 집은 소재가 견고하지 못해서 높은 건물을 지을 수 없었으나 한국의 기후와 풍토에 맞는 소재로서 유용하게 사용되어 왔음을 알 수 있다.

기와의 문양

　기와는 중국 한시대의 기와제작법이 낙랑군에 전파되어 한반도 지역에 전파되었다. 기와를 만드는 과정은 먼저, 다진 흙을 얇은 판자 모양으로 떼어서 원통형의 틀에 넣어 모양을 잡은 다음 틀에 서 꺼낸다. 그 후 아래, 위를 번갈아 뒤집으며 말린 다음 1,100도 정도의 가마에 구워내어 완성된다. 기와의 종류는 암키와와 수키 와가 있다. 암키와는 넓적한 면이 있는 기와이고 수키와는 암키와 와 암키와를 연결해주고 빗물이 새어 들어가지 않도록 덮어주는 기와이다. 처마 부근에는 빗물이 집안으로 들어가지 않도록 드림 새를 만든 기와를 얹는데 이를 막새기와라고 한다. 암키와에 드림 새를 만들면 암막새기와이며 수키와에 드림새를 만들면 수막새기 와라 부른다. 아래의 사진은 고구려와 신라의 연꽃무늬 수막새기

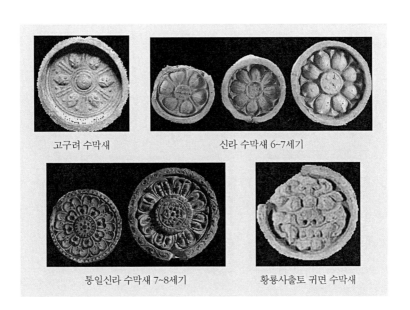

고구려 수막새　　　　　　　신라 수막새 6~7세기

통일신라 수막새 7~8세기　　　황룡사출토 귀면 수막새

영묘사 출토 수막새, 신라 7세기   녹유귀면와

와이다. 대체로 비슷한 모양임을 알 수 있는데 통일신라시대가 되
면 보다 화려한 문양으로 발달한 모습을 볼 수 있다. 경주 영묘사
터에서 발견된 수막새기와는 사람 얼굴문양이다. 아마 절에서 발
굴된 기와이므로 부처나, 보살을 상상하고 그린 그림일 것이다. 표
정을 보면 온화함과 자애로움이 묻어난다. 신라인의 낙천성을 느
끼게 한다.

　한편 귀면와鬼面瓦란 어떤 모습을 형상화한 것일까? 혹시 도깨비
로 보이는가? 삼국시대의 기와는 사찰건축과 더불어 발달했기 때
문에 문양으로는 불교관련 문양이 일반적이다. 이 문양에 대해서
는 박물관의 도록 설명에도 도깨비로 설명되어 있다. 그러나 도깨
비로 보는 관점에는 도깨비에 대한 잘못된 상식이 가로놓여있기
때문인 것 같다.[15] 이 문양의 정체는 '키르티무카'이다. 허균의 설
명에 의하면 키르티무카는 영광의 얼굴이라는 뜻으로 뿔이 달리고
사자머리를 한 괴물이다. 사원을 지키는 수문장으로서 원래는 힌
두교의 설화에서 유래하나 불교에 흡수된 신이라고 한다.[16] 사찰의

나쁜 것을 쫓는 벽사辟邪의 역할을 하는 존재이다. 오늘날 사찰에서도 자주 발견되는 문양이다. 흥미로운 점은 조선시대에도 이것이 벽사의 문양으로 채용되어 전승되었다는 것인데 창덕궁 금천교 아래에도 이 문양이 보이며, 무덤의 상석에도 사용되고 있다. 고려와 조선이 불교에서 유교로 사상은 바뀌었으나 상징성은 그대로 남아 후대로 전승되었던 것이다. 바로 필요가 생명력을 낳는다는 문화의 힘을 되새기게 하는 부분이다.

꽃담

한국의 옛집의 담장은 야트막하다. 담은 나와 남을 가르는 표지이다. 한국의 옛집의 담장은 비교적 낮아서 널을 뛰면 바깥이 보일 정도이다. 궁궐의 외벽에 이어진 담장은 높지만 궁궐 내부의 각 전각을 가르는 담장도 낮다. 그 담장에도 갖가지 문양을 새겨 넣었다. 한국인만큼 상징성을 좋아하는 민족도 드물 것 같다. 아래 사진은 경복궁 자경전의 꽃담이다. 꽃담에는 십장생, 부귀문양, 卍문

경복궁 자경전 꽃담　　　　　　경복궁 자경전 꽃담 굴뚝

양, 즐거울 락樂, 굳셀 강强 등의 상서로운 글자를 새겨 넣어 현세에서의 복을 구하였다. 자경전 꽃담굴뚝은 담장 위로 연도가 보인다. 담장과 굴뚝의 기능을 겸하도록 하면서 역시 십장생, 복을 상징하는 박쥐 문양 등이 새겨져 있다. 이러한 꽃담의 모습은 중국이나 일본에서는 발견되지 않는다. 한국의 옛집은 다층구조로 소박하게 보이지만 꽃담이나, 단청, 겉으로 드러나는 골조 구조로 인해 다양한 얼굴과 화려함을 간직하고 있다.

한편 사찰의 담장은 궁궐의 담장과는 풍취가 다르다. 아래 사진은 합천 해인사의 담장이다. 왼쪽 사진은 둥글고 납작한 돌을 일렬로 배치하고 모양이 각각인 돌을 점점이 박았다. 둥근 돌의 일렬 배치는 일월日月을 의미한다. 혹은 불법의 완전함을 원으로 묘사하기 때문에 불법을 의미할지도 모르겠다. 모양이 각각인 돌은 성신星辰을 의미하는 것 같다. 일월성신은 우주운행의 법칙을 사람들에게 보여주는 표지이다. 또한 불법을 중심으로 모여드는 중생을 의미할 수도 있을 것이다. 오른쪽 사진의 담장은 수키와를 이용해 구름무늬를 만들었다. 수키와 둘을 맞물리면 달과 해가 되고 암키와

해인사 담장 1   해인사 담장 2

를 받치고 엎으면서 재치를 부리면 구름무늬가 된다. 둥근 것 아래로 반듯한 선을 세우면 꽃과 줄기가 되고 줄기 좌우로 암키와를 벌려 주면 난초 같은 잎이 되기도 한다. 기와의 선을 활용하여 글자나 거듭 이어지는 무늬를 만들 수도 있다. 이러한 인공미와 자연미의 어우러짐과 그 안에 상징성을 담아내려는 정서는 한국전통문화의 내면세계의 풍부함을 보여준다.

3 옛 옷 다시보기 - 흰옷과 명성왕후 사진 문제

한국의 옛 옷은 북방알타이계의 호복胡服(몽고인의 복식)에서 출발한다. 복식의 기본형은 저고리, 바지, 치마, 두루마기이며 이에 관모를 쓰고 허리띠를 두르며 신발로는 장화(靴) 혹은 단화(履; 고무신 모양의 신)를 신었다. 저고리의 여밈은 왼쪽이다. 중국은 이 좌임을 오랑캐의 풍속이라고 하여 천시했다. 삼국시대 때 좌임과 우임이 혼용되다가 고려 이후는 우임으로 변하게 된다. 관복은 중국 옷차림을 모방했으나 옷차림의 기본형은 고대에서 지금까지 일관되어 귀족의 경우도 안에는 직령을 한 전통 옷차림을 하고 겉옷으로 중국식 곡령을 한 통옷을 입었다. 한편 서민의 경우는 통이 좁은 저고리와 바지를 입었으나 귀족은 폭이 넓은 저고리와 바지를 입었다. 고려시대에는 초기와 중기에 당과 송의 복식을 참고로 했으나 후기에는 몽고 복식의 영향을 받았다. 이때부터 저고리의 길이가 짧아지고 허리띠 대신에 고름을 매었다. 족두리, 도투락댕기, 은장도, 신부가 귀고리를 하는 것과 뺨에 연지를 찍는 것은 몽고에

서 전해진 풍습이다. 고려의 두루마기는 대신에 몽고에 전해졌다.[17]

『고려도경』에는 '왕비 복색은 홍색이며 비단수를 놓았고 왕비도 평상시에는 저고리, 치마의 고유복식을 입어 일반서민 부녀복과 같다'고 했으며 '왕도 평상시에는 백저포를 입었다'고 하여 전통 옷차림과 중국식 옷차림이 겸용되었음을 알 수 있다. 한편 흥미로운 사실은 '고려 여인들은 크게 화장하기를 즐겨하지 않고 검은색 얇은 천 세 폭으로 길이가 여덟 자 되게 만들어 뒤집어썼는데 눈과 얼굴만 내놓더라'라고 하여 여성들이 몽수를 썼음을 알 수 있는데, 이는 아랍지역 여성들이 샤도르를 하는 풍습과 통한다. 중국의 복식도 당대唐代 서역과의 교류를 통해 그 영향을 받았다고 알려져 있는데 고려의 경우도 그랬던 것 같다. 몽수는 조선시대에 너울로 발전하여 상궁 등이 외출 시에 머리에 썼다.

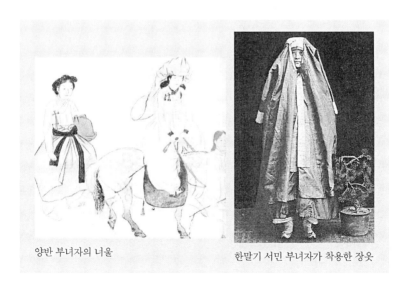

양반 부녀자의 너울　　　　한말기 서민 부녀자가 착용한 장옷

고려 말에는 문익점에 의해 목면이 도입되어 재배되면서 무명옷과 솜을 둔 방한복을 입을 수 있게 되었다. 이후 조선시대에는 흰 무명옷이 서민들의 대표적인 옷차림으로 정착하게 된다. 한편 관복제도에 있어서는 조선 전기에 명나라 복식의 영향을 받아 확립되었으며 중 후기에는 고유한 옷차림이 관모와 머리모양과 함께 다양하게 발달하게 된다.

흰옷을 즐겨 입은 이유

한국인은 '백의민족'으로 표상되듯이 흰옷을 즐겨 입었다. 왜 흰옷을 즐겨 입었을까? 일제시기의 한국사, 혹은 한국문화를 연구하던 학자들은 흰옷문화에 대해 다음과 같이 지적한 바 있다. 먼저 동양사학자인 도리야마 기이치(鳥山喜一, 1887~1959)는 고려가 몽골족에 망하면서 조의를 표하기 위해 흰옷을 입기 시작했다고 주장했으며 민예학자인 야나기 무네요시는 조선민족이 겪은 고통이 한으로 맺혀진 옷이라고 보았다. 흰옷은 사람이 죽을 때 입는 상복喪服인데 색이 빈약하다는 것은 생활에서 즐거움을 잃었다는 증거라고 하여 식민지적 한恨을 강조했다. 이러한 인식은 해방이후에 한국인에게도 큰 영향을 끼쳐왔다. 우리는 일반적으로 한 때문에, 염료의 미발달 때문에 흰옷을 입었다고 생각하는 경향이 있다. 그런데 과연 그럴까?

먼저 역사서에 보이는 흰옷에 대한 기록을 살펴보자.『삼국지위지동이전』「부여조」에는 '의복은 흰색을 숭상하여 흰 베로 만든 큰 소매달린 도포와 바지를 입고 가죽신을 신고 국외여행에서는 비단옷을 입는다'고 했으며,18『북사北史』「열전 고구려조」에는 주몽이 도망치다가 세 사람을 만나는데 한 사람은 삼베옷을 한 사람은 무명옷을, 한 사람은 부들로 짠 옷을 입었다고 한다. 이 색은 흰빛에 가까운 소색素色이다.『북사』「신라조」에는 복색에 흰빛을 숭상하다고 하였다 19 서긍의『고려도경』에는 고려이 평복은 백저포라 하였다. 이처럼 고대에서부터 고려 때까지 흰옷을 널리 입었음을 알 수 있다. 그렇다면 다시 처음의 의문인 흰옷을 즐겨 입은 이유를 검토해 보자. 이 점에서 주목하고 싶은 그림이 고구려 고분벽화에 그려진 〈농사의 신〉이다. 소머리를 한 농사의 신이 입고 있는 옷이 흰색임이 주목된다. 일제시기 민속학자 최남선은 흰색은 원래 태양의 광선이 반사될 때 보이는 색이라고 지적하고 '고대의 조선민족은 자신들이 하느님의 자손이라 믿어 태양의 광명을 표시하는 의미로 흰 빛을 신성하게 여겨 흰옷을 자랑삼아 입다가 나중에

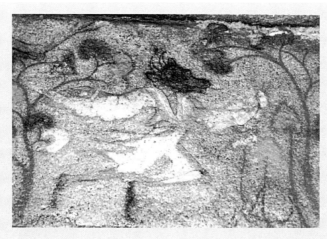

집안 오회분 벽화 〈농사의 신〉

온 민족의 풍속을 이루게 되었다'고 설명한 바 있다. 이러한 설명은 경주 천마총에서 출토된 백마 벽화그림, 건국신화에 등장하는 백마, 흰 닭의 존재를 생각할 때 수긍이 가는 논리이다. 더구나 〈농사의 신〉이 입고 있는 옷이 흰색 두루마기라는 점은 흰색이 신神의 색깔임을 단적으로 보여주고 있다. 흰색은 태양의 색깔이며 신의 상징이며 제관祭官이 입는 옷이었다. 오늘날 흰색의 신성함을 알 수 있는 예로서는 일본 신사의 미꼬(巫子)의 복장에서도 찾아볼 수 있다.

흰색을 숭상하는 문화에 대해서 유희경은 북방아시아 민족의 일반적 경향20이라고 지적하고 있다. 몽골은 '흰색에서 시작하여 흰색으로 끝난다'는 속담이 존재할 정도로 왕족 뿐 아니라 서민도 흰색을 좋아하여 흰색 음식, 옷, 집이 즐비하다고 한다. 몽골인은 백색 속에서 충만한 희망이 깃든다고 믿어 급기야 백색신앙으로 번져 순결과 결백의 상징, 복록의 상징, 신앙의 색으로 굳어졌다고 지적되기도 한다.21

그런데 이러한 관념적인 상징성만으로 많은 사람들이 흰옷을 고수했을까? 왜냐하면 생활문화는 보다 일상적으로 삶에 밀착되어 있어서 관념성만으로 계승되고 고수되지는 않기 때문이다. 조선시대 때 얼마만큼 흰옷문화가 고수되었는가는 여러 차례 국가에서 백의금지령을 내렸음에도 흰옷문화가 없어지지 않았다는 점에서 찾아 볼 수 있다. 즉 유교문화가 정착되는 가운데 오행설은 조선시대인의 일상생활도 규정하는 요소로 자리 잡았다. 조선은 오행에 입각해 볼 때 목木에 해당하고 이는 방위로는 동쪽이며 색으로는 청색에 해당하기 때문에 흰옷을 입지 말고 청색 옷을 입도록 해야 한다는 주장이 일었다. 이익은 『성호사설』에서 동방은 목木이므로 청색을 입어야한다고 했으며 이수광은 『지봉유설』에서 백색은 상복이므로 금지해야한다고 했다. 실제로 백의금지령은 태종 원년 5월에, 숙종 17년에 내려졌으며 현종 때도 '백의의 금'이 내려졌으나 실효가 없었다. 영조 2년에는 사서士庶 모두 천의靑衣를 입으라고 했고, 영조 14년과 43년에 다시 백의금지령이 내려졌다. 영조 14년 8월 우참찬 이덕수의 상소에는 '우리나라는 풍속에 백색을 숭상하여 그것이 옛 사기에 많이 기록되어 있거니와 이와 같이 풍속을 이루기를 수천 년이나 되는 것을 지금 바꾼다는 것은 불가하다'고 하여 법령으로 흰옷 문화를 바꾼다는 것은 어렵다고 지적했다.

왜 이렇게 흰옷을 고수했을까? 이 의문을 푸는 단서를 이사벨라 비숍의 『한국과 그 이웃나라들』에서 찾아 볼 수 있다. 즉 조선인의 빨래 법으로서 잿물에 담갔다가 펄펄 끓여서 순전한 흰색을 내게 하는 흰옷 빨래 법을 소개하고 있는 것이다. 바로 '잿물 빨래 법'이 흰옷을 즐겨 입었던 직접적인 이유이다. 흰옷은 상복이기에 앞서 생활복이다. 다름 아닌 노동복이라는 이야기다. 들판에서 일을 마치고 돌아온 농부의 옷은 당연히 흙투성이가 된다. 이를 손질하는 방법은 일단 냇가에 가서 두드려서 빨고 그리고 잿물에 삶아내는 것이다. 잿물이란 볏짚을 태우고 남은 재를 따뜻한 물에 거른 밤색 물을 말한다. 여기에 빨래를 삶으면 표백과 살균효과가 있으며 게다가 섬유가 부드러워진다. 목화에서 실을 뽑아 막 자아낸 무명옷은 뻣뻣할 뿐더러 노르스름하다. 이러한 옷이 잿물 빨래로 인해 흰옷으로 거듭나는 것이다. 까를로 로제티는 서울의 명절 풍경을 다음과 같이 묘사했다.

이 날(설날)은 도시 전체가 새로운 모습을 보여준다. 거리에는 마치 눈처럼 하얀 옷들과 빨간색, 노란색, 초록색, 하늘색이 어우러진 밝은 색깔의 비단 색동옷을 입고 즐거워하는 남자아이, 여자아이들의 홍조 띤 얼굴이 가득하다. (중략) 이 날은 모든 시민들이 목욕재계하고 평상복을 새 옷으로 갈아입는다. 한편 예복과 특정한 날에만 입는 옷은 세탁하지 않고 동정만 교환해주는 것이 보통이다.[22]

즉 노르스름한 무명옷이 눈처럼 하얀 옷으로 변신하는 이유는 바로 잿물 빨래 법에 있었다.

한국인이 흰옷을 즐겨 입었던 이유는 한恨 때문이 아니며 상복喪服을 일상복으로 입은 것이 아니다. 오히려 손질하기 쉬운 일상복이었기 때문이다. 근대시기에 한국은 흰 무명옷에 비해 보다 손질하기 쉬운 합섬섬유를 접하게 되었다. 이후 흰옷의 시대는 가고 채색옷의 시대가 도래하지만 전통시대에 흰옷은 오히려 손질하기 쉬운 생활복이었던 것이다.

명성왕후 사진 진위眞僞문제

명성왕후(민비)는 1895년(을미) 10월에 일본 낭인과 조선 훈련대 군인들에 의해 시해 당한다. 그런데 명성왕후라고 알려져 있는 두 장의 사진이 있다.(사진 1, 2) 이 두 사진은 배경은 다르나 동일인물이다. 이 사진을 둘러싸고 조선일보에서는 서울대 이태진 교수와 이규태 조선일보 논설위원 간의 논쟁이 있었다. 이태진 교수는 까

1. 명성왕후로 알려진 사진

2. 『꼬레아 꼬레아니』에서 인용된
〈대례복차림의 왕비〉

를로 로제티의 『꼬레아 꼬레아니』에서 〈대례복 차림의 왕비〉라 명명한 사진에 근거하면서 옷차림은 활옷에 떠구지 머리라는 큰 머리를 하고 있으므로 명성왕후의 사진이라고 주장했다.[23] 그런데 이규태 논설위원은 떠구지머리란 당시 내외명부나 궁중나인의 머리모양으로서 명성왕후가 아니라 예복차림의 궁녀로 보는 것이 타당하다는 견해를 제시했다.[24]

한편 〈사진 2〉의 배경에 대해서는 경복궁의 고종의 서재인 집옥재라는 주장(이태진 교수)과 사진관에서 배경을 뒤로하고 찍은 것이라는 주장이 갈리고 있다. 이에 대해 이명희 전 궁중유물전시관장이 문제의 사진은 왕비가 입어야 할 홍원삼이 아니며 가슴에 〈보〉가 없으며 왕비는 스란치마, 혹은 대란치마를 착용해야 하는데 그럴 경우 치마가 길어서 버선이 보일 수 없다는 의견을 제시하고 이

3. 궁정복을 입은 궁녀(1895년)   4. 한 여성신자

사진은 무용을 하는 여성들이 입었던 옷이라고 지적했다. [25]

　이러한 상황에서 명지대 백성현 교수는 1895년 영국 외교관 가
드너의 저서 『조선』에 실린 궁녀의 삽화를 공개했다. 여기에는
〈궁정복을 입은 궁녀〉라는 설명이 달려 있었다.(사진 3)[26] 한편 천
주교 최승룡 신부는 파리외방전교회지에 실린 스케치를 소개하면
서 사진 속의 여인은 〈천주교신자〉일 가능성이 있다고 지적했다.
(사진 4)[27] 이는 〈사진 1〉의 사진과 동일인물을 스케치한 것으로 보
인다. 한편 의자나 옷차림, 머리 모양에서 볼 때 〈사진 1, 2, 3, 4〉
는 모두 동일 인물인 것 같다.

　이러한 사진을 비교할 때 〈사진 1〉은 왕후라기보다는 궁녀라고
보는 것이 타당할 것이다. 그런데 왜 우리들은 오랫동안 이 사진을
명성왕후라고 생각해 왔던 것일까? 〈사진 5〉는 1898년 프랑스에서

5. 라게르 저,
『코레』의 표지
(1898년)

발간된 라게르의 저서 『조선』의 표지이다. 이것을 보면 흥선대원군과 고종의 사진이 있고 가운데에는 바로 〈사진 1〉의 여성의 사진이 놓여있다. 정황으로 보았을 때 가운데의 여성을 명성왕후라고 판단할 수밖에 없는 모습이다. 이러한 오해가 일제시기에도 그대로 계승되어 명성왕후의 사진으로 정착했고, 해방 이후 국사교과서나 명성왕후에 관련된 글에서는 반드시 〈사진 1〉이 인용되어 명성왕후설을 고착시켰던 것이다.

그런데 사실은 우리가 조선시대 전통복식에 대한 상식이 있었다면 이 사진을 명성왕후로 간주하지는 않았을 것이다. 조선시대에는 신분에 따른 옷차림이 의무화되어 있었다. 왕비의 옷차림은 우선 대례복으로서 적의翟衣가 있다. 꿩 무늬를 수놓은 포袍를 달며, 홍색 비단으로 만든다. 원삼은 품계에 따라 색과 문양이 다른데 황후는 황색에 운용문雲龍文을 금실로 짜 넣으며 가슴, 등, 양어깨에는 금색실로 수놓는다. 왕비는 홍색으로 봉황무늬를 금직을 한다. 비와 빈은 자, 적색으로 봉황무늬를 금박을 하며 공주, 옹주, 양반가의 부녀자는 초록색 꽃무늬를 금박을 한다. 활옷은 공주와 상류층의 대례복인데 홍색으로 화려하게 십장생무늬를 수놓는다. 당의唐衣는 여자의 웃옷으로서 좁은 소매이며 길이는 무릎까지 오며 궁중, 양반층의 약식 예복으로 평복 위에 착용했다. 왕실의 경우 공통점은 가슴과 등과 어깨에 보를 단다는 점이다. 한편 치마는 대란치마와 스란치마가 있다. 대란치마는 궁중에서 비, 빈이 대례복에 입는 치마이며 스란치마는 소례복으로 입는다. 모두 평상복보다 한 폭이 더 넓고 치마길이도 30cm 이상 길어서 땅에 끌린다.

이러한 관점에서 보았을 때 〈사진 1〉은 일단 왕실에서 입는 옷차림이 아니다. 가슴과 어깨에 자수로 문양을 새긴 보가 없으며 치

6. 성장한 궁녀
『우리나라 여성들은
어떻게 살았을까』 2에서
재인용

마에도 금직, 혹은 금박 문양이 없고 치마길이가 짧아 버선이 보인다. 한편 머리 모양은 떠구지 머리라는 것인데 떠구지란 나무에 옻칠을 하여 만든 것으로 궁녀들이 예복차림일 때 하는 머리장식이다. 〈사진 6〉은 구한말 관례를 치른 궁녀의 사진이다. 떠구지 머리와 원삼을 입었는데 명성왕후로 알려진 여인과 같은 옷차림인 것이 주목된다. 즉 명성왕후로 알려진 사진은 궁녀임에 틀림없다.

한편 서구문물이 수용되어 궁궐에도 전등이 가설되고 서양인의 궁궐출입이 빈번한 조선 말기에도 왕비가 외인을 직접 대면하여 만나는 일은 거의 없었다. 친밀도를 쌓은 여성의 경우만이 왕비를 친견할 수 있었다. 따라서 왕비가 사진을 찍는다는 것은 있을 수 없는 일이었다.

7. 명성왕후
신 영정(덕수궁 궁중유물전시관)

그 동안 명성왕후로 알려진 사진에 대해 우리는 조선시대 복식에 대한 기본적인 상식만 있었다면 그렇게 쉽게 판단을 내리지는 않았을 것이다. 우리가 우리의 것을 얼마나 몰랐는지를 단적으로 보여주는 사례라고 하지 않을 수 없으며 잘못된 고정관념이 오래도록 정설로 굳어질 수도 있다는 실례로서 교훈으로 삼아야 할 것이다. 덕수궁에 위치한 궁중유물전시관에서는 최근 명성왕후의 영정을 다시 제작했다.(사진 7)

모자의 나라 조선

구한말 외국인의 시선을 끈 조선의 풍물은 다름 아닌 모자였다. 이웃 나라인 일본은 근대화의 상징 중의 하나를 모자를 꼽았다. 영국인이 모자를 쓰는 것처럼 문명국은 모두 모자를 쓰므로 일본인도 머리카락을 단발하고 모자를 써야한다고 계몽했다. 같은 시기 조선은 일찍부터 모자의 왕국이었다. 일본의 논리대로라면 조선은 일찌감치 문명화한 나라인 셈이다. 조선에서는 왜 이렇게 모자가 발달했을까? 그것은 하늘에 대한 숭배 사상과 관련이 있다고 한다. 즉 공경의 대상인 하늘 아래 민머리를 내놓는

광화문 앞에
모인 조선인

것은 불경하다는 이치이다. 삼국시대부터 한반도에서는 모자가 발달했다. 영·정조시대의 신윤복의 풍속화를 보면 다양한 모자가 등장한다. 흰옷문화 속에서 한국복식문화의 고정성을 파악하려고 한다면 큰 오해이다. 모자를 보면 한국인의 복식문화가 얼마나 다양화되어있었는지를 쉽게 알 수 있다. 특히 여성들의 쓰개가 다양하게 발달했다.

(1) 너울 : 고려 초기 몽수에서 유래되었다. 조선시대의 상류계급에서 사용했다.
(2) 장옷 : 초기에는 서민부녀자가 사용하다가 후대에 양반부녀자들도 착용했다. 개화기에 없어졌다. 두루마기와 그 형태가 비슷하나 동정 대신에 흰 헝겊을 대어 이마 위 정수리에 닿도록 했다.
(3) 쓰개치마 : 양반계층에서 사용했다. 치마보다 길이가 30cm정도 짧고 폭도 좁다. 그런데 영정조시대의 풍속화를 보면 기생들도 쓰개치마를 착용하고 있는 모습이 확인된다.
(4) 천의 : 하류층에서 착용했다. 장옷보다 길이가 짧고 소매가 없다. 네모진 모양으로 이마쪽을 매고 목 부분에 끈으로 묶었다.
(5) 차액 : 기생들 사이에 유행했다. 사각모양으로 비단 사이에 두꺼운 종이를 끼어 만들었다.
(6) 전모 : 삿갓모양이다. 기름종이로 만든다.
(7) 방한용으로서 남바위, 조바위, 아얌 등이 있다. 남바위는 귀와 머리를 가리며 가장자리에 털을 둘렀다. 조바위는 뒤를 파서 뒷머리가 나오며 털을 붙이지 않았다. 아얌은 머리만 가리고 털을 넓게 붙이고 뒤에 댕기를 늘였다.

사람들이 삶을 영위하기 위한 기초조건은 음식과 옷과 집이다. 따라서 음식과 옷과 집은 그 민족의 생활문화를 가장 가까이에서 이해할 수 있는 주제이다. 한국의 전통건축은 중국문화권 안에서 기본 골격을 형성하였으나 한국의 독특한 건축문화를 발달시켜 왔다. 예를 들면 온돌사용, 황토를 이용한 건축법, 농경사회에 걸맞은 물자이용의 극대화(짚의 사용), 자연과 어우러짐을 중시한 건축정신, 그러면서도 꽃담, 꽃담 굴뚝, 창살, 기와 등에서 정감이 넘치는 문양을 개발하여 다양한 표현 가운데 상징성을 부여하는 한편 예술적인 조형미를 겸비하도록 했다. 또한 대청마루에서 보이는 노출된 서까래의 모습은 외형의 단순함과 비교가 안 되는 화려함의 극치로서 보는 각도에 따라 달라지는 변화무쌍한 한옥의 아름다움을 보여준다. 게다가 한서의 차이가 큰 한국의 기후조건 속에서 여름에는 문살을 들어 올리도록 하여 통풍을 극대화시키고 겨울에는 문살에 맹장지를 발라 보온을 높이고자 했다.

오늘날 전통한옥은 자재에서나 기술에서나 희귀해졌기 때문에 유지하는 데에 상당한 비용이 든다고 한다. 실제로 살아본 이들의 이야기를 들으면 한옥은 5월이 가장 좋으며 나머지 계절은 너무 덥거나 너무 추워 생활하기가 불편하다고 한다. 냉난방이 잘되는 현대의 주거환경 속에서 옛집은 편리함보다도 불편함이 더 많은 공간일 것이다. 그러나 삼국시대부터 조선시대까지 한반도인의 삶을 지탱해 준 옛집을 이해하고 그 아름다움을 발견하고 이를 계승, 혹은 응용하고자 하는 노력은 우리들의 과제가 될 것이다. 이러한 점은 우리의 옛 옷, 특히 흰옷을 즐겨 입은 사연이나, 명성왕후 사진 진위 문제 등에서 옛 옷에 얽힌 잘못된 이해를 바로잡고 옛 옷의 가치를 발견하는 것 또한 예외는 아니다.

■주

1 성현『-용재총화』, 솔출판사, 39쪽
2 이기윤,『한국의 차문화』, 개미, 1998, 75~76쪽.
3 이귀례,『한국의 차문화』, 열화당, 2002, 61쪽.
4 이영훈 편,『수량경제사로 다시 본 조선후기』, 서울대학교출판부, 2005 참조.
5 橋本実,『茶の起源を探る』, 淡交社, 1988 참조.
　　차가 유럽으로 전파된 것은 네덜란드 상인에 의해서였다. 1610년경부터 상류
계급의 음료가 되었는데 네덜란드인은 쓴 차에 비싼 설탕을 넣어 마셨고 차 잎
은 나중에 건져 씹었다. 1651年「항해조례」로 영국은 네덜란드의 중국무역주
도권을 빼앗은 이후 영국 상류층의 동양취미가 고조되어 중국의 차와 다기를
즐기게 되었다. 당시의 차는 홍차가 아니라 녹차, 혹은 우롱차였다.
　　영국에서는 신업혁명이 진행하면서 차를 마시는 습관이 상류계급에서 중산계
급에 보급되었고 서인도제도에서 사탕의 대량생산으로 설탕가격이 급락하자
마침내 노동자계급도 차를 마시게 되었다. 19세기 경 영국의 본 차이나 자기가
개발되고 금속판에 은판을 붙여 만든 싼 다기가 판매되자 차 문화는 급속히 확
대되었다.
6 『선화봉사 고려도경』, 움직이는 책, 1998, 224~225쪽
7 박제가 지음, 안대회 옮김,『북학의』, 돌베개, 2003, 81~82쪽.
8 永田久,『暦과 占의 과학』, 동문선, 1992, 193~195쪽.
9 유애령,『식문화의 뿌리를 찾아서』, 교보문고, 121~123쪽.
10 W. E. 그리피스, 신복룡 역,『은자의 나라 한국』, 평민사, 1985, 343~344쪽.
11 W. E. 그리피스, 신복룡 역, 위의 책, 335~336쪽, 까를로 로제티,『꼬레아, 꼬
레아니』, 숲과나무, 1996, 49~50쪽.
12 이 부분의 서술은 강영환,『집의 사회사』, 웅진출판, 1993, 한국역사연구회 편,
『삼국시대 사람들은 어떻게 살았을까』, 청년사, 1998을 참조했다.
13 H. N. 알렌, 신복룡 역,『조선문견기』, 평민사, 1986, 55쪽
14 김정덕,『김정덕 할머니의 황토건강법』, 경향신문사, 1997 참조.
15 도깨비 생김이 뿔이 달렸다는 인식은 일제시기 일본의 영향이 크다. 일제시기
초등학교 교과서에는 일본의 〈오니〉의 모양을 조선의 도깨비의 모양으로 변
신시켜 삽화를 그려놓았다. 그러한 인식이 해방이후에도 이어져 우리는 도깨
비 하면 뿔이 달렸다고 생각하지만 조선의 전통 도깨비는 뿔이 없다.
16 허　균,『사찰장식 그 빛나는 상징의 세계』, 돌베개, 2000, 33~36쪽.
17 유희경,『한국복식문화사』, 교문사, 1981 참조.
18 유희경, 위의 책, 33쪽.

19 한국역사연구회 편,『삼국시대 사람들은 어떻게 살았을까』, 청년사, 33~34쪽.

20 유희경, 앞의 책, 34쪽.

21 주강현,『우리문화의 수수께끼』1권, 89쪽.

22 까를로 로제티, 앞의 책, 108쪽.

23 《조선일보》, 1997년 10월.

24 위의 신문, 1997년 10월 18일, 이규태코너.

25 위의 신문, 1997년 11월 19일 반박문.

26 위의 신문, 1998년 2월 9일자.

27 위의 신문, 1998년 8월 14일자.

전통과 근대의 만남

1
조선이 서구 · 일본과 만나다

    19세기 후반기 조선사회는 역사적인 전환점에 서게 된다. 그것은 서구사회와의 만남을 통해 제기되었다. 당시 조선의 상황은 어떠했을까? 사상적인 측면에서 유교이념은 19세기 들어 오히려 정착되는 모습을 보였다. 이는 19세기 후반에서 20세기 초에 걸쳐 양반의 숫자가 비약적으로 증가했다는 사실에서도 엿볼 수 있다. 또한 일본이 1868년 메이지유신 이후 신속히 서구적 의식주문화를 받아들인 것과 대조적으로 1895년 갑오개혁 시기에 내려진 단발령은 유학자들의 거센 반발을 무릅쓰고 이루어졌다. 1900년대까지도 단발에 대한 찬반여론이 신문지상을 장식하기도 하는 한편 한말기 관료들의 양복 착용에 대해서 학부대신 신기선은 이를 비판하는 상소를 올려 반대하기도 했다. 이러한 예들은 그 만큼 전통적인 유교적 가치관이 조선사회에서는 뿌리 깊게 존재했다는 것을 의미할 것이다.

그러나 현실에서는 1876년 개항 이후 대일 곡물수출이 증가하고 일본과 청국 상인들이 조선의 내륙에까지 진출하여 상행위를 하는 가운데, 영국산 면포의 수입, 성냥, 석유 등 생필품이 농촌에까지 전파되는 등 서구의 물질문화가 조선인의 삶 속에 파고들었다. 이러한 상황에서 1860년 창도된 동학은 남녀 모두 시천주侍天主할 수 있다는 교리를 내세워 민중 층에 파고들었으며 1894년 갑오농민전쟁 당시 폐정개혁안에는 과부재가, 노비해방 등의 주장을 담아 유교신분제사회가 안고 있던 모순 해결을 요구했다.

그야말로 19세기 후반기는 조선으로 하여금 새로운 자기 변화를 촉구하고 있었다. 이 시기, 서구와 만나면서 조선사회에서는 어떠한 일이 벌어지고 있었을까? 본 장에서는 19세기 후반기 서구와 일본을 만나 새로운 시대의 터널로 진입한 조선의 모습을 살펴보고자 한다.

1 만남의 토대-18세기의 보수와 개혁의 논리

먼저 19세기 후반기 조선이 본격적으로 서구와 만나기 이전의 조선 내부의 상황에 대해 살펴보도록 하자. 18세기를 통하여 가장 큰 특징은 조선 내부에 실학이라는 새로운 사상적 경향이 성장하고 있었다는 점이다. 이들은 중국을 통해 서학을 접하면서 서구 과학에 대해서도 관심을 가졌다. 다른 한편으로 중국에서 명明이 멸망하고 청淸이 건국한 다음 유교문화의 진정한 주체가 조선이라는 자부심에 입각하여 더욱더 유교문화에 대한 확신을 굳히는 보수세력 또한 성장했다.

실학적 사유의 전개

실학은 심성론 연구에 바탕을 둔 유학의 철학적, 사변적 논의를 비판하고 보다 현실에 토대하면서 백성의 현실의 삶에 도움이 될 학문을 추구한 유학의 한 분파이다.

17세기 초의 양명학자 장유張維(1587~1638년)는

우리나라에서는 학식이 있고 없고를 막론하고 책을 끼고 글을 읽는 사람이면 모두 정, 주의 말을 암송할 뿐 다른 학문이 있음을 알지 못한다. 〔『계곡만필 谿谷漫筆』권1〕[1]

고 비판했다. 이러한 비판의식은 18세기 북학파의 논리 속에서 보다 정립된다. 이는 한 마디로 '나' 중심의 중화적 인식론을 비판하고 타자他者를 수용하는 의식의 전개로 나타났다.

홍대용(1731~1783년)은

사람의 입장에서 물物을 보면 사람이 귀하고 물이 천하지만 물物의 입장에서 사람을 보면 물이 귀하고 사람이 천하다. 그러나 하늘의 입장에서 보면 사람이나 물은 매한가지다 〔『담헌서湛軒書』, 「의산문답醫山問答」〕

라 하여 상대주의의 관점에서 만물의 평등성을 주장했다. 성리학

이 정통과 이단을 갈라 모든 것을 이분법적으로 사고하였다면 이러한 주장은 대상에 대한 관심을 촉구하고 변화에 능동적으로 대응해 나갈 수 있는 자세로서 성리학자들과 크게 구별되는 인식이다. 박지원 또한

천하를 위해 일하는 사람은 진실로 백성에게 이롭고 국가에 도움이 된다면 비록 그 법이 오랑캐에서 나온 것이라도 이를 취해 본받아야 할 것[2]

이라고 했으며 박제가도

어린 아이가 낯선 손님을 보면 부끄러움에 쭈뼛쭈뼛 하다가 삐쭉거리며 우는데 본성이 그러한 것이 아니라 견문이 적어 의심이 많아서 그런 것에 불과하다. 그렇듯이 우리나라 사람은 두려움을 쉽게 느끼고 의심을 잘한다. 풍속과 기상이 우둔하고 재능과 식견이 확 트이지 못했는데 그것은 오로지 외국과의 통상이 없는 풍속에 기인한다. (중략) 선주船主를 후하게 대접하되 고려 때 하던 관례를 따라서 빈객의 예로써 대우해야 한다. 이와 같이 시행한다면 우리가 그들에게로 가지 않는다 해도 저들이 스스로 우리를 찾아올 것이다. 그러면 우리는 저들의 기술과 예능을 배우고 저들의 풍속을 질문함으로써 나라 사람들이 견문을 넓히고 천하가 얼마나 큰 것이며 우물 안 개구리의 처지가 얼마나 부끄럽다는 사실을 알게 될 것이다. 이 일은 세상의 개명을 위한 밑바탕이 될 것이니 교역을 통해 이익을 얻는 데만 그치지 않을 것이다[3]

라고 하여 외국과 통상을 열게 되면 사람들의 견문과 식견이 넓어지게 될 것이라고 하여 통상의 필요성을 주장했다.

전통사유 계승의 논리

그러나 다른 한편으로 전통적 사유방식을 계승한 유학의 논리 또한 강고했다. 임진왜란 이후 그것은 '소중화小中華' 의식으로 나타났다. 이는 타자에 대한 배타적 의식과 '국사國史' 의식으로 강조되었다. 안정복은 『동사강목』을 지어

옛부터 유학자들은 언제나 중화中華와 이적夷狄의 구분을 엄격히 하며 중국 땅에서 태어나지 않으면 다 이夷라고 하는데 이는 통할 수 없는 이론이다. 하늘이 어찌 지역을 가지고 인간을 구별하였겠는가? 〔『순암집順庵集』 권2, 31쪽, 答星湖先生〕

라고 하여 중화의식을 탈피하는 모습을 보였지만 이것은 홍대용처럼 상대주의적 세계관을 낳은 것이 아니라 중화의식의 주객전도, 즉 조선이 중화라는 논리로 전개되었다. 그는

우리나라는 (중략) 독립된 왕이 다스리는 나라이므로 중국의 제후들과는 근본적으로 다르다〔『순암집順庵集』 권9, 3쪽〕

고 하여 단군조선에서 고려 말까지를 다뤄 조선이 중화문명의 담지자임을 강조했다. 이는 그의 천주교에 대한 극단적인 배척 태도에서도 드러난다. 1757년 안정복이 이익에게 올린 서한 '근간에 서양서西洋書를 보니 그 설說은 비록 정핵精竅하다 하더라도 결국은 이단의 학學'이라고 하여 성리학 이외의 학문이나 사유태도에 대한 배타성을 드러내었다. 이러한 경향은 이후 화서華西 이항로李恒老

(1792~1868년)에게로 계승된다. 그는 성리학의 도통道統이 공자-맹자-정자-주자-송시열로 계승된 것으로 이해하는 한편 서양학문은 모두 통화通貨와 통색通色을 추구하는 것으로 이는 인욕人慾의 핵심이므로 지양해야 한다고 주장했다.

서양의 모든 이론의 전말顚末을 살펴보니 그들은 태극太極이 만물의 근본 바탕임을 알지 못하고 도리어 형상이 있는 것을 받들면서 그것이 천지天地를 만들어낸 것으로 안다. 간이簡易한 것을 좋아하고 이利를 기쁘게 생각하는 마음으로 인간의 윤리를 끊어버리고 예절을 떨쳐내는 것이 모두 여기에 근본을 두는 것일 따름이다. 〔화서집, 권10, 與朴善卿〕

양이가 우리나라에 몰래 들어와 사학邪學을 널리 펴는 것이 어찌 딴 목적이 있겠는가? 그것은 그렇게 함으로써 자기네 도당을 심어놓고 안팎으로 상응하여 우리의 허실을 살핀 다음 군대를 몰고 쳐들어와 우리의 문화 제도를 더럽히고 우리의 재산과 인人, 물物을 빼앗음으로써 우리의 산천을 차지할 욕심을 채우려는 것이다. 〔화서집, 권3, 辭同義禁疏〕

그는 서양과의 통교는 조선을 이적夷狄, 금수禽獸의 상태로 전락시키는 것을 의미하며 양물洋物의 금지와 군주의 왕도정치 실현, 백성교화로 서양에 대응할 수 있다고 믿었다. 한말기 의병장으로 활약한 유인석은

천하에 커다란 시비是非, 분별이 세 가지 있는데 첫째는 화華와 이夷의 구분이며 둘째는 왕王과 패覇의 구분이며 셋째는 정학正學과 이단異端의 구분이다4

라고 하였듯이 1900년대까지 유교적 사유방식은 여전히 조선 지식인들의 한 흐름을 대변하는 중요한 논리였다.

조선의 전통적 대외정책 — 화이적華夷的 세계관世界觀

1880년대 개혁정책을 추진하던 개화파 내부에는 중국으로부터의 독립을 주장하는 김옥균 세력과 자주를 주장하는 어윤중 세력이 대립했다. 독립과 자주, 이것은 언뜻 보면 무슨 차이가 있는지 이해하기 어렵다. 그러나 당시에 이는 주요 쟁점이 되었던 것이 사실이다. 이것을 이해하기 위해서는 당시까지의 전통적인 조선의 외교방식을 이해할 필요가 있다.

조선의 전통적인 대외정책은 중국에 대한 사대事大, 일본에 대한 교린交隣, 그 외 각국에 대한 유원지도柔遠之道로 나뉜다. 사대란 무엇인가? 이는 『맹자』〈양혜왕편〉에 보이는 외교정책이다. 양혜왕이 맹자에게 가장 바람직한 외교를 묻는다. 이에 대해 맹자가 답하길,

대국으로서 소국을 무시하지 않고 받드는 자는 하늘의 이법을 즐거워하는 자이다. 소국으로서 대국을 섬기는 자는 하늘의 이법을 두려워하는 자이다. 하늘의 이법을 즐기는 자는 천하를 보존할 수 있고 하늘의 이법을 두려워하는 자는 그 나라를 보존할 수 있다. (이대사소자以大事小者, 낙천자야樂天者也. 이소사대자以小事大者, 외천자야畏天者也. 낙천자樂天者, 보기천하保其天下, 외천자畏天者, 보기국保其國)

고 말했다. 유교는 차별의 존재를 보편적인 원리로 인정한다. 따라

서 대국과 소국의 구별은 하늘의 이법 자체라는 것이다. 따라서 대국이라고 해서 교만하지 않으면서 소국을 존중하고 소국은 하늘의 이법에 순응하며 대국을 섬긴다는 상호존중외교방식이 바로 사대외교의 본질이다. 이러한 사대외교는 조선 초기 정도전에 의해 고안되어 실행되었다. 정도전은 중국의 책봉을 받고 조공을 바치는 대신에 중국이 조선의 내정에는 간섭하지 않는다는 조건을 달았다. 즉, 조선은 중화적 세계질서 가운데 존재하는 조공국가이나 내정에서는 자주라는 논법이 여기에서 성립한 것이다.[5]

한편 일본에 대한 교린交隣정책은 표면적으로는 평등외교이나 조선인은 일본에 대해 유교 문화적 우위의식을 가졌다. 또한 대마도를 중개로 하여 일본 막부의 장군과 조선 국왕을 항례抗禮(대등한 관계)로 한 외교관계였기 때문에 메이지 유신 이후에는 일본천황과 조선국왕과의 관계 설정, 대마도 문제 등 근대적 외교체제를 수립하는 데에 있어서 갈등요소를 안고 있었다.

또 하나, 간과해서는 안 되는 외교정책이 유원지도柔遠之道이다. 이는 중국의 높은 문화적 자부심에 기초하여 외국인에게 도량 있는 자세를 보여 외국인이 마음에서 따르도록 유도하는 정책[6]이었고 조선도 외국의 선박이 조선에 표류해 왔을 때 이에 입각하여 조치했다. 예를 들면 1851년 프랑스 선박이 전라도에서 좌초당했을 때 조선 정부는 프랑스의 서한을 받고,

그들의 문서 중에 이미 대청국과 화친하였다는 말이 있는데 이는 반드시 오문澳門(마카오)에서 접촉을 허락하고 있는 것의 일종이다 〔헌종실록, 헌종 14년 8월 정해조丁亥條〕[7]

고 하여 유원지도의 관점에서 청국의 개항 사실을 가볍게 인식했다.

다른 한편으로 조선의 대외인식을 크게 규정한 요소는 천주교 문제이다. 천주교는 1770년경 권철신, 정약전, 이벽 등에게 수용되는 한편 수학, 천문학서가 함께 전래되어 과학에 대한 관심을 불러일으켰다. 그러나 1791년 호남지방 양반 권상연과 윤지충이 우상숭배라 하여 조상제사를 폐한 진산사건을 계기로 천주교도에 대한 탄압이 이루어졌다. 그러는 과정에 소위 황사영 백서사건[8]으로 1801년 사학邪學을 금하는 교서가 내려져 '사학은 어버이도 없고 임금도 없어서 인륜을 헐어 없이 하고 교화에 어긋나 스스로 이적夷狄으로 되돌아가게 한다'고 하여 천주교를 탄압했다.[9] 이러한 천주교에 대한 인식은 19세기 중엽 조선의 대외인식의 바탕생각이기도 했다. 즉 1846년 프랑스가 1839년 기해교난 당시 프랑스인 신부 처형을 문책하기 위해 내항한 것에 대해

상왈, 불랑국佛郎國의 문서를 보았습니까?
영의정 권돈인權敦仁왈, 보았습니다. 그런데 그 말투가 매우 위협하고자 하는 저의가 있었습니다. 또한 외양外洋에 출몰하여 그 사술邪術을 빌려 인심을 선동했습니다. 이들은 모두 영길리와 함께 서양의 무리입니다. 〔헌종실록, 헌종 12년 7월 丙戌條〕

라고 하여 서양세력이 요구하는 것은 모두 천주교를 전파하기 위함이라고 보았다. 이는 1860년 영불연합군의 북경점령에 대한 연행사燕行使 신석우의 보고에서도

23일, 여러 도적들(영국, 프랑스, 러시아, 미국)이 원명원에 이르러 만수산과 서산의 궁전과 인가를 모두 태우고 약탈하였고 (중략) 29일 공친왕이 성중城中으로 양이洋夷를 불러들여 각 왕부王府에 머무르게 하여 임신구약에 대신하는 새 조약을 맺고 천주교 포교와 학습을 보호하며 각 해구에서 자유로운 통상을 허가하며 800만 냥의 배상금을 지불한다고 하였다〔신석우,「입연기」, 서울대 규장각 소장본〕

라는 것처럼 서양제국의 횡포함과 천주교 포교 문제를 일체로 인식하고 경계하는 모습에서도 보여진다.

2 서구와의 만남의 두 얼굴-침략과 문화교류

개항론의 대두

조선이 서양열강과 무력충돌을 하게 된 것은 1866년 병인양요와 1871년 신미양요이다. 그러나 다른 한편으로 조선으로 하여금 대외적 위기감을 고조시킨 사건은 1860년 영불연합군의 북경점령 사건이다. 영국과 프랑스 연합군의 공격으로 인해 당시 함풍제는 원명원을 버리고 열하로 피난을 갔다. 이 사건은 대외통상을 주장하는 조선의 학자들에게 인식전환의 중요한 계기로 작용했다. 그 중심에 있었던 인물은 박지원의 손자인 박규수朴珪壽(1807~1876)였다. 그는 당시 서양열강의 무력적 우위에 대해 심각한 위기의식을 느끼며 중국 위원이 지은 『해국도지』 등을 통하여 이에 대한 방비책을 연구하는 한편 조선에서 이른 시기에 개항론을 주장한 인물로

서 조일수호조규 체결의 실질적 공로자이기도 했다.[10]

당시 조선정부가 개항에 대해 관심을 가졌다는 기록은 1866년 병인양요 당시에 보여진다.

변이 일어난 처음, 강화유수는 채 방어를 하지 못하고 당황하면서 어진御眞을 받들고 인화보로 피신하여 양적洋賊이 모두 입성할 수 있었다고 한다. 시

병인양요까지의 정치적 상황

러시아는 1860년 북경조약을 통해 조선과 국경을 접하게 되었다. 러시아의 남하를 막기 위해 남종삼, 홍봉주 등 일부 천주교도들은 프랑스를 비롯한 유럽과 연대하는 방안을 제시했다. 대원군은 주교와의 만남을 남종삼에게 주선하도록 했는데 베르뉘와 다블뤼가 순시 중이었고 1866년 1월 두 사람이 서울에 도착했을 때 대원군의 태도는 변했다. 그 이유는 중국에서 러시아인들이 물러가 러시아에 대한 공포가 해소되었으며, 1865년 12월 북경으로 떠난 연행사가 보낸 편지가 1866년 1월말에 도착하여 중국인들이 서양인들을 사형에 처하고 있다는 소식이 전해졌다. 특히 조대비를 비롯한 궁중 실권자들이 천주교 탄압을 주장했고 대원군은 이를 받아들였다. 대원군은 불우한 시절에 천주교인과 접촉했으며 고종의 유모와 대원군의 부인이 모두 천주교도이기도 했다. 유교적 강경론이 당시의 대세였다. 대원군은 천주교를 탄압함으로써 결백해지고 그것을 바탕으로 유교적 명분을 갖추고 권력을 행사하고자 했다. 결국 9명의 프랑스 신부와 수천 명의 교도들이 죽음을 당하는 병인박해가 있었다. 리델, 페롱, 칼레 세 신부가 중국 지부로 탈출, 천진에 있는 로즈 함대사령관을 찾아가 박해의 소식을 전하였고 로즈는 보복으로 출정을 단행했다.[11]

임, 원임대신이 매일 의정부에 모여 대책을 강구했으나 뚜렷한 좋은 주략이 없었다. 단지 중국과 일본이 모두 지탱하지 못했으므로 결국 화和를 허락할 수밖에 없을 것이라는 설이 분분했다. 원합院閤(대원군)이 4개조의 서(양이침범 洋夷侵犯, 비전즉화非戰則和, 주화매국主和賣國, 이계만년자손以戒萬年子孫)를 정부에 보내 말하길 '화를 주장하는 것은 나라를 파는 것이요, 교역하는 것은 나라를 멸망케 하는 것이요, 잡술로서 병사를 이끄는 것은 사학邪學보다 더 나쁘다'고 했다. 이후 감히 화和의 일자一字를 논하지 못했다. 〔이종원, 『동진일기』 병인 10월 15일조, 이종원이 박규수 감사로부터 받은 서한, 서울대 규장각 소장본〕12

라는 것처럼 결국 대원군의 척화론이 쐐기를 박는 결과로 쇄국론이 대세로 되지만 조선 정부 내에 중국과 일본의 예에 비추어 개항해야 함을 인식하는 이들이 있었던 점은 주목된다. 즉, 1860년 영불연합군의 북경점령사건 이후 조선에서도 대외통상을 주장하는 논리가 형성되고 있었음을 살펴볼 수 있다.

한편 병인양요 당시 조선은 실제로 프랑스군의 화력을 경험하고 탄복하는 한편 프랑스 병사들은 아무리 가난한 집이라도 집집마다 책이 있는 것을 보고 놀랐다고 한다. 1871년 신미양요 당시에는 미국 측이 찍은 사진으로서 해안가에서 미국인이 버린 맥주병을 모아 팔에 한 아름 안고 있는 농부의 모습이 있다.(아래 사진 참조) 두 전쟁은 조선에게 서양의 무력적 우위를 실감하게 하는 한편 조선인에게 새로운 물질문명을 접하는 계기를 부여했던 것이다. 그러나 1868년 오페르트의 남연군묘 도굴사건이 발생함으로써 서양에 대한 반감은 1860년대에 지속될 수밖에 없었다.

이러한 상황 하에서 박규수는 1866년 평안도 관찰사로 부임하게

신미양요 당시 맥주병을 든 조선인

박규수

되는데 평양에서 미국 범선의 내항을 두 차례 맞이하게 된다. 제너
럴셔먼호 사건과 셰난도어호 사건이 그것인데[13] 이러한 경험은 그
로 하여금 서구열강 전체에 대한 반감이 아닌, 미국과 통상조약을
체결해야 한다는 생각을 하게 했다. 그리하여 신미양요(1871년) 당
시 박규수의 심경에 대해 그를 시좌하고 있던 김윤식은 다음과 같
이 적었다.

문호를 닫고 화친을 거절한 것은 선생의 뜻이 아니었다. 그 때 나는 선생은
시좌하고 있었는데 선생이 깊이 탄식하며 말씀하시길 "돌아보건대 현재 세계
정세는 일변하여 동서제강이 서로 대치하고 있어 옛적의 춘추열국시대와 같
아서 동맹과 정벌이 이루어져 장차 그 소란이 심화될 것이다. 우리나라는 비

록 작으나 동양의 요충지에 위치해 있어 마치 진나라와 초나라 사이에 있는 정나라와 같다. 내치외교에서 기의機宜를 잃지 않으면 가히 스스로 보전할 수가 있으나 그렇지 않고 몽매하고 약하여 먼저 망한다면 이는 하늘의 이치이다. 누가 이를 탓하겠는가? 나는 듣기를 미국은 지구제국 중에서 가장 공평하고 먼저 타국의 분쟁을 잘 중재하며 부富는 육주에 미치며 영토를 병탄하고자 하는 욕심이 없는 나라라고 한다. 그들이 말을 하지 않더라도 우리가 먼저 미국과 교제를 맺고 굳은 맹약을 체결해야 고립되는 우환을 피할 수가 있는데 반대로 밀치어 이를 배격하니 장차 어떻게 나라를 도모해야 할 것인가?"라고 하셨다.[14]

고 하여 박규수는 미국과 통상조약 체결의 필요성을 측근에게 토로하기도 했다.

3조선, 메이지 일본과 만나다

이러한 개항론이 1874년 고종친정 이후 대일외교의 변화로 나타나고 마침내 1876년 일본과 조일수호조규를 맺는 과정으로 발전하게 된다.

그러나 일본은 다른 서양제국처럼 조선이 처음 만난 외국이 아니라 전통적으로 교류해온 국가였다는 점에서 조약체결의 의미는 전통적인 대일관계와 새로운 일본에 대한 인식을 함께 검토함으로써 검출되어야 한다.

조선과 일본의 전통적인 외교관계는 통신사의 왕래를 들 수 있다. 1607년부터 1811년까지 12회에 걸쳐 일본막부의 요청에 따라

문화사절인 통신사通信使가 일본에 갔다. 이는 조선측의 의도로는 첫째, 임진왜란 이후 일본의 정세시찰이 현실적으로 필요했다는 점. 둘째, 유교적 문화적 우위에 서서 오랑캐인 일본을 교화시키려는 의도, 셋째, 임진왜란 당시 일본에 끌려간 포로의 귀국교섭이 필요했기 때문이었다. 한편 일본은 조선을 침략한 도요토미 히데요시가 사망한 후 도쿠가와 이에야스가 일본을 통일하고 막부정치를 실시하였는바, 첫째, 명나라와의 단교斷交로 인하여 대륙의 정보루트가 상실된 것에 대한 차선책으로 조선이 필요했다는 점, 둘째, 막부정치의 이념인 유교이념을 도입하기 위한 통로로 삼고자 했다는 점, 셋째, 조선 사절이 마치 막부에 대한 조공사절인 것처럼 선전하여 막부정권의 정통성을 내외에 과시하고자 했다는 점을 들 수 있다.

마지막 통신사는 1811년에 파견되었으며 이후 1868년 메이지 유신까지 일본으로부터의 통신사 파견요구는 없었다. 그 공백을 넘어 양국이 다시 만나게 되는 것이 1868년 메이지 유신 이후다. 이들의 만남에서부터 1876년 근대적인 수호조약인 조일수호조규朝日修好條規를 체결하기까지의 과정은 어떠했을까?

서계문제에서의 왜양일체倭洋一體 논쟁과정

일본의 개항과정

연 도	사 항
1839년	「오란다(네덜란드) 풍설서風說書」를 통해 청국이 영국에 패배하여 홍콩을 할양했다는 정보를 입수, 충격을 받음.
1853년	페리제독의 개항요구. 100문 장착의 군선 내항
1854년	미일화친조약체결
1858년	미일통상조약체결(불평등조약). 이어 네덜란드, 러시아, 영국, 프랑스와 통상조약 체결, 굴욕적 조약체결에 반대하는 무사집단의 운동인 존왕양이尊王攘夷운동 전개
1862년	영국인 살해사건(요코하마 근처에서 몸을 부딪친 영국인을 사츠마 번 무사가 무례하다고 칼로 찔러 죽인 사건)
1863년	사츠마薩摩와 영국의 전쟁(살영薩英전쟁)
1863년	4국(영국, 미국, 프랑스, 네덜란드) 함대 시모노세키(죠슈長州) 포격사건
1868년	메이지 유신

위의 연표를 보면 일본의 개항과 메이지유신 과정이 파란만장했음을 엿볼 수 있다. 조선만 쇄국론이 치열했던 것이 아니라 일본의 경우도 마찬가지로 치열하게 항쟁했던 흔적을 볼 수 있다. 그러나 조선과의 차이점이라면 일단 서구의 문화, 기술의 우위성을 파악한 다음에는 이를 도입하는 데에 망설임이 없었다는 점이다.

당시 조선은 통신사 교류가 두절된 상태였기 때문에 일본의 변화에 대한 구체적인 정보를 파악하지 못하고 있었다. 그런데 1867년 메이지 유신 전 해에 조선의 조야를 떠들썩하게 하는 소식이 있었는데 그것은 일본의 유자儒者 팔호순숙八戶順叔이 기고한 글에 조선이 일본에 조공을 바치지 않는 것을 문죄하기 위해 80여 척의 기선을 이끌고 군대를 파견한다는 것이었다. 이에 대해 조선은 대마도를 통하여 사실의 진위여부를 탐문한 결과 일본 막부로부터는 그러한 사실이 없다고 알려왔다. 그러나 조선정부에서는 일본에 대한 의혹을 완전히 해소하지는 못했다.

다음 해 1868년 일본은 정치적인 합의에 의해 막부가 천황에게 통치권을 반납하고 막부체제를 자진 해체하고 신정부를 구성했다. (메이지유신) 막후에는 죠슈와 사츠마의 하급무사들의 활동이 있었다. 그들 중 대표적인 인물은 사이고 다카모리(西鄕隆盛), 오구보 도시미치(大久保利通), 이토 히로부미(伊藤博文), 이노우에 가오루 (井上馨) 등이었다.

이러한 변혁을 맞아 1868년 일본은 조선에 대해 새로운 국교수립을 요구하는 외교문서(서계書契)를 보내왔는데 그 내용은 '왕정복고王政復古'를 알리는 것이었다. 그런데 서계의 형식에는 '황皇'과 '칙勅(천자가 내리는 문서의 명칭)'이라는 용어가 사용되었으며 '도서 圖書(조선이 대마도에게 왕래를 허가한다는 것을 증명해주는 도장)'가 없었다. 또한 조선에 사전 양해 없이 대마도주의 관직명이 달라졌다. 이에 대해 조선정부는 일본의 의도를 의심하여 서계수리를 거절했다. 서계수리 거절은 1873년 말까지 이어진다. 이 사이에 일본은 외무성 관리를 동래부에 파견하여 집요하게 서계수리를 요구했다.

1874년 조선에서는 흥선 대원군의 섭정을 종식시키고 고종이 친히 정권을 장악했다. 계유정변[15]이다. 고종은 중국의 양무운동에 대해 호의를 갖는 한편 개항의 필요성을 인식하고 있었다. 당시 박규수는 우의정으로 발탁되어 고종의 측근으로서 대외정책의 방향에 영향을 끼쳤다. 1874년 초 대원군과 박규수는 대일외교를 둘러싸고 서한을 통한 논쟁을 전개했다.

왜양일체론에 입각하여 일본에 대한 화친을 거부해야 한다고 주장하는 대원군에 대해 박규수는 대마도주의 관직명의 변화는 일본의 정령일신政令一新을 반영한 것에 불과하며 조선을 경멸하는 문제의 것이 아니라고 대답했다.

또한 황, 칙의 용어사용은 일본이 천황을 이름 한 것은 수천 년 전의 일로서 타국과 상관없는 일본 국내적 사안에 불과하다고 주장했다. 그 비유로서는 "중국 당나라 고종 때 일본사신이 가져온 서신을 보면 '해뜨는 곳의 천자가 해지는 나라의 천자에게 서書를 보낸다'고 했지만 당나라 군신들은 이를 접수하지 않으면서도 외교적 관례에 따라 정중히 이들을 대우하여 귀국시켰다. 옛적에도 먼 곳에서 온 객을 이렇게 대우했는데 하물며 오늘에야 왜 도량을 갖고 이들을 대하지 않는가?"라고 지적했다.

한편 도서圖書 발급에 대해서도 "도서를 발급하여 대마도를 신복臣僕으로 삼고자 하는 것인가? 경상도를 탈진하여 그 고혈을 대마도에 주고 도서를 발급한 것을 대단한 일로 간주한다면 천하가 비웃을 일"이라고 하였다.

일본을 '왜양일체'의 관점에서 보는 것은 박규수도 마찬가지였다. 그러나 박규수는 '서계를 받지 않는 것은 강함과 약함에 관계되는 것이 아니다. 대저 강약이란 사물의 곡직曲直에 달려있으며 외교에 있어서 예를 다하고 이치가 바르다면 약弱이라도 강强인 것'이라고 답변하였으며 서계배척은 '예가 없고 이치가 바르지 않은 것'이므로 조선의 약함을 보여주는 것이라고 했다.

이러한 박규수의 대응은 고종이 바야흐로 대일개항노선을 추진하기 시작했다는 것을 의미하며 대원군으로 대표되는 보수세력에 대한 공격이기도 했다. 고종은 박정양 등을 동래로 파견하여 대일 서계수리 의향을 전했다.

강화도 사건

그러던 중 1875년에 일본의 군함 운양호[16]가 강화도 내해로 거슬러 들어와 조선 측이 발포하자 이에 응격하며 영종진을 점령, 방화하고 돌아간 사건(강화도 사건)이 발생했다. 그런데 이상한 것은 조선이 대일 서계수리로 정책을 전환한 시점에서 이에 대한 구체적인 대응이 없었다는 점이다. 일본에 의한 사건이라는 것을 조선 정부가 알았더라면 이에 대한 어떤 논의가 있어야 하지 않을까? 강화도 사건의 경과를 보면 8월 22일(음력)에 영종첨사 이민덕이 난지도 부근에 이양선이 정박해 있음을 알렸고, 23일에 의정부는 문정관을 파송할 것을 청했다. 같은 날 운양함은 영종진을 포격했다. 24일에 이민덕이 포격사실을 보고하고 이들이 몇 해 전의 이양선의 무리라고 추측했다. 25일에 문정관이 영종진에 도착해 보니 이양선은 퇴각한 후였다. 26일에 정부는 이민덕의 책임을 추궁하여 파면했다. 29일, 고종은 대신들과 회의하는 자리에서

우의정 김병국왈, 이번 이양선은 아직 문정하지 못하여 어느 나라 사람인지 모릅니다.

상왈, 과연 어느 나라 사람인지 모르지만 이양선의 내항은 예년의 예를 이루고 있다 〔고종실록, 을해, 8월 29일조〕

고 할 뿐이었다. 이러한 점은 무엇을 의미할까? 일본은 강화도사건

을 도발하고 바로 귀환하는 바람에 조선 측에서는 이를 조사할 겨를이 없었다는 점이다. 이를 단지 이양선의 일종으로 간주했던 것이 이러한 사정을 반영해준다. 한편 동래부 외무성 출사인 모리야마 시게루(森山茂, 일본외무성 관리)는 마침 나가사키로 귀국해 있다가 다시 외무성의 훈령을 받고 동래부로 가서 조선의 동정을 살핀다. 그러나

운양함 건은 아직 이렇다할 풍설도 없다. 무엇보다 그들 쪽에서 아무런 말이 없다.(이하의 내용은 동래부에 영국함대가 기항하여 이에 대응하느라 분주하다는 내용-인용자주)〔조선사무서, 12쪽〕[17]

고 하여 조선에서는 운양함 사건에 대한 소문도 없다고 보고를 한다. 이러한 점에 비추어볼 때 강화도 사건에 대한 조선의 '무 대응'이 조선의 안이함에서 비롯된 것이 아니라 이를 제대로 파악할 시간적 여유가 없었기 때문이었다고 보인다. 요는 조선정부의 무사안일한 외교자세가 결국 일본의 무력에 굴복한 굴욕적 조약 체결로 이어졌다고는 볼 수 없다는 것을 강조해 두고자 한다.

조약체결 과정

1876년 1월 구로다 기요타카(黑田淸隆) 전권대신이 군함 3척, 수송선 3척에 600여 명의 병사를 분승시켜 미국의 페리제독을 모방하여[18] 조선 개항을 요구하기 위해 강화도에 도착했다. 이들 일행을 맞이하는 조선 측의 대응은 신속한 것이었다. 당시 조선 측 역

관으로 활동한 오경석과, 신헌과 박규수의 중개역할을 한 강위는 박규수 세력의 일원으로서 이 조약에 관계했다. 오경석은 일본외무성 권대승 모리야마 시게루와의 대담에서 '나는 아직 귀국의 대신을 접한 적은 없으나 귀국과 정의情誼를 오래 개통하지 않은 것은 내가 유감으로 생각한 것'이라고 밝히고 나서

나는 여러 차례 청국에 가서 그 사정을 목격했고 우리나라도 도저히 외교를 열지 않으면 안 되며 고립상태를 감당할 수 없음을 여러 차례 조정에 건의하고 귀국과 교의를 맺어야함을 역설했으나 채용되는 일 없이 일본 보기를 대마도 일반 정도로 생각하고 있었다. (중략) 현재 대원군은 은거하고 집정관은 따로 있으나 여러 정치가 극비리에 대원군의 결정을 받들고 있다. 그래서 지체되는 일이 많았다 〔일한외교자료집성, 108~9쪽〕

라 하여 개항의 필요성을 인식하고 있음을 전했다. 당시 조선의 접견대관은 무관인 신헌이었다. 박규수는 신헌에게

일본영사가 처음 중국에 들어가서 개관, 호시를 청하고 조약을 정했을 때 속국을 침략하지 않는다는 조항이 있었다. 지금 그들이 중국에 사절을 파견하여 조선과 수호하겠다고 한 것은 일찍이 조약이 있기 때문이다. 따라서 이번 내항의 목적이 수호에 있다는 것은 저절로 명백하다. 그런데 만일 그 뜻이 여의치 않아 군대를 동원한다면 일본은 중국에 대해 조선이 먼저 잘못을 했기 때문에 어쩔 수 없었다고 말할 것이다. 이에 무력을 동원해도 일본은 중국과의 조약을 어긴 것은 아니게 된다. 그 뜻이 반드시 이와 같으니 우리가 먼저 움직이지 않는다면 그들은 비록 병선兵船으로 협박하지만 먼저 군사적인 행

동은 하지 않을 것이다〔강위전집, 상권, 519쪽〕

고 하여 조선 측의 군사적인 행동을 자제할 것을 지시했는데 신헌은 '이러한 가르침이 정말 오늘날 일본이 군대를 동원한 일의 핵심이며 역시 오늘 이에 대처하는 데에 가장 중요한 일'이라고 답했다.

조약 교섭과정에서 첫 번째 논란이 된 것은 서계문제와 강화도 사건 문제였다. 전자에 대해 조선은 팔호순숙八戸順叔의 정한론이 조선에 악영향을 끼쳐 일본과의 국교거절여론이 비등하여 서계를 수리할 수 없었다고 답변했으며 강화도 사건에 대해서는 당시의 이양선이 황색기를 달고 있어서 일본 배임을 알지 못했다고 답변했다. 이러한 조선 측의 대응은 일본 측의 논리에 무조건 피동적으로 끌려갔던 것이 아니었음을 알 수 있는 부분이다. 그렇지만 신헌의 발언을 보면 통상조약체결의 의미를 잘 이해하고 있지 못했던 것은 사실이다.[19]

한편 조약에서 조선이 관철하고자 한 사항은 양국의 평등한 정치적 관계를 명시하는 것이었다.[20] 이 점은 오랜 서계문제 대치과정에서 조선이 중시했던 점이다. 또한 양국의 통상은 지방관이 담당하면 되므로 서울에 일본사신이 주재할 필요는 없다고 주장했으며 양국 사절왕래도 10년 내지 15년마다 행하면 된다고 주장했다. 이는 종래의 통신사 왕래를 염두에 둔 발상이라고 할 것이다. 또한 통상은 물물교환원칙, 미곡수출금지, 상평전 사용금지, 아편이나 서양의 종교서적 반입금지를 요구했으며 수호조약은 일본에게만 한정하며 타국에는 적용되지 않는다는 점을 강조했다.

조약체결 후 신헌은 통상문제나 사절파견문제보다 러시아의 남하문제를 우려하는 발언을 하여 일본이 러시아를 설득해 줄 것을 요청하기도 했다. 무관인 신헌의 입장에서 당시 조선에게 필요한 것은 통상 보다도 서양열강 침략에 대응한 대외적인 안정이라고 생각한 것이다.

　　조일수호조규의 체결은 치외법권, 무관세조항 등 조선에 불리한 불평등조약임에는 틀림없다. 그러나 조선은 이 조약을 통해 일본과 대등한 국가관계의 수립을 도모하고자 했으며 표면적으로는 일본에게만 한정된 조약이라고 명시했으나 오경석의 발언에서 엿보이듯이 조약이 개항의 단서를 연 것은 분명하다. 조약 체결 이후 김옥균, 박영효, 홍영식, 김윤식, 어윤중 등 소장세력이 정계로 대거 입문하여 고종을 보좌하여 개화정책을 추진하게 되는데, 그 기반은 1876년의 조일수호조규 체결이 마련한 것이다.

　　그러나 다른 한편으로 최익현(1833~1906년)은 조일수호조규 체결 소식을 듣고

　　정자程子는 강화講和하는 것을 중화지도中華之道를 어지럽히는 길이라 하였고 주자朱子는 강화하는 계책을 결행한 즉 삼강三綱이 무너지고 만사가 망치게 될 것이니 이는 큰 환란의 근본이라고 했으니 정자와 주자의 교훈으로써 오늘날의 일을 헤아려보면 적과 더불어 강화함은 결코 행幸이 되는 일은 없을 것입니다. (중략) 저들은 비록 왜인倭人이나 실은 양적洋賊입니다. 강화가 한번 이루어지면 사학邪學의 서적과 천주天主의 초상화가 교역하는 속에 들어올 것입니다. 그렇게 되면 (중략) 사학이 온 나라에 퍼지게 될 것입니다 〔면암집, 권3〕

라고 도끼를 들고 궁궐 앞에 엎드려 상소했다. '왜인이 실은 양적'이라는 그의 지적은 과연 옳았다. 그러나 그것은 이 시대의 논리이기도 했다. 이 조약을 계기로 조선은 서구근대사회와 본격적인 만남을 갖게 된다.

▶ ◀정리하는 말

19세기 후반기 조선과 서양의 만남은 무력충돌로서 시작되었다. 그러나 무력충돌이 반드시 부정적인 영향만을 남긴 것은 아니었다. 이러한 경험을 통해 조선은 서양열강의 모습을 목도할 수 있었으며 중국과 일본이 통상조약을 체결한 상황에 비추어 조선의 개항도 불가피함을 인식하게 되었다. 당시 조선의 대서양인식은 기본적으로 그들이 천주교를 전파하기 위해 침략을 감행하는 것이라고 생각했다. 그러한 생각이 바뀌기 시작한 것은 1860년 영불연합군의 북경점령사건 이후이며 특히 우호적인 미국의 외교자세를 통해서 통상조약의 필요성을 인식하게 되었다.

조일수호조규는 종래 외교관계가 있었던 일본과의 관계 수복이라는 점에서 조선정부 내의 반대세력을 어느 정도 무마시킬 수 있는 요소가 있었다. 이 조약이 조약안에 명시된 대로 구교회복의 차원에 머문 것이라면 이후의 개화파의 등장은 이루어지지 않았을 것이다. 조일수호조규의 체결은 한편으로는 개명군주인 고종과 개명관료인 박규수의 개항노선이 관철한 결과이다. 이후 조선은 일본에 수신사를 파견하여 일본의 근대화를 목격하고 조선의 근대화 정책 또한 박차가 가해지게 된다.

2
개화기의 변혁논리와 개화 풍경

전통과 근대는 서로 다른 시간 속에 존재한다.[21] 즉 전통사회는 순환시간의식 속에 존재하여 시간이 직선으로 발전한다는 의식은 갖고 있지 않았다. 근대의 가장 큰 특징은 직선시간의식이다. 시간은 일직선상에 놓여 있으며 과거와 현재와 미래가 있다. 이는 자동시계를 통해서 사람들에게 자각되어졌으며 노동자의 노동리듬을 통해 현실에서 훈련되었다. 철도의 바퀴처럼 앞만 보고 달리는 시간은 노동자의 근면으로 채워져야 했으며 이는 자본주의 윤리로 간주되었다. 직선시간의식을 통해 사람들은 미래를 의식하며 미래는 과거보다 더욱 발전된 시대라고 생각하기 시작했다.

또한 근대인은 분석적인 사고를 한다. 이는 수학에

청일전쟁 당시 일본군의 행진을 지켜보는 서울시민들. 상점에 걸린 시계가
조선에 도래한 근대를 상징하는 듯하다.

기초하여 복잡한 것을 작은 것으로 분해하고 다시 질서 있게 재구
성하여 이를 체계화하고 다시 검산한다. 근대인은 이처럼 정밀하
게 순서를 정해 생각하는 것을 지적 정신의 목적이나 태도로 삼고
있다. 따라서 근대인은 감성보다는 이성을 중시하고 법적 체계를
중시하는 것이다.

직선시간의식과 근면한 생활태도와 법에 의해 운영되는 국가,
이것이 근대 자본주의 국가의 기본 구성요소였다. 조선은 개항 이
래 자신의 선택 여하와 관계없이 이러한 자본주의 세계에 편입되
고 적응해 가지 않으면 안 되었다. 이러한 상황에서 조선사회를 크
게 이끌고 가고자 했던 이념은 개화사상이다. 형성기에 이 사상은
유교적 정통론을 주장하는 위정척사사상과 크게 대립했다. 그러나

개항이라는 대세 속에서 개화사상은 개혁이념으로서 19세기 후반기 조선의 모습을 크게 규정했다. 개화파의 활동 속에서 19세기 후반기 조선은 어떻게 자기를 재구성해 나갔을까? 그 과정을 살펴보자.

1 직선 시간의 발견–개항과 새로운 문물의 도입

다블뤼 주교는 '조선인들은 미래에 대해서는 좀처럼 신경 쓰지 않는다'고 평했다.[22] 또한 '조선 사람들은 돈벌이에 악착같아서 돈을 벌기 위해서는 수단, 방법을 가리지 않는다. 그들은 소유권을 보호하고 도둑질을 금하는 도덕률을 거의 모르고 더구나 존중하지 않는다'[23]고 하여 사회를 구속하는 법적 효력이 전혀 없음을 비판했다. 이러한 지적은 다른 외국인의 경우에서도 보인다. 주한 미국 공사를 역임한 알렌은 1880년대의 조선인의 시간의식을 다음과 같이 묘사하고 있다.

(조선인에게는) 한가한 시간이 많고 오늘 못하면 내일로 미루는 습관이 있다. 그러나 오늘은 한 번 지나가면 결코 다시 오지 않는다. 오늘은 단 한 번뿐이다.[24]

조선인의 순환시간의식과 미국인 알렌의 직선시간의식이 대조적이다. 또한 랜도어는 1890년대의 조선인의 시간의식에 대하여,

조선 사람은 밤늦게까지 이러저러하게 시간을 보내는 것을 즐긴다. 반면에 세계에서 그들만큼 잠을 좋아하는 국민도 없다 — 조선 사람들은 매우 불규칙하게 생활한다. 그들은 낮잠을 잤기 때문에 밤에는 잠이 오지 않아 결국 밤새 잠을 자지 못하는 때가 가끔 있다.[25]

이러한 지적은 조선인에게 직선시간의식이 결여되고 국가운영의 법적 체계가 갖추어져 있지 않으며 사람들의 노동리듬도 전혀 형성되지 못한 모습을 지적하는 점에서 공통된다.

1876년 조일수호조규로 인해 조선이 처음 접한 외국은 일본이었다. 당시 일본은 문명개화가 한창 진행되어 도쿄에서는 철도마차가 다니고 증기선, 벽돌건물, 서양의 의식주문화가 범람하고 있었다. 당시에 일본에서는 '단발한 머리를 두드려 보면 문명개화의 소리가 들린다'는 말이 유행할 정도로 도시에서의 외형적 근대화는 괄목할 만한 것이었다. 제2차 수신사 김홍집 일행은 이러한 일본을 견문하고 『조선책략』과 『이언易言』 등, 근대화와 미국, 일본, 중

동경 니혼바시 번영도(1872년)

〈개화〉의 어원

〈개화〉의 어원은 후쿠자와 유키치(福澤諭吉)의 『서양사정西洋事情』 (1867년) 외편外篇에서 사용된 '문명개화文明開化' civilization에서 비롯되었다. 1873년 일본의 구미사절단이 귀국한 다음 널리 '문명개화'라는 말이 인구에 회자되었다. 조선에 전래된 것은 조일수호조규 이후이나. 조선에서 이에 대한 개념이 잡히기 시작한 것은 1890년대이다.

유길준은 『서유견문』에서 인간의 천사만물千事萬物이 지선극미至善極美한 경지에 도달하는 것이며 '미개화未開化－반개화半開化－개화開化'의 과정을 거친다고 보았다. 유길준은 1881년 일본 게이오의숙에 유학하여 후꾸자와 유키치의 지도를 받았다.

박영효는 수구파의 '수구의뢰守舊依賴'에 대한 '취신자립就新自立'의 의미로 보았으며, 김윤식은 시무時務(당시의 급무)라고 하였다.

1890년대 후반기부터 '개물성무開物成務'(역경易經), 「화민성속化民成俗」(예기)에서 유래하는 '개물화민開物化民'(문물을 개방하는 것으로 시무로 삼고, 인민을 교화함으로써 풍속을 이룬다)이라는 이해가 정착했다. 즉 대외적인 문물 개방을 통하여 부국강병정책을 추구하고 우매한 백성을 교화시켜 문명의 경지에 이르도록 한다는 것이다.

당시 동양 3국에 있어서 '개화'는 물질의 개화와 정신의 개화로 이원적으로 인식했다. 일본은 명치유신 후 구미사절 귀국 후에는 이 양자의 습득에 주력했다면 중국은 '양무운동'이라 하여 전자의 물질의 개화에 주력하면서 중국의 정신문화는 견지하고자 하다가 이후 이를 극복하여 '변법운동'이라 하여 양자의 습득에 주력했다.

국과의 친교를 주장하는 서적을 가지고 왔다. 이에 대한 위정척사 세력의 반발이 거세었지만 고종은 김옥균 등 소장관료들을 대거 등용하여 개화정책에 박차를 가했다. 문일평은,

신사辛巳는 병자와 임오년 사이에 끼어있기 때문에 오늘날까지 세인의 주목을 끈 일이 비교적 적었으나 기실은 이 신사辛巳처럼 문화사상의 빛나는 해는 드문 것이니, 고종의 어명으로 조선 최초의 시찰단이 일본에 건너가고 조선 최초의 유학생이 천진에 건너간 것도 신사년이었다. 또 일본의 문물제도나 기술을 습득하였다. 잠자고 있던 조정이 의식적으로 청일을 통하여 신문화를 수입하기 위해 노력한 것이 이 때부터였다.[26]

라고 하여 1880년대 초반의 개화정책을 평가했다.

이 시기의 개화정책의 배경에서 간과해서는 안 될 것은 개화정책에 관한 강렬한 의욕을 보이고 있었던 고종이 있었다는 사실이다.

그는 당시 비등한 척사척왜상소를 격퇴하였으며 1881년에는 은밀히 〈동래부 암행어사〉라는 명목으로 대규모의 조선 관료의 대일 시찰을 단행하기도 하였다. 1883년의 견미사절의 복명 시에도 대외조약체결을 적극 강조하기도 하였다. 일반적으로 고종에 대해서는 청일 러일전쟁 이후가 강조되어 무능한 군주라고 평가하고 있으나 군주제 하에서 왕의 역할 없이는 개화정책도 수행될 수 없는 것이었다. 따라서 조선의 개화정책은 고종과 개화파에 의한 개화정책으로 이해되어야 한다고 본다.[27]

이러한 개화정책은 1884년 갑신정변이 일어나기까지 왕성히 전개되어 나갔다. 그 중요한 개혁정책을 살펴보면 다음과 같다.

연 도	개혁 사항
1881	박정양, 홍영식, 어윤중 등의 신사유람단 파견/영선사 김윤식이 유학생 38명을 이끌고 중국에 감/ 별기군 신식군대 창설
1882	조미통상조약, 조영조약, 조독조약체결, 조청수륙무역장정체결
1883	해관설치/최초의 근대학교인 동문학 설립/화륜선 구입/최초의 근대적 신문 한성순보 발간/근대우편제도 창설, 우정국 설치/치도국治道局의 설치와 서울시내 도로 확장정리/서울 내 경찰제도 창설/복식제도 개혁/견미사절 파견. 민영익, 홍영식 등/서북경략사 어윤중, 동남제도개척사 및 포경사 김옥균 파견
1882~84	해외유학생 파견. 유길준, 윤치호 등/26개의 근대적 상공업 기업체 설립. 연초, 양조 등
1884	농무목축시험장 설치

이러한 정책을 주도한 개화파의 의도는 어떠한 것이었을까? 김옥균은 〈치도약론治道略論〉(『한성순보』, 1884년 윤 5월 11일/일본『시사신보』, 1882년 8월 게재)에서,

오늘의 세계는 변화하여 만국의 교통은 대양을 통하여 윤선輪船이 왕래하고 전선電線이 지구를 뒤덮고 금, 은, 철, 석탄 등의 개발, 각종 공작기계의 발명으로 인민들의 일상생활에 편리를 주는 허다한 사실들은 이루 헤아릴 수 없이 많다. 이렇게 되기 위해서 세계 각국에서 실시하는 정치의 요점을 찾아본다면 첫째, 위생이며 둘째, 농상農桑이며 셋째, 도로道路이다. (중략) 나는 일찍이 어떤 외국인이 우리나라를 유람하고 나서 "조선은 비록 산천이 아름다우나 민가民家가 적고 사람들이 매우 강하고 포부가 있으나 사람과 가축의 똥오줌이 길가에 가득 차 있는 것이 기막히다"고 하였다 한다. 어찌 차마 이런 말을 들을 수 있겠는가? 슬프다! (중략) 오늘 우리나라의 급선무는 농업을 부흥시키는 데에 있으며 농업을 부흥시키는 요령은 실로 밭에 비료를 많이 내는 데에 있으며 시비를 부지런히 하면 오물도 없앨 수 있으며 오물이 없어지면

김옥균   일본 망명시절의 김옥균

전염병도 사라질 수 있다. 그런데 농업이 잘되어도 운수運輸가 불편하다면 강 건너 곡식을 내지로 옮겨 올 수가 없다. 이것이 치도治道해야 하는 이유이다. 길이 잘 닦여져 있으면 열 사람이 하는 일을 한 사람이 능히 할 수 있으며 나머지 아홉 사람은 다른 기술과 사업에 돌릴 수 있다. 그리하여 이전에 놀고먹던 자들은 각자 직업을 얻어 백성과 나라에 이익이 되는 것이다.

이 글을 일람해 보면 김옥균이 위생과 농잠과 도로에 주목하고 있으며 노동의 효율성을 기하도록 하여 산업을 발달시켜야 한다고 생각하고 있음을 알 수 있다. 이러한 주장은 회사설會社說에서도 일관된 내용을 발견할 수 있다.

지금 서양 각국에서는 회사를 설립해서 상업을 장려하지 않는 나라가 없으니 이것은 나라의 부강을 이룩하는 기초가 되는 것이다.

대개 상업이란 (중략) 이 쪽에 있는 물건을 가져다가 그것이 없는 저 쪽에 공급하며 또 저 쪽의 남은 물건을 가져다가 이 쪽의 부족한 것을 보충하여 주는 작용을 수행한다. 이것은 바로 하늘이 인간을 양육하는 길이요, 사람들이 자신을 양생하는 길이다. (중략) 서양 사람들의 현행 제도를 소개하는 바이다. (중략) 회사 중에는 철도를 운영함으로써 국내의 운수교통을 편리하게 하는 것도 있고 선박을 운영함으로써 외국과의 왕래를 하는 회사도 있고 물품 제조를 전업으로 하는 회사, 토지개간을 전업으로 경영하는 회사들도 있다, 그 일상적인 사업은 모두 회사를 결성하여 운영된다. 또 정부에서 해당 사업을 장려해 줌으로써 그것을 나날이 발전, 왕성하게 한다. (하략) 〔『한성순보』, 1883년 10월 21일(작자 불명이나 김옥균의 글로 알려져 있다)〕

즉, 김옥균은 회사의 설립을 통해 부국이 달성될 것이라고 주장한 점에 있어서 미래를 기획하고 구상하는 서구적 시간의식을 수용한 이였다고 할 것이다. 그런데 그의 근대화 구상의 직접적인 모델은 일본에서 구해졌다. 그는 치도약론 가운데에도 "일본은 유신 이후에 개혁을 잘하여 도로 공사에 힘을 기울여 그 성과가 크다." 고 평가하고 있는데, 일본이 동양의 영국이라면 조선은 동양의 프랑스가 되어야 한다고 역설하였다.

한편 어윤중은 1881년 일본시찰 중의 견문록에서,

우리나라는 원래 유도儒道를 숭상하여 침잠하고 유약한 것을 현사賢士로 여겨 용감하게 분기하는 사람이 한 사람도 없다. 이는 먼저 풍속을 변혁하고 이들로 하여금 전의 폐습을 개혁하고 나서나 가능한 일이다. 일본이 능히 분기하는 자가 있는 이유는 그들이 원래 무武를 숭상하여 사람들이 용감하고 과감한 것에 익숙해 있기 때문이다. 가히 귀감으로 삼아야 할 것이다. 〔어윤중, 〈수문록〉, 『어윤중전집』〕

먼저 과거를 폐지할 일이다. 그러면 공명진취功名進取를 도모하는 자들은
모두 외국에 나아가 재예才藝를 배우고 익혀 돌아올 것이다. 만약 과거를 폐
지하지 않으면 인재는 흥하지 않을 것이요, 모두 구습에 안주하여 배우고자
하는 자세를 추구하지 않을 것이다 〔어윤중, 〈수문록〉, 위의 책〕

라고 하여 기존의 유교적인 여러 폐해를 제거할 것, 과거 폐지, 인
재등용 등을 통하여 진취적인 기상을 가진 자들을 등용하고 이들
에 의해 개혁이 이루어져야 함을 주장하였다.

1883년 보빙사 부전권 대사로 미국을 시찰한 홍영식 또한 귀국
복명시의 고종과의 문답에서는 그들이 추구했던 개화정책의 향방

1883년 보빙사 일행

홍영식

을 구체적으로 제시했다.

상왈, 그 나라를 처음 가보았는데 마땅히 그 장점을 취할 바 있겠다.

영식왈, 신 등은 그 곳에 도착한 이래 언어가 불통하고 문자가 같지 않아서 이목으로 보고 들어서 대강 파악할 수는 있어도 도무지 잘 이해하지 못했습니다. 그런데 기기機器의 제조 및 배, 차, 우편 전보 등은 어느 나라를 막론하고 급선무가 아닐 수 없습니다. 특히, 우리가 가장 중요시한 것은 교육에 관한 일인데 만약 미국의 교육방법을 본받아서 이를 도입, 인재를 양성해서 백방으로 대응한다면 아마도 어려움이 없을 것이므로 반드시 미국의 교육제도를 본 받아야 합니다.

상왈, 그 나라의 사치하고 화려함은 일본과 비교하여 어떠하던가.

영식왈, 미국은 토지가 비옥하고 자연자원이 광대하며 제도에 속한 모든 것 까지 일본은 이에 미칠 바 못됩니다. 일본 같은 나라는 서양법을 채용한지 아직 얼마 안 되었으며 비록 일본이 서양법을 약간 모방했다 하더라도 진실로 미국의 예에 견주어 논할 수 없습니다.

상왈, 이 같이 그 나라가 부강하다면 그 나라의 병제는 어떠한가.

영식왈, (중략) 미국의 국민은 문맹자가 거의 없고 또한 해군, 육군의 병예를 연습하지 않는 자가 없으므로 국민 모두가 장수가 될 수 있고 병졸도 될 수 있어서 갑자기 어떤 긴급사태가 발생하더라도 백만의 군대를 급히 동원할 수가 있습니다. 가령 남북전쟁 발생시 그 실례를 볼 수 있습니다.

상왈, 그러면 집집마다 양병한단 말인가?

영식왈, 그렇습니다. 실제 병사 수는 적지만 작 지방에 민병이 많이 있으므로 위란危難을 당하더라도 양병의 실효를 충분히 거두고 있습니다. (중략)

상왈, 미국의 관제는 유럽제국과 다르단 말인가.

영식왈, 영국, 독일 같은 나라에서는 세습제가 있고 나머지 관료들도 자주교체되지 않고 흔히 오랫동안 유임하여 치적을 올린다고 합니다. 이런 점에서 볼 때 아마도 군주와 민주의 정치제도는 그 법이 다른 듯 합니다. 〔『고종실록』, 1883년11월22일〕

　여기에서는 첫째, 부국정책의 기초로서 기기제조, 선박, 차제, 우편, 전보 등의 문명이기의 개발이 급선무임을 드는 한편 이와 함께 미국의 교육제도를 본받아서 인재양성에 힘을 기울여야 함을 역설하고 있다. 둘째 , 일본 뿐 아니라 미국의 근대화를 목격함으로써 다양한 견문을 얻을 수 있었다.

　이러한 부국정책은 대외적으로 해외통상을 통하여 뒷받침되는 것이었다. 1882년 한미조약을 위시하여 한영, 한독조약이 체결되었던 바, 이에 대하여 홍영식, 김옥균, 어윤중 등은 참으로 타당한 일이라고 평가하였다. 어윤중은 또 중국이 초상국을 설치하여 통상을 장려하는 것을 평가하고 조선도 상업을 장려해야 함과 통상을 주체적으로 전개한다면 서양열강의 침략성을 무마시킬 수 있으므로 일석이조가 된다고 피력하였다. 기본적으로 개화파는 당시 서양열강이 통상을 목적으로 하여 세계 각국과 교제한다고 인식하였던 것 같다. 홍영식도 미국의 해군의 역할에 대해서 상민을 보호하고 외적을 방어하는 일이라고 하여 열강의 군대의 역할도 다른 나라를 침입, 정복하는 수단이라기보다도 통상을 보조해주는 역할이라고 평가하였다.

　즉, 개화파가 인식한 당시의 세계질서는 각국간의 조약을 기반으로 '만국공법'28을 준수하며 서로 통상을 전개하는 것이며 그러는 한에 있어서는 대외적 침략은 초래하지 않을 것이라고 하는 것이었다. 이러한 주장은 박규수의 통상개국론, 예에 입각한 외교론과 일맥상통하는 주장으로 이를 보다 확대시킨 것이라고 할 수 있겠다. 그러나 이러한 그들의 주장은 당시 일본 메이지정부 관료의 삼엄한 약육강식 논리에 입각한 세계질서 인식과는 달리 소박하고 낙관적인 것이었다. 일본의 경우는 1871년 불평등 조약체견을 위한 대외교섭사절 파견과 조약개정 좌절을 경험한 다음 세계의 냉엄한 현실을 직시할 수 있었다. 개화파는 당시 아직 이러한 총체적인 세계인식에는 도달하지 못하였던 것 같다.

한편 각 개혁정책에서 빼놓을 수 없는 것이 삼정의 문란을 포함한 토지개혁문제이라고 할 것이다. 이의 해결방안으로 개화파는 일본과 같은 〈지조개정〉29을 역설하였고 갑신정강에도 지조개혁으로 강조되었다. 어윤중의 경우도 일본의 지조개정을 높이 평가하였다. 이는 기본적으로 기존의 〈지주제〉를 근간으로 하면서 단지 세제상의 개혁을 행한다는 것으로 개화파의 권력기반이 기존의 양반관료층이라는 점, 정부 주도의 위로부터의 개혁을 고수하고자 하였다는 점과 밀접히 관련 있다. 조선후기의 토지소유관계의 변화는 농민적 토지소유가 점차 확대되어가는 방향으로 전개되었기 때문에 당시의 민중의 요구를 수렴하기 위해서는 기존의 지주제에 대한 개혁이 불가피하였다고 할 수 있다. 그러나 개화파는 기본적으로 기존의 토지제도를 기반으로 하면서 이를 조세정책으로 해결해 보고자 하였다. 이는 개화파의 한계를 드러내는 것으로 갑오개혁 당시 농민군과의 대립을 예견하게 하는 사항이라고 할 것이다.

이상과 같이 그들의 개화사상은 정치적으로는 입헌군주제를 지향하면서 경제적으로는 지주제를 옹호하여 위로부터의 부국정책을 추진하는 것이었다. 그 구체적인 내용은 각종 기간산업(철도, 선박, 전기 등)을 일으키고 회사설립을 장려하여 근대화를 꾀하는 것인데 이를 위한 인재교육에 있어서는 미국식의 교육방법이 주목되었다. 인재등용의 주된 기준은 능력주의였으며 이상의 과정에서 볼 때는 인민평등주의의 실현으로 귀결될 개혁방향이었다.

2 갑신정변

이러한 개화파의 개혁구상은 갑신정변으로 일대 위기를 맞이했다. 갑신정변은 김옥균을 위시한 박영효, 홍영식, 서광범, 서재필 등 소수 급진적 개화파가 일본과 연대 하에 일으킨 정변이었다. 그들의 존재는 한국근대사의 변혁주체로서 소중한 자산이었던 만큼 갑신정변의 실패는 근대의 변혁 주체, 제1세대의 좌절로서 근대사의 큰 손실로 남았다. 윤치호의 아버지인 윤웅렬은 정변 발생 후 이의 실패를 예견하고 있었는데 그 이유는

외세에 의존하는 것은 반드시 오래 지탱할 수 없다. 인심이 따르지 않으니 변은 장차 안에서 일어날 것이다. 청군은 반드시 출동할 것인즉 적은 군대로서 대군을 당할 수 없다 〔『윤치호일기』, 1884년 12월 6일〕

는 것이었다. 여기에서 지적하고 있는 것처럼 갑신정변은 외세에 의존한 정변이었다. 김옥균의 일본에 대한 신뢰는 각별한 것이었다. 그는 일본이 단기간 내에 부국강병=문명개화를 달성했다고 인

식하고 이를 모델로 조선의 근대화를 속성하고자 하였다. 그는 갑신정변까지 세 차례에 걸쳐 일본을 왕래하였는데 그 간에 민권학자인 후쿠자와 유키치(福澤諭吉), 자유당계의 거물인 고토 쇼지로(後藤象二郎)[30] 등과 교분을 두텁게 하였다. 후쿠자와 유키치는 당시 조선의 독립을 강력히 주장하고 있었다. 후쿠자와가 경영하는 게이오 의숙(慶應義塾)에는 윤치호 등 조선 청년들이 유학하기도 하여 이들과 후쿠자와의 관계는 돈독했다.

한편 김옥균은 1883년 고토 쇼지로에게 서한을 보내 조선에서 무력에 의한 정변을 단행할 때는 일본의 무사와 무기 원조가 필요함을 역설하기도 하였다. 김옥균은 1883년 12월 조선정부에서 재정타개를 위해 당오전을 주조하고자 하는 것을 비판하고 그 보다 일본으로부터 차관을 도입함으로써 재정위기를 타개할 것을 주장하여 민영익과 대립한 채로 일본에 건너갔다. 그는 울릉도의 삼림채벌권을 담보로 300만 원의 차관을 얻고자 하였으나 실패하고 만다. 당시 조선에 대해서 자신들의 문명개화의 겉모습을 과시했던 일본이었지만, 실상에 있어서는 급속한 문명개화정책으로 인하여 국내적으로 인플레가 야기되는 한편 외국으로부터의 차관 상환문제나 대외적인 불평등조약체제 하에서 고심하고 있었기 때문에 도저히 300만 원의 차관을 선뜻 내어줄 형편이 되지 못하였던 것이다.

그러나 1884년 5월 청불전쟁이 발발하자 청국군이 조선에서 부분 철수하는 틈을 타 일본은 김옥균 등에게 접근하여 지원의사를 밝히고 김옥균은 이에 고무되어 정변을 결행한다. 그러나 200여 명의 일본군세와 1,500여 명의 청국군의 충돌 결과 일본군도 퇴각

어윤중

하고 김옥균 등은 일본으로 망명하지 않을 수 없었다.

그런데 어윤중은 김옥균과는 다른 생각을 갖고 있었다. 1881년의 일본시찰의 보고서에서 '춘추전국시대가 소전국시대라고 한다면 현재는 서양열강이 각축하는 대전국시대'라고 하여 약육강식의 논리가 지배하는 세계에 대한 위기감을 나타내고 현재의 국가보전을 도모하면서 부국강병을 추진하여야 한다고 주장하였다. 다른 한편으로는 일본의 실상에 대해서는 현재 일본이 국가적으로 부국강병정책에 매진하고 있는 것을 보고하고 만약 조선이 부국강병을 달성한다면 일본은 위협적인 인국이 되지 않을 것이나 조선이 부국강병을 달성하지 못할 경우 일본은 조선에 위협적인 존재가 될 것임을 피력하였다. 이는 일본과는 세력균형 상태 하에서만 조선의 독립이 보장될 수 있으며 그렇지 못할 때는 일본은 조선 침략의 야심을 실천할 것이라는 통찰이었다. 그러나 다른 한편으로 어윤중은 일본의 개화의 실상에서 배워야 할 것을 배우고 타산지석으로 삼아야 할 것은 삼아야 한다고 하여 어디까지나 조선의 주체적인 개혁을 주장하였다. 가령 어윤중은 일본이 불평등조약체제하에서 관세자주권의 상실, 치외법권, 영사재판권 등으로 자주권을 상실하고 있는 실정을 거울삼아 자주권을 견지해야 함을 역설하기도 하였다.

이러한 인식하에서 조선이 당면한 상황은 군사적으로 도저히 대외적인 자립이 불가능한 상황이었다. 따라서 기존의 청국과의 종주관계를 유지하면서 개화정책을 추진하고자 했다. 그래서 어윤중은 일본에서 만난 사람들이 하루빨리 청국으로부터 독립하라는 권유를 일축하고 '자주는 가하나 독립은 불가하다'는 견해를 표명하였던 것이다. 그러나 이러한 대응은 지속적이라기보다는 조선의 능력이 향상될 때까지의 일시적인 대응으로 인식되었던 것 같다. 한미조약의 사전교섭을 위해 1882년 문의관으로서 청국에 파견되었을 때 그는 상해 오스트리아 영사관에서의 대담에서 '현재는 조선이 외교적 지식이 부족하기 때문에 청국에 의뢰하는 것이며 앞으로는 조선이 주체적으로 대외조약을 체결해 나갈 것임'을 피력하였다. 이러한 어윤중의 대외인식에서는 그가 〈친청사대적〉인 인물임을 나타내주기보다는 오히려 현실의 여러 상황을 적확히 판단하여 주체적으로 외교관계를 이용해 나가면서 조선의 개화=자강을 꾀해 나가고자 하였음을 알 수 있게 한다.

그러나 이들의 개혁노선이 통합될 여지없이 정변이 단행되고 실패함으로써 심각한 파장을 몰고 왔다. 즉, 황현의 매천야록에는

홍영식의 부친 홍순목은 영식의 열 살 된 아들을 독약으로 죽이고 자신은 자살했다. 홍영식의 처 한씨도 자살했다. 김옥균은 자식이 없었고, 동생(김각

균)과 생부가 옥사했고 처 송씨는 투옥되었다. 박영교의 부친 박원양은 영교의 열 살 된 아이를 죽이고 자살했다. 서재필의 생부 서광언은 아내 이씨와 함께 자살했고 형은 옥사했다. 서광범의 부친도 옥사했다. 한편 어윤중과 김윤식은 박영효의 부친(자살)을 장사 지내주었다는 이유로 유배당했다.

고 적고 있다. 김옥균 뿐 아니라 이들의 가족을 도운 어윤중과 김윤식마저 유배를 당하는 등 정변 이후 정국은 급격히 일변했던 것이다.

한편 정변에 이르는 국제정세는 어떠했을까? 중국은 임오군란 이후 조선을 실질적인 속국으로 삼고자 하는 속방 강화정책으로 전환해 나갔다. 그리하여 청국 이홍장 휘하의 인물인 마건충과 묄렌도르프를 정치외교 고문으로 파견하고 군대도 상주시키는 등의 정책을 전개하는 한편 '조청수륙무역장정'에서는 종주국으로서의 특혜를 규정하여 조선에서의 배타적 지위를 획득하고자 한다.

한편 일본의 경우는 어떠한가? 자유당 기관지인 『자유신문』의 1882년 11월 21일의 사설에는 '오늘날의 정세에 비추어 본다면 일청간의 선린유지에는 많은 장애가 있다는 사실을 부인할 수 없으며 양국 사이의 분쟁은 그리 먼 장래의 일은 아닐 것이다'고 하여 청일전쟁을 예견하고 있다. 이후 일본은 청국을 가상적국으로 하는 해군 확장에 주력하고 육군의 목적도 대외전에 대처할 수 있도록 훈련할 것을 천명하였다. 연간 세출의 군사비 비율도 82년의 17.4%에서 85년에는 25%, 90년도에는 30%를 상회하고 있다. 한편 1882년 12월 1일자의 하나부사 요시타다(花房義質), 다케조에 신이치로(竹添進一朗)가 이노우에 외무경에게 보낸 서한을 보면 '조선을 청국의 영향 하에서 벗어나게 하고 일본이 우위를 차지하기 위해서 임오군란 이후 청국의 간섭에 불만을 품고 일본에 마음을 기울이고 있는 김옥균 등에게 재정적인 원조를 단행하며 임오군란의 배상금을 반환하는 등의 정책으로 그들의 환심을 사고 독립을 권유, 고무시킬 것'을 요청하고 있다. 그러면서도 그들은 조선이 일본의 영향을 벗어나 독자적으로 개화정책을 추진해 나갈 것에 대한 두려움을 갖고 있었다. 1883년 민영익, 홍영식 일행이 미국시찰을 떠났을 때 그들은 일본이 조선에 영향력을 끼칠 수 없을지도 모른다는 인식하에 〈조선중립론〉을 제기하기도 하였다.

따라서 임오군란 후의 조선을 둘러싼 동아시아 정세는 청국이나 일본 모두 조선을 실질적인 세력 하에 둠으로써 자국의 권위를 높이고자 하는 정책을 추진하면서 서로 각축하고 있었다. 그러나 조선의 내적인 역량이 결집된다면 외세의 논리를 제어할 수 있는 상황이었다. 일본이 1883년 조선이 미국에 사절을 파견한다는 소식을 접하고 갑자기 조선중립론을 제기한 것이 그 증거이다. 이러한 상황 하에서 조선에 무엇보다도 요청되었던 것은 대외적 자주외교와 대내적인 개화정책의 통일된 추진이었다 할 것이다. 그러한 계기를 잃어버리고 변혁주체마저 심대한 타격을 받는 것으로 끝난 갑신정변, 한국근대사의 첫 번째 위기상황은 갑신정변에서 시작되었다고 해도 과언이 아니다.[31]

3 1890~1900년대의 개화풍경

갑신정변은 실패로 끝나고 개혁을 효과적으로 주도할 정치세력은 사라졌으나 서구화의 물결은 조선 사회를 점차 파고들어갔다. 1880년대 수입한 외제품은 옷감, 솥, 냄비, 농구, 석유, 염료 및 소금이 있었다. 이사벨라 비숍의 지적에 의하면 면제품 중에서 모슬린, 곱고 고급인 무명과 아마포亞麻布가 조선여자들에게 인기가 있었다고 한다. 옥양목玉洋木이란 단어는 옥같이 고운 서양옷감이라는 뜻이기도 했다. 미국 석유가 등유燈油로서 대환영을 받았으며 심지를 가운데 박고 뚜껑을 덮은 석유등잔이 보급되어 그 때까지 희미했던 어유魚油 등잔불을 대신했다.[32] 성냥은 일본제가 사용되었으며 화장품으로는 박가분, 구리무가 있었다.

1887년에 경복궁에는 전등이 가설되었다. 향원정 연못에 수력 발전시설을 하여 왕의 침전인 건청궁에 백촉광을 밝혔다.[33] 1900

서울의 밤나들이(1905년)

자동차를 보고 놀라
달아나는 사람들(1909년)

년에는 600개의 아크등으로 궁중을 밝혔는데 '덜덜불'이라는 별명
이 붙었다. 이어서 종로와 진고개에 전기등이 부설되었다.

1899년에는 서대문에서 홍릉까지 전차가 개통되었다. 고종이
전차로 명성왕후의 능에 왕래하기 위한 노선이었는데 이는 독일의
지멘스사에서 노면전차를 개발한지 10년 만에 아시아에서 도쿄와
교토 다음으로 경성에 전차가 도입된 것이었다.[34]

1899년에는 경인선이 개통되어 인천에서 노량진까지 기차가 달
렸다. 초창기에는 많은 사람들이 한번 탄 후 종일 내리지 않았으며
전차가 공중의 물 기운을 모두 흡수해서 가뭄이 생긴다거나 땅의
지신을 노하게 해 재앙을 불러온다는 유언비어가 퍼졌다. 개통 10
일 만에 종로에서 아이를 치어 죽이는 교통사고가 발생하여 분노

한 시민들이 전차를 불태워버리는 사고도 발생했다.[35]

철도는 거리와 시간을 일거에 단축시켰으며, 기차의 출발시간은 양반이라 하더라도 기다려주지 않았다. 민중들은 평등과 효율을 몸으로 실감했다.[36] 최남선(1890~1957)은 철도가를 지어 '빨리 부는 바람의 형세 같으니 날개가진 새라도 못 따르겠네'라고 노래했으며 알렌은

열차는 귀족이라 할지라도 시간이 늦은 사람은 기다리지 않는다. 미리 아침 차를 타겠다고 전갈을 보냈어도 오후에 와서 보면 아침 차는 자기를 버려둔 채 어김없이 떠났음을 알게 된다. 어떤 대감이 가마를 타고 정류장을 향해 달려오고 하인들은 가마보다 훨씬 앞에서 달려오며 "여보, 여보, 가만있소." 하며 소리쳐도 기관차는 이에 아랑곳없이 출발시간이 되면 떠나는 것이었다.[37]

라고 하였다.

1898년 독립신문의 다음의 기사는 국가를 시계에 비유하고 있어서 흥미를 끈다.

무릇 어느 나라고 나라가 서 있으면 그 서 있는 경계가 꼭 기계와 같아 그 안에 있는 사람이 다 목적이 있고 직무가 있는 것이 기계 속에 각색 바퀴와 못과 강철과 바늘들이 다 각기 저의 직무를 하야 그 기계가 돌아가며 기계의 직무를 행하는 것이라. 시계 속에 바퀴도 있고 용수철도 있고 못도 있고 바늘도 있고 측량하는 판도 있으나 이것을 모두 합하여 맞추어 놓으면 우리가 시계라고 하는데 시계의 직무란 무엇인고 하니 시간을 보자는 것이라. 만일 그

독립신문 12호

시계 안에 바퀴 하나고 바늘 하나가 직무를 못하거든 그 시계가 시간을 맞추지 못할 터인즉 비록 시계는 시계이나 병든 시계라. 쓸데없는 물건이 된 것이나 시계와 똑같이 나라도 그 안에 임금이 계시고 정부가 있으며 인민이 있어 각기 직무가 있는데 만일 그 중에 하나라도 직무를 못할 지경이면 병든 나라가 되니 나라가 병들거든 고치기가 시계 고치기보다 더 어려운 것이다. (중략) 나라는 큰 기계라 혼자 고치기 어려운즉 시계 고치는 데에 비유할 일이 아니라. 〔독립신문, 1898년 3월 3일〕

국가유기체설에 입각하여 근면한 국민이 시계의 톱니바퀴처럼 자신의 일에 종사하여 그것이 마침내 국가를 이룬다는 내용이다. 갑신정변은 실패했지만 1880년대, 90년대를 거쳐 조선에 근대의 시간관념과 노동리듬과 국가관이 계몽되고 있었으며 현실의 삶에서는 서구적 일상생활용품이 조선인의 생활 속에 자리하고 있었던 것이다.

1890년대 민중계몽의 선봉은 단연 신문이 담당했다. 1896년 서재필이 창간한 독립신문은 독립협회 활동과 더불어 서울 시민에게 민주주의를 체험시킨 중요한 통로였다. 위생과 준법정신, 여성존중 등을 역설하여 민중계몽의 중요한 역할을 수행했다. 또한 12호부터는 신문 제목 가운데에 태극기를 인쇄하여 이를 국기로서 시민들에게 인지시킴으로서 애국심 함양에도 기여했다. 이러한 사항은 모두 근대 자본주의 국가의 운영원리에 해당하는 것으로서 독립신문은 근대 국가의 덕목을 본격적으로 계몽한 신문으로서 평가된다.

그러나 다른 한편으로 신문의 논조는 사회진화론의 관점에서 열강에 대한 이권양도를 환영하는 입장을 취했다. 불평등조약은 한국이 약소국이므로 당해야하는 숙명으로 간주했으며 개항장의 증가에 찬성하여 '제국주의 상품이 가격 면에서 저렴하므로 소비자에게 이익이 되고 그 때문에 국내 수공업자들이 몰락한다 해도 그보다 많은 숫자의 소비자가 이익을 얻으므로 국가전체의 이익'(독립신문, 1898년 6월 9일)이 될 것이라고 주장했다. 또한 '철도이권을 남에게 다 주는 것은 옳지 않으나 하나는 주어도 무방'하다고 하여 일본에 경인철도부설권 양여를 긍정했으며(독립신문, 1898년 9월 15일) 한국에 시찰 온 이토 히로부미에 대해 '한국의 독립에 큰 공이 있는 사람'으로 평가하고 협회 총대위원을 용산 포구까지 파견하여 영접하기도 했다.(독립신문, 1898년 8월 25일 잡보)

독립신문에 이어 순국문신문으로서 하층민과 부녀자를 대상으로 한 『제국신문』(1898년 8월 10일)이 창간되었으며 장지연, 유근,

박은식, 남궁억, 신채호 등이 관여한 『황성신문』도 창간되었다. 1904년부터는 영국인 베델(E. T. Bethell)을 사장으로 하고 양기탁을 주필로 한 『대한매일신보』가 창간되었다. 대한매일신보는 을사보호조약 이후 조선의 언론이 통제당하고 있을 무렵, 영국의 치외법권을 이용하여 국권회복운동의 선봉에 서 있었다.

한편 지식인과 민중을 계몽하기 위한 학회운동이 활발히 전개되어 1904년 9월 국민교육회 설립을 시작으로 1906년 10월경 서우학회(관서지방중심), 한북흥학회(관북)[38] 등이 조직되었다. 그 견인차가 된 것은 일본 유학생의 잡지인 『친목회회보(1896~1910년)』와 『태극학보』이다. 1907년 호남학회와 호서학회가, 1908년에는 기호흥학회가 설립되었으며 1908년 2월 관동학회(강원), 교남학회(경상도), 대동학회, 여자교육회 등이 설립되었다. 학회를 주도한 인물로는 전현직관료, 일본유학생 출신자, 개명유학자 등이었다.

이들의 주요사업은 첫째, 외국의 선진학문을 번역해서 소개하는 것인데 주로 중국 양계초의 음빙실문집, 일본 학자들의 서양학문을 번역소개서를 중역重譯한 것이었다. 둘째, 한국사나 세계사 속의 영웅을 소개하여 민족의식을 고취시키고자 했다. 을지문덕전, 강감찬전, 최도통(최영)전, 이순신전, 이태리 건국 삼걸전, 위싱톤전, 피터대제, 미국독립사, 이태리독립사, 월남망국사, 나파륜(나폴레옹)전사, 로마사 등이 출판되었다. 셋째, 국어연구가 활발히 이루어져 대한국어문법(주시경, 1906년), 신정국문新訂國文(지석영, 1910년), 국문일정의견國文一定意見(이능화, 최광옥, 1910년)이 출간되었으며 넷째, 교육활동이 왕성히 전개되어 각지에는 사립학교 설립이 붐을 이루었다.

이러한 시대의 풍경을 『만세보』의 단발 권장기사를 통해 살펴보자. '근일 문명사회의 단체적 진보적 주의가 우선 체발削髮에 있으니 체발을 아니 하고는 단체진보가 아니 되오'[39]라고 했으며 1906년 7월 1일자에서는 '위생에 편리하고 사위事爲에 편리하고 시간에 편리하여 다대한 이익이 개인 신상에만 있을 뿐 아니라 전국에 보급하는 대이익이 유하기로 계髻를 작作치 아니하고 발髮을 체削하겠으니 전세계 풍조가 차此와 여如할진대 성인聖人이 다시 살아나도 필종必從하실 지라'라 하였다. 이러한 말을 받아서 '여보, 선생의 언론이 과연 적당하오. 오인도 명일은 체발하여 문명사회에 참열하겠소'라고 답한 내용이 보인다.[40] 당시 정부의 관원이 단발에 불복종하자 이들에게 관직을 삭탈하겠다고 위협하여 모두 단발했다는 기사가 실리기도 했다.[41] 단발은 일본의 경우와 마찬가지로 조선에서도 개화의 큰 상징이었다. 그러나 1906년 당시, 여전히 단발은 조선인들에게 논쟁거리였으며 찬반양론이 팽배했다.

당시 지식인들은 조선의 상황에 대해 부정적인 인식이 지배적이었다. 교육과 애국심 함양을 통해 문명화를 달성하자고 역설하고 있으나 조선은 학문이 부족하고 지식이 천박하고 열등하다고 보았다.[42] 또한 '현재 문명열강文明列强의 나라가 모두 신학문의 효력이며 구학문의 효력이 거의 없다'[43]고 하였으며 조선인의 병폐는 사대와 의뢰심, 비굴함, 분발하고 노력하려는 의지가 없는 점, 두려워함에 익숙해져 있는 것, 시기猜忌의 습관, 단결력이 없는 것, 개명진보의 희망이 결여된 것을 지적했다.[44]

이러한 지적은 장지연도 조선은 가족적 관념에 지배되어 사익私益만을 돌보고 애국심과 공공의 관념이 전무하다고 보았으며,[45] 이러한 문제를 해결하기 위해 조국을 사랑하고 동포를 사랑하는 정신이 선결되어야 한다고 주장했던 점에서도 일관되고 있다.[46] 국권이 위기에 처해 있는 상황에서 조선의 지식인은 신속히 서구를 본받아 근대화를 이루어야 한다는 강박관념에 지배되고 있었다. 이들이 이 시기에도 여전히 일본을 선례로 삼아 배우고자 했음은 주목되는 사실이다. 러일전쟁에서 일본의 승리는 아시아의 희망으로 간주되었으며 조선은 일본의 선례를 본받음으로서 현실의 문제를 극복해 나갈 수 있으리라고 기대했다.

당시 학회지에서는 일본은 '이른 시기에 인문이 일찍 발달하여 가히 동양의 선각자이며 삼국 중 전도자前導者'[47]이며 '일본의 교육제도를 모범으로 하지 않을 수 없다는 것은 모든 이들이 알고 있는 사실'[48]이라고 역설되었다. 박은식도 일본의 사범학교의 예를 들어 조선의 사범학교를 긴급히 육성해야 함을 주장했으며,[49] 이능화는 일본이 한자음 옆에 가나로 훈독을 달아 부녀자나 아동도 읽을 수 있도록 하는 것을 본받아 조선도 그렇게 할 필요가 있다고 역설했다.[50] 당시 이를 본받아 조선에서 발행된 신문에는 한자 옆에 한글로 토를 달고 있는 것이 주목된다.

이 시기에 유행한 서적으로서 주목되는 것은 영국인 스마일스의 『자조론』이다. 이 책은 자본주의 국가의 노동자의 근면정신을 강조한 책인데 메이지 초기부터 일본에서 큰 반향을 불러일으켜 여러 차례 번역되었다. 조선의 지식인들에게도 주목을 받아 여러 차례 중역重譯이 이루어졌다.[51] 즉 근대사회의 주요 덕목인 노동자의 근면성이 지식인을 통해 민중에 계몽되었던 단면을 엿 볼 수 있다.

한편 개화기에 큰 변화를 이룬 계층은 단연 여성이다. 당시 기혼

녀들은 김모씨 부인, 이모씨 부인으로 통했으며 과부는 이소사李召史, 김소사로 표시했다. 미혼녀는 이성녀李姓女, 김성녀金姓女로 족했다. 조혼과 내외법이 여전히 실시되었으며 천민여자를 제외하고는 집 바깥을 자유로이 출입할 수 없었다.[52]

이러한 상황에서 1898년 찬양회는 여학교 설시 통문(독립신문, 1898년 9월 9일)에서

(상략) 혹자 신체와 수족과 이목이 남녀가 다름이 있는가 어찌하여 병신 모양으로 사나히의 버러주는 것만 먹고 평생을 심규에 처하여 그 절제만 받으리오. 이왕에 몬저 문명개화한 나라를 보면 남녀가 일반 사람이라 어려서부터 각각 학교에 다니며 각항 제조를 다 배호고 이목을 넓혀 장성한 후에 사나히와 부부지의를 정하야 평생을 살드래도 그 사나히의 일호 절제를 받지 아니하고 도로혀 극히 공경함을 받음은 다름 아니라 그 재조와 권리와 신의가 사나히와 일반인 연고라 어찌 아름답지 아니하리오[53]

라고 하여 남녀평등교육을 주장했다. 조선에서 최초의 미국 유학생은 박에스더이다. 그녀의 본명은 김점동인데 아버지 김홍택이 1885년 아펜젤러 목사 집에서 고용되자 그녀는 이화학당에서 영어, 성경, 국한문을 배웠다. 세례를 받고 에스터라 하였는데 1893년에는 박씨 성을 가진 이와 결혼하였고, 1894년 미국에 유학하였다. 에스더는 1896년 볼티모어의 여자의과대학에 입학하여 우등졸업 했다. 그러나 남편은 졸업하기 직전에 사망하였고, 에스터는 1900년 귀국하여 병원을 개업하나 이내 과로로 단명한다.[54] 에스더의 둘째 언니는 연동 정신학교 초대선생인 신마리아이며 동생

윤정원

김배세는 세브란스 간호학교 제1회 졸업생으로서 언니의 영향으로 정규 간호교육을 받았다. 이들이 형제이면서도 각각 성이 다른 이유는 무엇일까? 그것은 미국식으로 남편의 성을 따랐기 때문이며 모두 세례를 받아 세례명을 이름으로 썼기 때문에 서양식 이름을 갖게 된 것이다. 이러한 이름으로는 이화전문학교를 설립한 김활란의 활란은 헬렌을 의미하는 점에서도 발견된다. 한편 윤효정의 딸 정원이 1897~1898년경 일본유학을 했으며 일진회 회장인 윤시병의 딸 정자가 10년간 일본에서 간호학과 음악을 배우고 1906년 귀국하기도 했다.[55]

한말기 애국계몽운동은 독립신문에서 시작되어 유교적 신분적 지배질서를 해체하고 수평적 시민적 국민의식의 고양을 통해 국민국가를 건설하기 위한 하나의 이념운동이었다. 이미 사회적으로는 서구의 신식문물이 도입되고 이것이 확산되는 가운데 외형적으로 단발과 양장이 등장하는 한편 지식인들은 유교적 왕조국가에서의 수동적인 백성으로서가 아니라 국민 개개인이 사회와 국가의 기초 구성원으로서 국가에 대한 의무와 책임의식을 가져야함을 역설했다. 이러한 국민국가의 모델은 조선보다 앞서 서구문물을 수용하고 이를 정착시켜온 일본에서 구해졌다. 그렇다고 하여 이러한 측면이 조선 지식인 그룹의 대외의존성, 비주체성을 드러내는 항목은 아니라고 생각한다. 근대란 타자他者를 통해 그 모방을 통해 자아自我를 발견해 나가는 여정이었기 때문에 모델을 외부에서 구했다는 것 자체가 결함이 될 수는 없기 때문이다.

▶ ◀정리◀하는 말

1876년 조일수호조규 이후 조선에는 주로 일본을 통하여 서구문물이 도입되었다. 개혁에 박차를 가하기 위해 개혁세력 중 일부 김옥균, 홍영식 등이 갑신정변을 결행했으나 치밀하지 못한 준비와 대외적 환경에 대한 그릇된 판단으로 인해 실패할 수밖에 없었다. 이의 실패는 그 이상의 파장을 한국근대사에 가져왔다. 개혁세력의 인적 손실로 인해 근대화의 추진주체가 상실되었다는 점이다. 이것은 결국 조선인 스스로 근대국가를 형성시킬 계기를 놓쳐버리게 하였으며 1894년 일본의 정치가가 깊숙이 개입한 갑오개혁, 이의 파장으로서 존재한 1895년 명성왕후 시해사건, 반일의병운동 등 한국 근대의 모습을 보다 중층적인 것으로 몰고 갔다. 즉 권력 내부의 대립과 지배층과 피지배층의 대립, 조선과 일본의 대립, 일본과 결탁한 정치가 집단과 이들과 대치하는 반일, 친미, 혹은 친러 정치가 집단 간의 대립 등으로 나타났다.

그러나 서구문물의 도입은 시대적 대세를 형성했다. 1880년대, 90년대를 통하여 조선에 서구문물은 지속적으로 유입되고 조선인의 삶에 영향을 끼쳤다. 1890년대에서 1900년대에 걸쳐 조선에서는 지식인을 중심으로 적극적인 근대국가건설운동이 전개되었다. 국민에게는 민족의식과 애국심이 호소되고 교육이 장려되었으며 일본을 통해 서구의 최신 학술이 소개되고 적용되었다. 국민들에게 의식적으로 서구적 직선시간의식과 노동자의 근면성이 강조되기도 했다. 여성들은 스스로 교육단체를 만들어 여성교육에 나섰으며 미국과 일본에 유학을 통해 서구적 근대학문을 배우고 귀국하는 여성들도 나타났다.

그러나 대외적으로 청일전쟁, 러일전쟁, 미국과 일본의 비밀조약인 가쓰라 태프트 밀약, 영일동맹을 거치면서 조선은 고립되고 있었다. 이러한 상황을 집약적으로 보여준 사건은 1907년 고종이 을사보호조약의 부당함을 호소하기 위해 헤이그 만국평화회의에 밀사를 파견한 사건에서 드러났다. 아무도 조선의 주장에 귀를 기울여주지 않았으며 고종은 조선 통감 이토 히로부미에게 이를 문책당하여 강제 양위당하는 지경에 빠졌던 것이다. 1910년 조선은 일본에 병합 당했다. 그러나 조선인의 삶은 여전히 한반도를 무대로 하여 계속되었다. 식민화는 조선의 치솟는 반일운동과 반일감정을 무력으로 탄압하면서 이루어졌다. 식민화된 초기 조선인에게는 패배감이 넘실거렸다. 그러나 한일합방 이후에도 그들의 삶은 계속되었다. 일제시기의 조선인의 생활과 문화는 다음 장의 과제이다.

　인간은 시대의 논리 안에서 그 시대를 바라본다. 19세기 후반기 한국근대사 속에서 조선 지식인들이 일본의 조선을 식민화하려는 의도를 간파하지 못했던 것은 1989년에 사회주의국가의 몰락을 아무도 예측하지 못하고 여전히 사회주의를 이상시 했던 현대사회의 지식층의 모습에 빗대어 비유할 수 있을 것이다. 19세기 후반기 당시의 사람들은 사회진화론의 관점에서 세계를 조망했다. 사회진화론은 경쟁에 의한 적자생존과 자연도태를 당연시했으며 서구 기독교국가의 우위는 경쟁의 산물로 간주되었다. 같은 아시아 인종이면서 러시아와의 전쟁에서 승리한 일본에 대해 당시 조선의 지식인들은 찬탄의 시선을 던졌다. 그런 일본에게 점차 국권이 피탈되는 상황에서 조선

의 지식인들은 위기의식을 갖는 한
편으로 이를 만회하기 위해 다시
한번 일본 근대화의 경험으로부터
성공의 노하우를 배우고자 했다.
한말기 계몽운동이 일본의 선례를
여전히 참고한 배경에는 이러한 인
식이 깔려있었다고 할 것이다. 그
러나 조선이 자주적인 근대화 노력
속에서 시행착오를 거듭하는 한편
일본의 성장과 일본을 지지하는 국
제적인 합의에 의해 조선은 식민화
를 피하지 못했다.

르프티 파리지앙(1904년 4월 3일) 일
본과 한국을 발로 딛고 있는 왜소한 일
본인과 거인 같은 러시아인의 대결 모
습을 풍자.

　식민화 이후 35년간 조선인의 삶을 살펴보면 일본인의 조선인에
대한 차별에 대한 반감에서 오히려 조선인으로서의 민족의식을 강
화시킬 수 있었다는 아이러니가 존재하기도 한다. 다른 한편으로
는 일본을 통한 근대문화를 접하면서 일본어와 조선어가 공용되는
가운데 전통시대의 공간과 근대 도시문화의 공간 사이에서 이중적
인 생활을 하지 않을 수 없었다. 본 장에서는 이러한 일제시기의
도시문화의 단면을 살펴보고자 한다.

1 식민통치의 규율

　한일합방 후 조선 총독의 권한은 일본 천황이 직접 임명하는 친

연 월	사 항	내 용
1905.7.	가츠라-태프트 밀약	미국은 일본의 조선식민화를 용인하는 대신에 일본은 미국의 필리핀 지배를 인정
1905.8.	제2차 영일동맹	영국은 일본이 한국을 지도, 감리 및 보호함을 인정
1904.8.22.	제1차 한일협약	재성 외교고문 초빙/화폐정리사업/황무지개간사업)
1905.9.	러일강화조약	일본의 한국보호, 지배, 감리를 인정(제오조)
1905.11.	을사보호조약	한국의 외교권 박탈/통감정치
1907.6.	헤이그 만국평화회의 밀사파견	헤이그에서 이준 자결, 고종 강제퇴위
1907.	제3차 한일협약	각부 차관에 일본인 배치하여 통감의 직접 지휘/군대해산과 한국의 경찰권 장악
1910.8.22.	한일합방조약	일본측 대표 데라우치 마사다케(일본 육군대신)와 이완용 사이에 조인. 발표는 8월 29일(이유: 신문폐간, 모든 단체 해산 등의 조치를 할 시간 필요)

임관親任官으로서 육해군의 대장으로 충원되었다. 3.1운동 이후 이러한 조항은 없어졌으나 식민지 기간 동안 문관이 임명된 적은 한 번도 없었다. 총독은 천황에 직접 예속되며 육해군을 통솔, 조선방비를 장악하며 제반 정무를 통괄했다. 또한 총독부령을 발하여 1년 이하의 징역, 금고, 구류와 200원 이하의 벌금, 과료의 벌칙을 부과할 수 있었으며 필요에 따라 조선주둔군을 만주와 연해주에 파견할 수 있는 권한을 지녔다. 총독 정치를 뒷받침한 것은 헌병경찰제도였다. 조선에 주둔하는 모든 헌병은 조선총독의 지휘와 감독을 받아 치안유지에 관한 경찰업무를 담당했다. 일본의 경우는 헌병(군사경찰)과 경찰(보통경찰)은 별개였으나 조선에서는 일체화

역대 조선 총독 일람

	이 름	재임기간	주요 사항
1	데라우치 마사다케 (寺內正毅)	1910~1916	군인, 정치가, 육군대장, 조선총독, 내각총리대신 역임. 청일전쟁, 러일전쟁 때 대활약.
2	하세가와 요시미치 (長谷川好道)	1916~1919	러일전쟁 때 조선주차군 사령관, 일본육군 참모총장 역임.
3	사이토 마코토 (齊藤實)	1919~1931	해군대장 출신, 만주국건설, 군부파시즘 중심인물.
4	우가키 가즈시게 (宇垣一成)	1931~1936	전 일본 육군대신.
5	미나미 지로 (南次郎)	1936~1942	전 관동군 사령관.
6	고이소 구니아키 (小磯國昭)	1942~1944	패전 후 A급 전범으로 종신형, 복역 중 병사.
7	아베 노부유키 (阿部信行)	1944~1945	육군대장.

되어 있었으며 헌병경찰대는 첩보의 수집, 폭도 토벌, 범죄 즉결, 민사소송 조정, 국경세관업무, 산림감시, 외국여권 사무, 우편호위, 여행자보호, 행정사무에 대한 원조를 담당했다.

이들은 조선민중의 모든 삶을 대상으로 통제와 간섭을 자행했다. 그리하여 어린아이가 무서워할 존재가 이전의 '호랑이'에서 '순사'로 탈바꿈하여 '순사가 온다.'고 하면 우는 아이도 울음을 그치는 풍경이 시작된 것이다.

통감부와 일제 초기의 헌병경찰은 사소한 경범죄에도 매를 가했으며 노상 방뇨한 이는 경찰이 보는 앞에서 오줌을 핥게 하기도 했다.56 1920년대부터 감옥제도가 정비되어 서대문형무소를 비롯한 근대적인 감옥제도가 확장되었다. 근대법의 형식을 빈 탄압법으로

식민지 방어가 주된 목적이었음은 말할 나위 없다.[57]

이러한 일본의 법적 체계를 빈 강압정책은 아오야기 고타로青柳綱太郎의 고백에서 그 이유를 발견할 수 있다.

우리 일본제국이 동양의 추세와 일한관계에 비추어 10년 전에 조선을 병합했을 때 동해의 일소도국인—小島國人으로서 더구나 대륙의 문화에 아무런 근저도 갖고 있지 못하고 또 아무런 민족적 집단의 우세한 지반도 갖고 있지 못하면서 (중략) 당시를 회고해 보면 병합을 반대하는 조선인은 비분이 극도에 달해 있었고 강개가 격월하여 암운이 전 조선을 뒤덮어 용이하지 않은 상황을 나타내었고 폭도 난민이 각지에서 봉기하여 불복의 기세를 왕성하게 올리고 있었으며 표면상 평온하게 방관하는 자도 결코 이 병합에 무관심한 자가 아니라 세勢가 불리하여 침묵하고 있을 뿐, 당시 데라우치 백작의 의연한 무단주의로 만난을 배제하는 준비와 압력이 없었더라면 병합의 위엄을 무사히 감행할 수 없었다.[58]

라고 한 것처럼 식민화에 대한 조선의 반발이 거세어 강압정치를 동원하지 않을 수 없었던 것이다.

한편 병합 당시 일본의 여론은 문명주의적 입장에서 조선사회의 정체停滯를 강조하면서 병합을 합리화했다. 그 중 역사학자 기타사다키치喜田貞吉는 『한국의 병합과 국사』에서 '이제 분가分家는 언제까지나 가난한 살림을 계속하고 영원히 스스로 괴로워하고 주위에 피해를 끼칠 필요는 없다. 거기에서 당사자들도 복귀를 희망하고 본가本家도 기꺼이 이를 받아들인 것이 곧 한국병합'이라고 하여 일선동조론日鮮同祖論을 주장하여 병합을 상찬했다.[59]

3.1운동 이후는 소위 문화정치가 표방되면서 외형적으로는 총독의 무관제가 철폐되었으며 헌병과 경찰업무 분리, 제복폐지, 지방관제 개정이 이루어져 부분적으로 조선인의 정치참여를 허가했다.[60] 그러나 실질적으로 경찰관은 수적으로 증대하여 많은 조선인 밀정이 고용되어 실질적인 통제는 강화되었다. 이러한 상황은 염상섭의 『만세전萬歲前』에서 주인공이 헌병의 불심검문을 받는 장면에서도 엿보여진다.

한편 일본은 조선통치의 방침을 대만에서의 시행착오와 경험을 바탕으로 결정하였는데 대만과 같이 〈내지內地〉의 연장이 아니라 철저하게 〈식민지〉로 취급한다는 것이었으며 식민지경영에 의한 이윤획득과 군사전략상의 거점으로 조선을 위치 지웠다.[61] 1910년 교화의견서를 보면 조선민족의 동화가능성을 부정적으로 평가했다. 그 이유는 '첫째, 조선인은 일본 황실에 대해 특별한 감정을 느끼지 못하며 둘째, 조선민은 자신의 제도, 문물에 대해 상당한 자존심을 갖고 있으며 조선민족이라는 명확한 자각심을 갖고 있다. 셋째, 일본과의 인구비교에 의거해 볼 때 일본이 조선을 정서적으로 포섭할 수 없을 것'[62]이라는 것이었다.

이러한 정책의 기조는 교육정책에서도 드러났는데 조선교육령(1911년) 제2조에는 교육에 관한 칙어의 취지에 기초한 충량한 국민을 육성하는 것을 본의로 하되, 조선인을 일본제국의 지배에 순응하는 '순량順良한 신민臣民'으로 양성한다는 것이었다. 따라서 조선인에 대한 교육은 초등학교와 직업교육에 국한시키며 제국의 화평을 방해할 고등한 학교는 만들지 않는다는 방침이 취해졌다.[63] 이러한 동화정책은 일본인과 조선인의 계층화, 차별화, 조선인의

우민화를 추구하는 범주에서의 〈동화정책〉이었음을 보여준다.[64]

조선인에 대한 차별의식은 1923년 일본 관동대지진 때의 조선인 학살에서 단적으로 표출되었다. 다음은 이에 관한 증언 자료이다.

지진은 9월 1일이어서 그 날은 별일이 없었는데 2일 밤이 되어서 '조선인이 우물에 독을 넣었다'라든가, '폭동을 일으킨다'라든가 하는 유언비어가 나돌아 '조선인을 잡아내라'는 분위기가 되어 험악했어요. 지금의 아라카와荒川역의 남쪽에는 커다란 온천지溫泉池라는 연못이 있었는데 헤엄칠 수도 있었지요. 쫓기고 있던 조선인 7, 8명이 거기로 도망쳐서 자경단自警團인 한 사람이 엽총을 가지고와서 쐈지요. 저쪽으로 가면 저쪽에서, 이쪽으로 오면 이쪽에서 쏴서 결국은 사살되고 말았습니다. 3일이었던가요, 나라시노에서 기병대 일개중대(120명 정도)가 왔습니다. (중략) 아라까와 역 남쪽 제방에 끌려온 조선인을 강 쪽으로 향하게 하여 병대가 기관총을 발사했습니다. 총을 맞으면 제방 저편으로 넘어져 떨어졌지요. 그래도 떨어지지 않는 사람도 있었습니다. 굉장히 많은 사람이 총살당했지요. 나는 구멍을 파도록 지시받았습니다. 나중에 석유를 뿌려서 태워 묻어버렸지요. 게다가 다른 데서 모아온 사람들도 함께 묻었지요.[65]

사건의 원인은 3.1운동 이후 조선인에 대한 경계의식에서 비롯되었다. 1920년 내무성 경보국 보안과가 발행한 〈조선인 개황〉은 재일조선인의 상황에 대해 유학생을 중심으로 하는 '불령不逞(좋지 않은) 선인鮮人의 배일排日사상이 1919년 독립소요발생 이래 점점 강화되는 흔적을 주목해야 한다'고 하였고 1923년 5월 14일자로 내무성 경보국장이 각 부현 장관에게 보낸 '조선인 노동자 모집에

관한 건'은 재일조선인 노동자가 현저히 증가하여 '자주 사회운동
이나 노동운동에 참가하여 단체적 행동을 하고자 하는 경향이 증
가하고 있다'고 경고하였다. 3.1운동 후 재일조선인의 운동도 유학
생 중심의 민족주의 운동에서 사회주의자, 무정부주의자, 또는 노
동자중심의 운동으로 변화하고 있었다. 유언비어는 경찰이 내었을
것으로 추측되는데, 이에 일본민중이 가세하여 조선인의 색출과
학살이 자행되었다.

조선인에 대한 차별사례는 1934년 조선헌병대 사령부가 발행한
극비문서인 「조선동포에 대한 내지인 반성자료」에 자세하다. 여기
에서 정리한 차별사례를 일부분 소개하면 다음과 같다.

- 세금을 체납했으면서 독촉하러 간 조선인 재무계원에게 폭언을 한다.
- 일본인인 줄 알고 공손하게 이발을 마친 후에 조선인임을 알고 욕설을
  퍼붓는 일본인 이발관 주인
- 영화구경을 간 조선인이 빈 자리가 있어도 앉을 수 없다.(양쪽에 일본인이
  앉아있어서)
- 불이 난 것을 알고 달려간 일본인 소방수들이 조선사람 집에 불타고 있
  음을 알고 모두 철수했다.
- 환자가 조선인이라고 하기에 지금은 바쁘다고 진료를 거부한 의사
- 술에 취해 돈을 다 쓰고는 조선인 여급이 돈을 훔쳐갔다고 신체검사.
- 상품권을 가져온 조선인 손님에게 '어디서 주워 왔느냐'고 모욕함.
- 정거장 대합실에 앉아 있는 조선인을 향해 '마늘냄새가 난다'고 쫓아내
  다.
- 취직희망의 조선인을 향하여 '여보는 채용하지 않는다'고 거절한다.[66]

연 도	대외 관계	국내 관계
1931	만주사변	
1932	이봉창, 일천황 투탄사건/윤봉길 상해 홍구공원 투탄사건/상해사변 /만주국 성립	
1933	일본 국제연맹 탈퇴	
1936		미나미 지로 총독 부임/조선사상 범 보호관찰령
1937.7	8월 중일전쟁/12월 난징 점령, 중국인 30만 학살	조선중앙정보위원회를 두어 독립 운동사에 대한 정보수집과 탄압
1938		신사참배 강요/국민정신총동원 조 선연맹
1939	독일의 폴란드 침공으로 제2차 세계대전 발발. 아시아에서 일본은 미국과 대립	조선미사령 개정/창씨개명 강요
1940	일본, 독일, 이탈리아 군사동맹	동아일보 조선일보 폐간/국민총력 조선연맹(김성수, 최린, 박희도, 이 광수, 김활란 등 참여)/조선직업소 개소령, 조선노동자 강제징용
1941	일본, 소련과 불가침조약/12월 하 와이 진주만 기습폭격, 태평양전쟁 도발, 미영 대일선전포고/12월 일 본 홍콩 점령	
1942	1월 일본의 마닐라 점령/2월 싱가 포르 점령/8월 랭구운 점령/미국 의 반격	근로보국대
1943	9월 이탈리아 항복	
1944	10월 미군 필리핀 레이터 섬 상륙 24일 동경 미국 첫 공습에 대항한 극한적인 항전67	국민징병령
1945	3월 독일 항복/8월 6일 히로시마 원자폭탄 투하/8월 9일 나가사키 에 원자폭탄 투하/8월 8일 소련 대 일 선전포고	

이러한 차별은 조선인에게 모욕감과 패배감을 안겨주었겠지만 한편으로는 일본인에 대한 반감을 고조시키면서 오히려 민족의식을 높이는 효과를 낳기도 했을 것이다.

한편 1930년대부터 1945년 일본의 패전, 한국의 해방까지의 역사과정은 세계사적으로는 제국주의 국가의 무력충돌이 극에 달하고 조선에서는 일본의 강압적인 황민화 정책이 전개되는 한편 경제적으로는 각지에 공장이 건립되어 산업노동자가 양산되고 이들에 대한 저임금 강요로 인해 노동쟁의도 가중되던 시기였다.

앞의 연표에서 알 수 있듯이 1930년대 후반부터 조선은 전쟁의 후방기지로서의 역할이 중시되었다. 1932년부터 37년까지 농촌진흥운동이 전개되었는데 이에 대해 당시 총독인 우가키는,

조선의 사상운동은 소수의 유식독서계급으로부터 점차 전화하여 (중략) 무지무식한 노동자, 농민대중으로 옮겨가고 있다. 따라서 조선을 병참기지로서 총력전 체제의 일환으로 편입시키기 위해서는 민족해방운동이 농촌으로 침투함을 차단함과 동시에 농민에 대하여 '적당량의 빵을 부여할' 필요가 있었다 [宇垣一成日記]

라고 하여 춘궁농민의 해소, 농가수지 균형, 부채근절이 목표로 제시되었다. 그러나 영세빈농에게는 효과가 없었다. 일본의 쌀 수요의 41.5%가 조선에서 반출되었으며 1938년에는 73.9%에 달했다. 이러한 상황 속에서 부익부 빈익빈은 더욱 심화되었다. 다음의 자료는 이러한 사정을 잘 보여준다.

나무닙이 누르다. 1930년에의로 첨단시대도 가을이 왔스니 그 빗이 열버가는 듯하다. 가을은 부富의 계절, 음일陰溢의 계절, 애상哀想의 계절! 배불뚝이여 깁버하라. 벼갑시 내렷다 해도 그대는 곡간을 증축하고 뻔들뻔들한 뱃대기를 어루만지지 안는가? "여봐요! 올해는 풍년이죠? 나 그것도 사주고 저것도 사주아요. 우리 진고개로 가요." 겨드랭이에 백어가튼 팔뚝을 꼿고서 뚱뚱한 사나희를 백화점으로 낙구어 드린다. 타적마당에서 벼 한 톨에 소작인을 속이는 위인이 계집의 향긋한 말소리에 "다 파라도 내 땅이다."하고서 돈을 질질 흘리고 다니는 그네들, 계집은 천량 모흐는 계절, 배불툭이는 계집의 고기를 식탁에 놋는 계절─여기에 농민들의 호미쥐인 손이 떨리는 계절, 가을의 단풍은 짓터간다.[68]

1930년대는 식민지 공업화가 박차가 가해진 시기이다. 중화학공업, 군수공업 발전이 중시되었다. 조선수륙발전주식회사(1926년)가 압록강에 수력발전소를 건설했으며 조선질소비료주식회사, 인조비료공장이 건설되었다. 1937년에는 압록강수력발전 주식회사가 성립했다. 일본 노구치 재벌은 전시체제의 강화로 화약, 인조석유, 항공연료 및 합성고무 등을 흥남지역에 건설하였는데 현재

1930년대 택시

에도 흥남지방은 화학비료, 합성섬유 등 북한 최대의 화학공업 콤비나트를 이루고 있다. 1936년 현재 공장 수 5천 927개, 종업원 수가 약 54만 명에 이른다. 1938년부터는 일본의 '국가총동원법'이 조선에도 적용되어 1939년 7월부터 노동력 동원이 실시되었다. 조선 국내에서 480만 명, 일본 본토로 152만 명, 군 요원으로 20~30만 명, 군위안부로 14만 명, 합계 약 700만 명으로 추산하고 있다.[69] 다음은 일본 후쿠오카 현 도요카와(豐川) 탄광에 강제 연행된 조선인이 남긴 글이다.

우리들의 고향은 경상북도/우리들은 왜 석탄을 캐러 왔는가?/일본이 좋다고 누가 말했나?/일본에 와보니 배가 고파 죽을 지경이다/석탄 캘 때 배가 고파 죽을 것 같지만/그걸 말하면 곤봉이 날라와요/(중략)/배가 고파요. 어머니가 보고 싶어/눈물을 흘리며 편지를 보냈지/고향의 어머니한테 쌀가루가 왔다/쌀가루를 손에 들고 흐르는 눈물/꾸러미를 풀어 쌀가루를 한 줌 잡고/어머니라고 부르며 넘치는 눈물/어머니라고 큰 소리로 외치지 못하고/감독이 무서워 살며시 부른다/15살 소년 몸을 상하여/하루 쉬었더니 매 맞았다/곤봉으로 맞고 갱 속으로 떠밀려서/천정이 무너져 이 세상을 떠났다/죽은 소년 끌고 나와/손발 어루만지며 이름 부른다/악랄한 감독 곤봉 가지고/시체 옆에서 석탄 캐라고 외친다/이 말 듣고 가슴이 에인다/나라 없는 백성의 이 억울함이여.

이러한 식민지적 상황 하에서 조선의 경성은 어떤 모습이었을까? 그 속에서 지식인들의 가치관은 어떠한 모습으로 존재했을까?

2 식민지 공간 경성과 지식인 소묘素描

1908년 일본 황태자의 방한을 앞두고 남대문의 성곽이 헐렸다. 이것은 식민지 도시 경성의 새로운 모습을 예고하는 첫 신호탄이기도 했다. 이후 서소문과 서대문도 헐렸다. 이로부터 경성은 크게 두 지역으로 나뉘었다. 조선시대에 양반이 거주했던 북촌은 종로를 경계로 한 경성의 북쪽 지역이었는데 조선인 거주지로서 전통 한옥과 나지막한 상점, 어두컴컴한 밤거리로 상징되었다. 이에 대비되는 지역은 이른바 남촌인데 남산 아래 충무로(진고개) 일대로서 일본인 거주지역이었다. 이국풍의 일본식 가옥과 고층건물과 가로등이 늘어서 있으며 남산은 일본인 고급주택지, 유곽지, 신사가 차지했다. 1920년대부터 조지야, 미츠코시 백화점, 조선의 금융, 상업기관의 대형 건물이 늘어서며70 식민지 도시문화를 이끌었다. 한편 3.1운동 이후 총독부는 언론, 집회, 결사를 조건부로 허가

숭례문

1926년
종로6가 전차 정류소

미츠코시 백화점(좌)과 조선저축은행(우)

했다. 그리하여 동아일보, 조선일보, 개벽, 조선지광 등의 신문, 잡지가 발행되었으며 사회주의 사상, 낭만주의, 자연주의, 사회주의 문학 등 다양한 장르의 예술운동 전개되었다.

일본인의 경성에서의 인구증가는 1914년 5만 9천여, 25년 8만 8천여, 35년 12만 4천여, 40년 15만 4천여로 늘어나는 한편으로 조선인은 시 외곽 신당동과 서곽의 빈민촌으로 밀려났다. 현진건이 『개벽』 1921년 1월호에 발표한 「빈처」는 비 오는 봄날 밤에 책을 뒤적거리는 남편 앞에서 아내가 전당잡힐 한복을 찾지만 생각해보니 그 한복은 이미 전당포에 맡겨진 상태라는 이야기로 시작한다.

당시 도시의 빈곤을 단적으로 보여주는 소설이다.

1921년 동아일보 7월 12일자 3면기사에는 경성 역 북쪽 염천교 다리 밑에 10여 명이 거지가 모여 사는데 해마다 격증한다고 적고 있으며 1924년경 빈곤에 관한 기사는 격증한다. 1929년 현재 경성의 조선인 20만 명 중에서 7,8만 명은 지방세 납세자격도 없는 빈민자이지만, 반대로 재산가는 엄청난 재산을 갖고 있다고 하면서 민대식, 박인기, 조진태, 민규식, 김경중, 이석구, 박영효, 윤덕영, 윤치호, 한규설 같은 이는 수십만 원에서 백만 원 이상의 자산가라고 소개하고 있기도 하다.[71]

1920년대를 지나면서 조선인은 도시화 현상에 적응하여 모던걸과 모던보이, 백화점에서 소비욕구 충족, 카페문화가 경성의 새로운 풍물로서 사람들의 시선을 자극했다.[72] 아래 사진은 여학생들에게 보석반지와 손목시계가 유행하여, 이를 보이기 위해 전차의 빈자리에도 앉지 않고 손잡이를 잡고 있는 모습을 풍자한 사진이

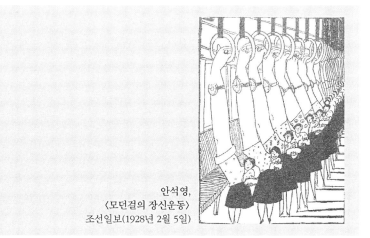

안석영,
〈모던걸의 장신운동〉
조선일보(1928년 2월 5일)

안석영,
〈여성 선전시대가 오면〉
조선일보 1930.1.16

다.73 위의 사진은 서구적 복식과 모피를 두른 귀부인의 외출 모습인데 하녀를 데리고 나선 모습을 풍자했다. 전통적인 가치관이 겉치레의 도시문화 속에서도 여전히 사람들의 의식세계를 지배했음을 보여주는 그림이다. 이 시기 식민지 지식인들의 삶은 어떠하였을까? 일단 사료적으로 접근이 가능한 몇몇의 지식인의 삶을 들여다보자.

먼저 개화기의 지식인이며 당시 영어를 가장 잘 구사했던 윤치호(1865~1945년)를 찾아가 보자. 그는 신식군대 별기군 창설의 주역 윤웅렬의 장남으로서 충남 아산에서 출생했다. 1881년 신사유람단의 일원으로 일본에 간 다음 일본 동인사同人社에서 일본어와 영어를 배웠다. 1883년 5월 초대미국공사 푸트의 통역관으로 귀국했으며 1885년 상하이에서 미국 총영사의 알선으로 중서서원中西書院에 입학했다. 이 학교는 미국감리교 선교사 앨런이 설립한 미션 스쿨이었으며 3년 반 동안 수학했다.74 그는 청국을 '더러운 물로 가득 채워진 연못'이라면 일본은 '동양의 한 도원桃園'으로 극찬했다.[75] 미국유학 당시에는 선거로 대통령을 뽑는 정치에 감탄했지만 미국의 인종차별에 실망하고 '황인종 단합론'을 주장했다. 이는 일본의 '아시아주의', '동양평화론'과 맥을 같이 하는 것으로서 그는 일본의 우호적 식민통치를 기대한 대표적 조선의 지식인이었다.

한편 한일합방 이전에 유명을 달리한 이시니 식민지시기를 이사기하면서 놓쳐서는 안 될 인물은 안중근이다. 그는 여순 감옥에서 1909년 처형되기 전에 자서전을 집필하여 자신이 이토 히로부미를 저격한 이유를 소상히 밝혀놓았다.

오늘날 세상 사람들은 으레히 문명한 시대라 일컫지마는 나는 홀로 그렇지 않은 것을 탄식한다. 무릇 문명이란 동서양 잘난 이 못난 이 남녀노소를 물을 것 없이 각각의 천부의 성품을 지키고 도덕을 숭상하며 서로 다투는 마음이 없이 제 땅에서 편안히 생업을 즐기면서 같이 태평을 누리는 그것이다. 그런데 오늘의 시대는 그렇지 못하여 이른바 상등사회의 고등인물들은 의논한다는 것이 경쟁하는 것이요, 연구한다는 것이 사람 죽이는 기계이다. (중략) 이제 동양대세를 말하면 비참한 형상이 더욱 심하여 (중략) 이른바 이등박문은 천하대세를 깊이 헤아려 알지 못하고 함부로 잔혹한 정책을 써서 동양전체가 장차 멸망을 면하지 못하게 되었다. 슬프다! 천하대세를 멀리 걱정하는 청년들이 어찌 팔짱만 끼고 아무런 방책도 없이 앉아서 죽기를 기다리는 것이 옳을까보냐. 그러므로 나는 생각다 못하여 하르빈에서 총 한방으로 만인이 보는 눈앞에서 늙은 도적 이등의 죄악을 성토하여 뜻있는 동양청년들의 정신을 일깨운 것이다.[76]

대부분의 이들이 사회진화론에 대해 환상을 가지고 있던 시절에

안중근   이광수(1937년)

안중근은 사회진화론의 맹점을 잘 파악하고 있었다. 그가 지향한
문명한 사회란 남녀노소 천부의 성품을 지키며 도덕을 숭상하며
편안히 생업을 누리는 사회였다. 이러한 신념을 지니고 그것을 행
동으로 보여준 젊은이도 식민지기 무렵에 살고 있었다.

　독립운동에도 몸을 담다가 이내 식민정책과 타협하고 이어서 친
일문학에 종사한 이로서 이광수를 들 수 있다. 그의 초기의 장편소
설『무정』(1917년)을 보면 표면 구조상은 한 남자와 두 여자 사이
의 삼각관계이지만 그 이면에는 식민지 초기 소시민적 지식인의
이상과 세계관을 드러내고 있다. 유교적 도덕률과 봉건적 가치관
을 공격하면서 새로운 윤리(자유연애, 풍속개량)를 건설하고, 자본주
의적 질서와 가치관에 입각한 서구화가 이상시 되었다. 무정의 주
인공 신형식은 미국유학을 떠나면서 조선의 현실을 다음과 같이
표현하고 있다.

교육으로 보던지, 경제로 보던지, 문학, 언론으로 보던지 모든 문명사상의 보급으로 보든지, 다 장족의 진보를 하였으며 더욱 하례할 것은 상공업의 발달이니, 경성을 머리로 하여 각 도회에 석탄연기와 쇠망치 소리가 아니 나는 데가 없으며 연래에 극도로 쇠하였던 우리의 상업도 점차 진흥하게 됨이라. 아아, 우리 땅은 날로 아름다워진다.

고 하여 구시대의 생활과 가치관을 벗어나는 것이라면 식민지적 상황에 대해서도 의문의 여지는 없어 보인다.[77] 또한 무정에는 신형식의 옛 애인으로서 기생이 된 영채가 등장한다. 그녀는 비록 기생이 되었으나 신형식에 대한 정조를 지키기 위해 무던 애를 쓰는 연약한 여성으로 표현되고 있다. '기생'의 이미지는 일본이 식민지 조선에 부과한 표상表象이었다. 일본인은 조선을 가리켜 아름다우나 연약한, 그리하여 일본의 보호가 필요한 기생으로 묘사하기를 즐겨했다. 이러한 이미지는 제국주의의 시선임을 부연할 필요가 있을까? 일본이 부여한 표상은 조선 지식인의 정신과 손에 의해서도 재생산되었던 것이다.

식민지시기에 대표적인 여성은 최초의 여류서양화가인 나혜석 (1896~1948년)을 들 수 있다. 그녀는 명문가의 5남매 중 둘째딸로 출생하여 1913년 진명여학교 졸업하고 1913년 동경여자미술학교에 입학하여 조선인 최초로 유화를 전공했다. 1914년 일본동경유학생 동인지 『학지광』에 남존여비사상의 철폐, 근대적 여권을 주장하는 글을 기고했으며(18세) 1921년 매일신보에 시 「인형의 집」을 발표하여 여성해방을 부르짖었다. 1918년 귀국 후 서울 영생중학교, 정신여학교 교사를 거쳐 3.1운동 당시 김활란 등과 비밀회합

나혜석　　　　　　　　　윤심덕

을 갖고 체포되어 옥고를 치르기도 한다.

1921년 서울 경성일보사에서 한국 최초 여류서양화가로 개인전을 개최했다. 1920년 변호사 김우영과 결혼하였는데 김우영은 외무성 외교관으로서 만주국 부영사를 역임하는 등 식민지시기의 엘리트였다. 그런데 그녀는 1948년에 거리에서 죽음을 맞이했다. 그 사이에 그녀의 삶에서는 어떤 일이 있었던 것일까?

1927년부터 2년간 나혜석은 남편 김우영과 함께 구미여행에 나섰다. 남편은 베를린에, 나혜석은 파리에 머무르며 1년여 유학생활을 했는데 그 동안에 나혜석은 파리에 체재 중이던 최린과 연애를 하게 되었다. 결국 이 사건이 원인이 되어 1931년 이혼했으며 최린을 상대로 〈정조유린죄〉로 소송을 제기할 정도였으며 '우리 여성의 해방은 정조의 해방부터 할 것, 정조는 취미다'라고까지 선언했으나 1935년부터 사회적 비난과 함께 생활고를 겪은 끝에 1948년

무연고자로 52세에 원효로 자혜병원에서 사망했다.[78]

또 한 명 주목되는 신여성은 윤심덕(1897~1926)이다. 그녀는 평양 기독교 가정의 둘째 딸로 태어났으며, 어머니의 교육열이 강하여 1918년 경성여자고등보통학교 사범과 졸업 후 1919년 총독부 관비 일본유학생으로 동경음악학교 사범과에서 성악을 전공했다. 부르조아 여성해방론을 수용하였으며, 1923년 귀국하여 한국 최초 여성 소프라노가수로 데뷔했다. 1925년부터는 악계에서 극단으로 선회, 애인 극작가 김우진의 영향을 받아 신극운동에 동참했다. 1925년 '메기의 추억' 등으로 레코드를 취입했으며 1926년 이바노비치의 〈다뉴브강의 잔물결〉 곡에 작사한 〈사의 찬미〉는 그녀를 불멸의 가수로 자리 매겼다. 그러나 그녀는 유부남인 김우진을 사랑했고 1926년 〈사의 찬미〉를 취입한 후 김우진과 함께 현해탄에 몸을 던져 김우진과 동반 자살했다. 당시 그녀의 나이는 30세였다.

3 1930~1940년대 경성의 일상문화

당시 경성에서 가장 눈길을 끌었던 존재는 경성제국 대학생일 것이다. 3.1운동 이후 조선에서는 민립대학 설립운동이 일어났고 이러한 움직임의 타협책으로 총독부는 경성제국대학의 설립을 인가했다. 그러나 조선교육령 이래 조선에서는 고등교육이 행해지지 않아서 교육연한이 8년(일본은 11년)이었기 때문에 바로 대학교육을 받는 것은 무리라 하여 2년제의 예과豫科가 먼저 설치되었다.[79] 1924년 개교 당시 전공은 문과와 이과 두 개이며 법문학부 3년제

경성제국대학

와 의학부 4년제가 설치되어 예과 졸업생의 경우 문과생은 법문학부로, 이과생은 의학부로 진학했다. 개교당시 160명 정원 가운데 조선인은 45명으로 전체의 28%였다. 이들이 배운 교과목은 영어(주10시간), 제2외국어(독어), 2학년은 라틴어가 필수였다. 국어(일본어), 수신, 한문, 심리, 수학, 체조와 함께 문과는 서양사, 자연과학, 철학개론, 법제法制,경제 등이 추가되었으며 이과는 동물, 식물, 화학을 배웠다. 전 서울사대 교수 한제영은 당시의 수업풍경을 다음과 같이 회고했다.

요코야마 교수로부터 독일어 기초를 배우다가 구로다 교수 등이 독일에서 부임하자 강의 양상이 달라졌다. 발음은 물론 강의내용도 충실해졌다. 구로다 교수는 말끝마다 '그렇지요'를 되풀이하면서 담담히 강의했다. 이에 비해 다나카 교수는 특색 있는 어조로 같은 문장이라도 드라마틱하게 명역名譯을 하기도 했다. 또한 도시오카 교수는 말끝마다 '알겠습니까'를 되풀이하는 버릇이 있었다. 그리고 문장을 독역하라는 숙제를 많이 내주고 다음날 제출하면 빨간 줄을 가득히 그어 고쳐주곤 했다.[80]

1930년대 후반
승합버스

고 한다. 경성제대생의 사회적 위치는 대단하여 예과 학생들이 흰
테 두 줄에 느티나무 세 잎의 교모를 쓰고 교복 위에 망토를 걸치
고 시중에 나가면 모든 사람들이 나와 구경을 했다고 한다. 이들의
일상생활은 어떠했을까? 당시 일본에서는 '방(蠻) 칼라' 문화[81]가
유행했는데

　처음에는 쑥스러워 일본인 학생들이 하는 짓을 그대로 모방하지는 않았지
만 술 마시고 으스대는 기풍이 싫지 않아 한 학기에 한 번 정도 열리는 클라스
모임에서는 일본인 학생들과 곧잘 어울렸다. 돈 적게 드는 고깃집 같은데 가
서 스끼야끼와 술을 실컷 먹은 다음 떼를 지어 떠들고 노래를 소리 높여 부르
면서 거리를 휩쓸었다. (술을 먹고 나서) 충무로 입구에서 조선은행 앞 광장
까지 걸으며 '데칸쇼, 데칸쇼, 한 반년 지내세. 그 다음 반년은 누워서 지내
세.'라고 노래를 불렀다.[82]

고 한다. 조선인 학생은 조용한 카페를 좋아했으며 기생집도 가긴
하나 가장 술값이 싸고 대중적인 카페가 인기가 있었다. 카페의 여

급들에게 성대생城大生(경성제대생을 부르는 호칭)은 인기가 있어서 여급들은 학생들이 돈이 모자라면 대신 내주기도 했다. 곧잘 충무로나 종로의 카페에서 술을 마시고 밤 12시에 전차가 끊어지면 충무로거리에서 청량리까지 걷기도 했다고 한다. 한글학자 이희승의 회고에 의하면 금강산 여행 당시 대학 제복을 입고 다녀 비교적 융숭한 대접을 받았다고도 한다.

1937년 『경성제대 예과 문화생활조사보고』[83]를 보면 가장 많이 애독한 책은 나츠메 소세끼(夏目漱石) 전집이며, 이와나미 문고판에서 칸트, 니체, 셰익스피어, 괴테, 버나드 쇼를 즐겨 읽었다. 구독신문은 《경성일보》, 《오오사카 매일신문》, 《오오사카 아사히신문》이며 잡지로는 일본어잡지로서 《문예춘추》, 《중앙공론》을 주로 읽었다. 오락취미잡지로는 《킹》[84], 《주부지우主婦之友》이며 1개월 평균 영화감상 횟수는 3,4회라고 조사되었다. 이들이 존경하는 인물은 사이고 다카모리(西鄕隆盛), 노기 마레스케(乃木希典), 괴테, 요시다 쇼인 (吉田松蔭)등이었다.

이러한 경성제대생의 일상생활은 식민지기의 도시문화를 고스란히 보여준다. 이들에게 식민지 조선의 현실이 특별히 의식되지는 않았으며 식민지 조선의 최고학부에 다니는 엘리트의식이 팽배했음을 엿볼 수 있다. 이들의 진로를 보면 1942년 현재 법학과 졸업생 239명 중 22%가 고등문관시험을 응시했으며 37%가 관공서의 고등관으로 진출했다. 조선인 졸업생 108명 중 관료진출자는 72%이며 당시 '경성제대 법학과를 졸업하면 군수자리는 절반이 따놓은 당상'이라는 말이 유행했다. 해방 후 이들의 진로는 졸업생 533명 중 정치인 33명, 대학교수 134명, 법조계 44명, 관료로 68명,

조선 신궁입구

재계로 62명, 월북이 100명, 불명이 69명 등이다.[85] 과연 해방 이후
한국의 중추를 구성한 이들은 경성제대 졸업생이었다고 해도 과언
이 아닐 것 같다.

한편 전쟁 중에 조선인에 대해서는 황국신민화정책이 강요되었
다. 그 중 신사참배는 필수항목이었다. 개항 이후 일본인 거류지에
는 신사가 설치되어 1910년경 12개소였으나 1920년 말에는 42개
로 증가한다.[86] 1925년 남산에 지어진 조선신사가 조선신궁[87]으로
개칭했지만 1920년대 말에서 30년대 초까지 조선인의 신사참배는
거의 없었다. 이는 이해를 못하는 자들에게 강요해도 교육상의 효
과를 거두기 어렵기 때문이라는 이유로 총독부가 강요하지 않았기
때문이다. 그러나 1935년경부터 달라져서 1936년에 이르러 각도
지사에게 정무통감의 통첩이 발송되어

시국에 비추어 조선의 특수사정을 생각할 때 일반민중의 정신을 작흥作興
하고 심전心田을 배양하며 신앙심을 부식하여 경신敬神의 념念을 함양케 하고
확고한 인생관을 파악시키기 위해 (중략) 1. 국체관념을 명징할 것. 2. 경신숭

조敬神崇祖의 사상 및 신앙심을 함양할 것. 3. 보은, 감사, 자립의 정신을 양성할 것

이 강조되었다.

1937년 9월 9일에 국민정신 총동원령이 내려져 매월 1일을 애국일로 정해 모든 국민에게 올바른 시국의 인식, 국체명징, 내선일체의 철저, 국기게양, 신사참배, 궁성요배(일본궁성이 있는 동방을 향해 절을 하는 의식), 황국신민의 서사, 근로봉사를 하게 했다. 중일전쟁 당시 전쟁에 나가는 입영자가 있으면 신사 앞에서 애국부인회, 재향군인회, 중학생, 일본인과 조선인 학생이 동원되어 만세를 불러 격려하는 풍경이 일상화되었다.

1940년은 일본 건국기원 2600년에 해당된다고 해서 기원 2600년 기념행사가 일년 내내 개최되기도 했다. 학생들은 1주일에 한 번 씩 신사참배를 하고 확인도장을 받아 학교에 제출해야 했다. 조선인의 친일행위가 가장 왕성히 이루어진 시기가 1940년대이다. 1944년 1월 19일자 매일신보 〈신전神前의 맹세〉라는 시에는 조선신궁 앞에서 출정하는 학병을 위해 기도하는 절절한 마음이 담겨져 있다.

우리 아들의 무운장구를 비옵니다. 대동아전쟁의 필승을 기원하옵니다. 입을 다물고 신전에 고개드리운 그들의 입에서 이런 말이 새어나오는 것을 내 귀가 절로 듣는다, 출진하는 학도여! 부디 무운장구하라. 조선에 아침 해가 솟는다. 동양의 꽃밭이 그대들의 손으로 다시 가꾸어진다. 인류역사에 있어서 최초로 세력이 발현한 곳, 온갖 민족의 창고, 세계문화의 고향 ― 우리 아시아

의 해방과 부흥을 세계에 고하는 날이다.

아래의 사진은 1945년 8월 15일 아침에 출정을 앞두고 기념사진
을 찍은 스무 살의 윤태봉尹泰鳳이라는 청년이다. 가슴에 두른 띠에
는 창씨개명한 시노하라(瑞原) 태봉이라는 이름이 적혀 있다. 그는
낮 12시에 일본 천황의 항복 방송으로 인해 징용을 면했다.[88] 조선
의 해방은 직접적으로 조선인의 투쟁에 의해 쟁취된 것은 아니다.
그러나 패전 후 일본은 식민 지배를 평가하여 다음과 같은 보고서
를 정리했다.

황민의식은 조선인에게는 이민족異民族의 정신이었다. 조선인의 대부분은
조선의 민족성을 인정한 채로 일본인이 될 방법을 희망했으나 일본의 정책은
그것을 허락하지 않고 조선민족정신의 방기를 요구했다. 그것은 실로 지난한

1945년 8월 15일 아침,
출정을 앞두고 기념사진을 찍다.

괴로운 정신적 비약이었다. 데라우치 총독시절에는 조선어나 조선사정을 가르쳤고 전문학교에서 조선어를 교육했으나 황민교육이 강조되면서 조선어는 못하는 게 차라리 낫다고 생각했다. 조선에 부임하는 일본인 관리나 교육가는 조선에 대해서는 전혀 지식이 없는 채로, 조선어의 신문이나 잡지, 라디오, 가요도 모른 채 단지 교실, 학교에서 지식교육에만 치중했다. 만약 국어(일본어)로 일관된 교육이었다 해도 교육자가 조선어를 알고 조선에 관해 공부하면서 조선인교육을 담당했다면 교사는 생도로부터 더욱 신뢰받았을 것이고 황민화 운동이 일본인이 혼자서만 애쓰는 형식주의에 빠지지 않았을 것이다. (중략)

내선공학제內鮮共學制에 대해서도 편협한 일본인들이 조선인과 함께 하는 것을 분개한 자가 많았다. 내선일체이상을 표방한 경성 아사히가오카 중학, 무학여고, 평양 제2중학에서 일본인 학생은 일본인중학에 합격하지 못한 일본학생들이 들어옴으로써 조선인보다 학력이 떨어져 교육목적이 저해되기도 했다. 내선공학內鮮共學은 조선인에게 이상理想이며 일본인에게는 실력저하였다. 특히 총독부 당국이 내선일체의 이상을 일본인 측에 교육하지 않은 점은 크게 반성해야 할 점이었다. (중략)

일본인은 스스로 황민이라는 자만심에 빠져서 일본의 것이라면 무엇이든 좋고 조선의 것은 모두 말살해야한다고 말하는 경향이 있었다. 일본이 반성을 하고 일본전통의 나쁜 점을 청산하고 일본의 좋은 점을 증장하고 반도의 좋은 습성과 함께 새로운 종합문화를 수립했어야 되었다. 이민족異民族 혼융混融에 의한 세계적 보편성을 가진 문화가 창조되어야 했다. 그러나 일본 자체에 대한 무비판과 힘에 의한 억압은 결국 자기민족 확대의 야망처럼 되어버렸다. 게다가 황민화 운동은 민간의 것이 아니라 官의 것이었다. 사람이 사람을 접하는 인격접촉에 중점이 두어지지 않았고 정책으로서 국가명령이었다. (중략)

나중에 총력연맹을 비롯한 많은 황민화운동을 행하는 단체가 생겼으나 관료의 간섭이 지나쳤다. 모두 순수한 문화운동이 되지 못하고 정책 가운데 포섭되었다. 조선은 일본관료의 강력한 발언력이 유지되던 곳으로 그 명령은 하부로 잘 전달되었으나 정신적인 면은 더욱이 땅에 뿌리를 내리지 못하고 표면을 지나칠 뿐이었고 관료의 보고나 선전재료로서 요구하는 형식과 숫자만이 증가했을 뿐이었다.

일찍이 조선은 청일전쟁 이전까지 천 년 동안 중화를 종주국으로 중화문명의 세례를 받았다. 사람의 성명도 토지의 호칭도 중화식으로 고쳤다. 지도계급은 중화황제를 받들고 중화의 연호를 사용하고 중화 문자를 사용하고 생활전반에서 중화를 정통문화로 보는 유교를 신봉했다. 그러나 조선민족은 여전히 전통 있는 민족성을 지속했다. 일본이 형식만을 강제하는 것은 이 역사를 거듭할 뿐이었다.

조선의 통치정책은 언제부터인가 그 우책愚策에 빠졌다. 창씨개명은 몇 퍼센트, 지원병 지원자는 몇 십만이라는 숫자가 조선통치의 성과의 표식으로 되었다. 국어(일본어)를 말하고 신사참배를 하고 미소기[89]를 하면 일본정신 체득이라고 간주했다.[90]

이를 일독해 보면 일본의 조선인 차별과 일본인 우월주의, 제도적 황민화정책으로는 조선을 진정으로 지배할 수 없었으며 조선인은 전통적인 민족문화를 계승 보유한 민족이어서 형식적으로만 일본에 복종할 뿐이었다고 반성하고 있음을 알 수 있다.

결국 일본인의 차별과 탄압 속에서 여전히 조선 민족을 새로이 발견하고 민족정신을 해소하지 않았던 조선인의 정신이 이 시련의 시기를 극복할 수 있는 내재적 원동력이었음을 새삼 발견하게 된다.

정리하는 말

일제시기가 한국의 전 역사 속에서 어떻게 자리가 매겨질까? 19세기 후반기 이래 조선이 서구와 만나 새롭게 자본주의 사회의 정신과 물질문화를 받아들이고 자신을 변혁시켜 나가는 과정 속에서 식민화는 조선에게 재난이었을까? 아니면 피할 수 있는 역사였을까? 아니면 불가항력이었을까?

최근에도 일제시기의 성격을 둘러싼 학계의 논의는 계속되고 있다. 식민지 근대화론, 식민지 수탈론이 크게 대립하는 논점이다.[91] 그러나 양자 모두 놓치고 있는 문제는 식민지시기에도 조선인의 삶은 계속되고 있었다는 점이다. 그 안에는 식민성과 근대성, 전통이 착종하고 있다. 식민지 권력과 결탁하여 부를 축적한 조선인이 있었으며, 다른 한편으로 식민지시기의 엘리트로서 도시문화를 구가한 젊은이들도 있었다. 한편 구시대의 인습에서 벗어나 자신의 삶을 주체적으로 결정해 나가는 신여성의 존재 또한 이 시기의 중요한 장면이었다. 또 한 켠에는 도시문화의 범람 속에서 자의든 타의든 기생이 되어 식민지 조선의 대표적인 상품으로 자리한 여성들 또한 있었다. 그들의 심리세계는 소설 『무정』에 등장한 영채와 같았을까? 이 또한 식민지시기를 살아간 여성들의 아픈 삶의 단면으로 자리할 것이다.

그러나 다른 한편으로 창경원 벚꽃 놀이를 하고 한강철교를 찾아 피서를 즐기는 모습 또한 식민지 조선인의 삶의 일부분이었다. 이러한 모든 것을 될 수 있는 한 검출해 내는 것이 일제시기의 성격을 규정하기에 앞서 선행되어야 할 일일 것이다.

1 한국철학사연구회,『한국철학사상사』, 한울아카데미, 1997, 260쪽.
2 박지원,「일신수필馹迅隨筆」,『열하일기』;『한국철학사상사』, 296쪽.
3 비게가, 인대회 옮김,『북학의』, 블베개, 2003, 177~178쪽.
4 이광린, 신용하 편저,『사료로 본 한국문화사』, 일지사, 1984, 64쪽.
5 한영우,『왕조의 설계자 정도전』, 지식산업사, 1999 참조.
6 '유柔'의 뜻은 성정性情이 부드럽고 솔직한 것은 강한 기운을 완화시킨다. 사람
   의 덕성이나 학업이 높고 밝은 것은 강한 기운을 약화시킨다는 의미.
7 明代 1556년 마카오에 포르투갈인에게 거류권을 주고 무역을 허가한 일. 중국
   의 유원지도정책.
8 순조 원년 1801년 신유박해 당시 충청도 제천 배론으로 피난 가서 토굴에서 작
   성한 편지인데 천주교 공인을 위한 무력개교武力開敎를 북경주교에게 요청했
   다.
9 강재언,『조선의 서학사』, 민음사, 1996, 166~167쪽.
10 윤소영,『전환기 조선의 대외인식과 대외정책－박규수를 중심으로』, 일본 오
   차노미즈대학 박사학위논문, 1995년 9월, 참조.
11 달레,『한국천주교회사』 하권, 권희영,『한국사의 근대성연구』, 백산서당,
   2001, 94~95쪽.
12 윤소영,「박규수와 세난도어호 사건」,『숙명한국사론』2, 1996에서 재인용.
13 당시 이양선異樣船의 종류는 다음과 같다. 코르벳(corvet)은 소형 프리게이트
   함이다. 포 18~20문 정도를 장비하고 상선호송, 순찰 등을 담당한다. 세난도어
   호가 코르벳함이다. 프리게이트(frigate)는 포 50문 이하이며 속력이 빠른 호위
   함護衛艦이다. 18세기경부터 등장했으며 승원 160명 정도이다. 병인양요 당시
   프리모오게호 등 세 척의 군함이 왔다. 스쿠너(schooner)는 1713년 미국에서
   탄생했다는 설이 있다. 종범장치 2본 마스트선이다. 역풍에 대한 역주逆走성
   능이 좋고 범帆을 조작하는 작업이 용이하여 연안항해에 적합하여 민간선으로
   많이 쓰인다. 제너럴서먼호는 스쿠너이다. 신미양요 당시 기함旗艦 콜로라도
   호, 세 척의 코르벳, 포함 2척에 대포 85문, 병력 1,230명이었다.
   이광린,『한국사 강좌(근대편)』, 일조각, 1981, 초판, 1988년 수정증보판, 33
   쪽, 50쪽, 68쪽, 73쪽, 김재근,『배의 역사』, 정우사, 1980, 143~45쪽.
14 『박규수전집』, 券之七, 岙文, 아세아문화사, 466쪽.
15 최익현의 대원군 비판 상소를 이용하여 대원군의 하야를 종용하고 고종이 친
   히 정권을 장악했다. 당시 고종은 중국의 양무정책에 호감을 가졌다. 1874년
   부터 대일정책이 변화하여 동래부에 박정양 등을 파견하여 서계수리를 모색

했다.

윤소영, 「1870년대 조선의 대일정책의 변화」, 『한국근현대사연구』 25집, 2003년 참조.

16 운양호는 포문 8, 승무원은 65~75명 정도 탑승하는 汽帆 兩用의 목조선이다. 1870년 영국에서 만들어졌다.

17 이에 대해서는 윤소영, 「조일수호조규의 역사적 위치」, 『한일관계사연구』 18집, 2003.4 참조.

18 1853년 페리의 개항요구 당시 네 척의 군함에 계 100문의 대포가 장착되어 있었다.

19 신헌이 조약의 의미를 묻자 일본측은 관관을 열고 귀국의 지방에서 통상하는 것이라고 답하였는데, 신헌은 조선이 언제 일본과 통상하지 않은 적이 있어서 별도로 요청하는 것은 실로 이해하기 어렵다고 답변하여 종래의 한일관계의 관점에 서있었음을 보여준다.

20 초안에는 국명을 대일본국, 조선국, 황제폐하, 국왕전하라 하여 조선을 하대하는 문구로 되어 있었다. 조선측은 이를 지적하여 같이 '일본국정부', '조선국정부'라는 국명을 명시하도록 했다. 조약안에는 '대일본국정부', '대조선국정부'로 명문화되었다.

21 이 논의는 이마무라 히토시, 『근대성의 구조』, 민음사, 1996에 의거하고 있다.

22 〈다블뤼, 조선사입문을 위한 노트〉, 조현범, 『문명과 야만, 타자의 시선으로 본 19세기 조선』, 책세상, 2002, 71쪽에서 재인용.

23 『조선교회사』 상, 233쪽, 권희영, 『한국사의 근대성』, 113쪽.

24 H. 알렌 저, 신복룡 역, 『조선문견기』, 집문당, 121쪽.

25 A. H. 새비지, 랜도어, 신복룡 역, 『고요한 아침의 나라 조선』, 집문당, 1997, 139쪽.

26 문일평, 『사외이문史外異聞』, 신구문화사, 1974

27 이태진, 『고종시대의 재조명』, 태학사, 2000 참조.

28 영국인 헨리 휘튼(Henry Wheton)이 저술한 『The Elements International Law』를 한역漢譯, 일역日譯한 것인데 당시 동아시아에서 주목받은 책이다. 유럽이 30년 전쟁 이후 웨스트팔리아 조약을 맺고 조약국 간의 평등한 외교관계를 밝힌 규정집으로서 제국주의국가가 지배하는 식민국에는 적용되지 않음에도 불구하고 조선에서는 약소국도 각국과 조약을 체결하면 국권을 보호받는다고 맹신하는 경향이 있었다.

29 메이지 유신 초기에 행해진 토지제도와 조세제도의 개혁. 기존의 영주적 토지소유를 부정하고 사적 토지소유권을 법적으로 인정한 후, 지권을 발행하여 조세를 부과했다. 조세는 화폐를 납부하도록 했으며 토지수익 면에서 산정한 지가地價의 3/100을 지조로 징수했다. 부국강병, 식산흥업 정책, 즉 일본 자본주의의 본원적 축적을 위해 선행되어야 할 조치로서 이루어졌다. 그러나 기존 지주의 소유관계를 법적으로 인정하고 또한 고액지조로서 민중의 많은 원성

을 자아냈다.

30 1838~1897년, 막부 말기, 메이지시대의 정치가. 메이지 유신 단행의 중심인물 중 하나다. 1873년 정한논쟁으로 사임하고 이후 국회개설운동에 종사, 자유당 창당을 주도했다.

31 김옥균과 어윤중의 개혁정책 비교에 대한 기술은 尹素英, 「1880年代初期の魚允中の朝鮮近代化構想－金玉均との對比の中で」, 『お茶の水史學』 33, 1989에 의거했다.

32 한국여성사편찬위원회, 『한국여성사 2』, 이화여자대학교, 1972, 39쪽.

33 이이화, 「성냥과 석유를 처음 쓰던 시절」, 『우리 역사의 7가지 풍경』, 309쪽.

34 노형석, 「전통과 근대문물, 그 낯설고 힘들었던 만남」, 『코리아스케치』, 국립민속박물관, 2002, 163쪽.

35 노형석, 위의 논문, 164쪽.

36 노형석, 위의 논문, 162쪽.

37 H. 알렌 저, 신복룡 역, 『조선문견기』, 집문당, 122쪽.

38 1908년 서우학회와 한북흥학회는 서북학회로 통합.

39 夏雲奇峯, 《만세보》, 1906년 6월 30일.

40 《만세보》, 1906년 7월 1일.

41 「農部一齊剃髮」, 《만세보》, 1906년 7월 18일.

42 徐廷弼, 「경고동포」, 《만세보》, 1906년 7월 17일.

43 究新子, 「新學과 舊學의 구별」, 《서북학회월보》 제1권 8호, 1909년 1월 1일, 45쪽.

44 윤효정, 「國家的精神을 不可不發揮」, 《대한자강회월보》 8호, 13쪽.

45 장지연, 「國體然後民族可保」, 《대한자강회월보》 5호, 1906년 11월, 334쪽.

46 장지연, 「현재의 情形」, 《대한자강회월보》 12호, 1907년 6월, 340쪽.

47 李奎濚, 「東洋協和도 亦智識평등에 在함」, 《서북학회월보》 제15호, 1908년 2월 1일, 351쪽.

48 朴相穆, 「교육정신」, 《서우》 제11호, 1907년 10월 1일, 84쪽.

49 박은식, 《서우》 제5호, 254쪽.

50 李能和, 「國文一定法意見書」, 《대한자강회월보》 6호, 462~464쪽.

51 『자조론』은 영국 스마일스의 『Self-help』를 번역한 역서로서 1870년 나카무라 마사나오(中村正直)가 『西國立志編』이라는 제명으로 번역한 후 제명을 『자조론』이라고 바꿔 여러 번 중판을 거듭했다. 1906년 아제가미 겐조(畔上賢造)가 다시 상하권으로 번역한 『자조론』은 《서우》 12호에 소개되었다. 또한 1906년 육당 최남선이 중역했으며 1907년에도 작자미상이나 한차례 다시 중역되었다. 육당은 이어서 1906년 松本修가 역술한 『품성론』(1906년)을 중역했고 1909년 《少年》에는 『스마일쓰 先生의 勇氣論』(1909년)을 중역하여 게재했다. 또한 그는 1918년에 『자조론』을 단행본으로 출간했다. 유길준의 『노동야학독본』(1908년)에도 자조론의 덕목이 언급되었고 《조양보》 10호와 11호에

도 연재되었다.

일본국회도서관 근대 디지털 라이브러리, 『서우』 12호, 1907년 11월 1일, 아세아문화사, 140-147쪽, 《조양보》 10,11호, 김병철, 『한국근대 서양문학이입사 연구』, 을유문화사, 1980년 초판, 1989년 재판, 71~73쪽.

52 한국여성사편찬위원회, 『한국여성사 2』, 이화여자대학교, 1972, 69쪽.

53 위의 책, 62쪽.

54 위의 책, 53~54쪽.

55 위의 책, 56쪽.

56 노형석, 앞의 논문, 165쪽.

57 정긍식, 「서구법수용의 왜곡」, 『전통과 서구의 충돌』, 역사비평사, 2001, 221쪽.

58 青柳綱太郞, 『조선통치론』, 경성, 조선연구회, 1923, 70~72쪽

59 山田昭次 외 『日本と朝鮮』, 東京書籍, 1991, 119쪽.

60 도지사가 지방장관으로서의 실권을 행사하며, 府制의 개정을 통해 부 협회의 원을 선거에 의해 선출하도록 했다. 面制의 개정도 이루어져 면장의 자문기관으로 면협의회를 두었다. 도, 부, 읍회의 의원은 선거자격이 일본인 2/3, 조선인 1/3으로 구성.

61 駒込たかし, 『植民地帝國日本の文化統合』, 岩波書店, 1996, 127쪽.

62 위의 책, 88쪽.

63 위의 책, 89쪽.

64 鈴木敬夫, 『법을 통한 조선식민지지배에 관한 연구』, 고려대, 민족문화연구소, 1989, 123~125쪽.

65 스미다구(黑田區) 기누타 유키에, 「지금도 유골을 하천 밑에-관동대지진 시 아라카와 방수로에서의 조선인학살 증언」, 『통일평론』, 1981, 10월호.

66 손정목, 『일제강점기 도시사회상 연구』, 일지사, 1996, 43~44쪽.

67 10대 청소년까지 징병, 환각제를 먹여 싸움을 강요, '가미가제'라는 자살공습단 조직, 1945년 초 유황도에서 미군에 포위당한 수천 명의 일본군이 집단투신자살.

68 조선일보 1930.10.5, 금풍소슬, 신명식, 『모던보이 경성을 거닐다』, 현실문화연구, 2003, 110쪽에서 재인용.

69 허수열, 「조선인노동력의 강제동원의 실태」, 『일제의 한국식민통치』, 정음사, 1985, 289쪽.

70 노형석, 앞의 논문, 166쪽.

71 「경성의 부자들」, 『朝鮮及滿洲』, 1919년 1월호.

72 허영란, 「근대적 소비생활과 식민지적 소외」, 『전통과 서구의 충돌』, 역사비평사, 2001, 78쪽.

73 조선일보, 1928.2.5. 모-던걸의 장신운동; 신명식, 『모던보이 경성을 거닐다』, 현실문화연구, 2003, 84쪽에서 재인용.

74 정운현,『나는 황국신민이로소이다』, 개마고원, 1999, 151쪽.

75 정운현, 위의 책, 152쪽.

76 1909년 11월 6일 안중근의 진술내용 중.『안중근의사 자서전』, 안중근의사 기념관 발행.

77 김 철,「문학상에서의 3.1운동」,『3.1민족해방운동연구』, 청년사, 1989 참조.

78 이상경,『인간으로 살고 싶다─영원한 신여성 나혜석』, 한길사, 2000 참조.

79 이충우,『경성제국대학』, 다락원, 1981, 57~58쪽.

80 이충우, 위의 책, 71~72쪽.

81 자유분방한 기질. 과음, 고성방가, 大言壯語의 기풍.

82 데카르트, 칸트, 쇼펜하위의 첫 글자. 대철학자를 운위하며 뒹굴뒹굴 세월을 보내면 어떠리하는 식의 노래.

83 국립중앙도서관 소장본.

84 대중오락잡지. 일본 고단샤講談社 발행. 일본에서 제일 재미있고 일본제일, 일본에서 가장 싸다는 것을 캐치프레이즈로 하여 1925년 1월에 창간. 대중문학이 갖는 교훈적 측면과 오락적 측면을 겸비한 잡지. 창간호가 74만 부, 이후 100만 부가 넘은 대표적 대중잡지.

85 정선이,『경성제국대학연구』, 문음사, 2002, 165~166쪽.

86 용두산, 원산(1882년), 인천(1890년), 경성(1897년), 진남포(1900년), 군산(1902년), 용천(1904년), 대구(1906년), 대전(1907년), 성진, 마산(1909년), 목포(1910년).

87 신사에 봉사할 祭神을 둘러싸고 논쟁. 일본의 일부에서는 단군을 같이 合祀하라는 주장이 일어남. 그러나 다수의 의견은 단군은 전설적 존재에 불과하며 天照大神, 명치천황과 단군을 합사하면 도리어 조선민족에게 조선신궁을 경시하는 결과가 될 것이라고 반대/합방 초기에는 天照大神(아마데라스오오미카미)의 동생 스사노오노미코토가 한국으로 건너갔다고 하는데 그 신이 바로 단군이라는 주장이 존재.

88 월간조선 엮음,『한국현대사 119대 사건』, 1993, 43쪽.

89 몸의 더러움을 씻는 의식. 신사참배 전에 손을 씻거나 입을 헹구는 따위. 일본의 전통적인 神道의 의식.

90 大藏省管理局,「教育文化政策とその実績」,『日本人海外活動に関する歴史的調査』, 1947년, 日本大藏省, 30~33쪽.

91 이에 대해서는 역사문제연구소편,『한국의 '근대'와 '근대성' 비판』, 역사비평사, 1996 참조.

후기

　오늘날 우리는 포스트모던의 시대를 살고 있다. 기계화, 능률지향, 경쟁, 직선시간의식이 지배해 온 시대가 근대였다면 지금은 이것에 대한 극복이 화두가 되고 인문학 연구의 중심 과제가 되고 있다. 19세기 후반기 이후 세계 속에서 보편성을 획득한 것은 〈서구적인〉이라는 수식어일 것이다. 그러나 그러한 역사 또한 완전하지 못하였기에 인류는 또 다른 대안을 찾아 다시 고심하고 있는 것이다.

　최근 한국은 역사교과서 문제, 독도 영유권 문제로 일본과 크게 대립하고 있다. 국민 사이에 반일감정이 격화되고 있는 상황이다. 일본에 대해 19세기 후반기 어윤중이 한 조언이 떠오른다. 조선이 강하면 이웃인 일본은 위협이 되지 않을 테지만 조선이 약하면 일본은 경계해야 할 나라라는 지적이었다. 이러한 지적은 비단 일본이 아니어도 러시아나, 중국에 대해서도 적용이 가능한 이야기일 것이다. 요컨대 한국은 만만치 않은 나라들 사이에 끼어서 살아왔고 살고 있다는 것이다.

이러한 환경 속에서 한국이 꿋꿋하게 살아온 이유를 문화사를 통해 찾아보고 싶었다.

한국문화의 흐름에는 고유사상의 줄기와 불교사상, 유교사상, 근대 서구사상의 영향이 큰 맥락을 형성하고 있다. 이러한 흐름 속에서 면면히 계승되어 온 정신은 크게 인간중심주의와 포용주의와 교화주의, 현세주의라는 키워드가 관통했음을 발견하게 된다. 농경을 기반으로 한 한민족의 삶은 민간신앙 속에서 긍정적이고 낙천적이며 생명과 공동체의 번영을 소중히 여기는 심성을 쌓아왔으며 단군신화는 패권주의보다는 교화주의를 우선시하는 정신을 뚜렷이 보여주었다. 자칫 염세주의로 빠질 수 있는 불교는 대승불교의 낙천성과 현세주의를 기반으로 이 땅에 들어와 토착화되었으며 그 과정에서 원효의 '화쟁'사상에서 보이듯이 단군신화에 드러난 융화주의가 더욱 심화된 모습으로 발견되기도 한다. 조선의 유교는 보다 철학적인 체계로 발전하는 가운데 현세주의와 인간중심주의, 합의정치의 전통을 쌓도록 하였다. 또한 이러한 유학의 발달을 배경으로 중국의 강국 명나라에 대해 자존심을 지키면서 외교관계를 유지하기도 했다.

한편 유교 문화적 가치관에 익숙해진 19세기 후반기 조선이 부딪친 서구세계는 직선시간의식과 경쟁주의와 합리주의, 산업중심주의로 무장한 낯선 존재들이었다. 그러나 그것은 이후 세계를 지배하는 중심원리가 되어 나감으로서 조선도 이에 적응하지 않으면 안 되었다. 그 과정은 서구세계의 논리를 수용하여 이에 적응하는 과정으로 표현되었으나 일본에 식민화되면서 전통과 근대의 갈등은 식민지와 피식민지 간의 갈등과 중첩되면서 다양한 파장을 불러일으켰다. 그러나 그런 와중에서도 조선인들의 삶이 수레바퀴는 계속 이어졌다. 일제시기를 설명하는 논리는 다양할 수 있다. 그러나 이 책에서는 패전 이후에 일본이 조선식민통치에 대해 정리한 글을 통해서 그 시기의 조선인의 삶을 되돌아보는 방식을 취해 보았다. 무엇보다도 조선이 중국문화의 영향을 오래 받으면서도 중국에 동화되지 않고 조선만의 전통적인 민족성을 견지해왔다는 지적이 바로 이 책에서 던진 물음, 한국 역사를 이끌어온 원동력이 무엇인가에 대한 답변이라고 생각한다. 그것은 일제시기의 궤적이 오늘날 긍정적인 혹은 부정적인 파장을 불러일으키고 있는 것이 사실이지만 이 또한 극복되어질 것이라는 희망에 확신을 갖도록 하는 근거이기도 하다.

마지막으로 덧붙이고 싶은 말은 한국문화의 긍정적인 면을 이해하는 것이 한민족 문화의 우월주의를 주장하고자 함이 아니라는 것이다. 자칫 자국의 문화사 연구는 독일에서 나치즘으로, 일본에서 천황주의로 귀결되었던 것처럼 자민족 우월주의와 타민족에 대한 배타의식으로 귀결될 소지가 있다. 그러나 이 책은 '지구상에 열등한 문화와 우월한 문화는 존재하지 않는다. 각각의 개성만이 존재할 뿐'이라는 관점에 서있다는 점을 다시 한번 강조하고 싶다. 단군신화의 포용주의의 시선과 감각을 잃지 말자고 제언하고 싶다. 우리 문화에 대한 이해가 타문화에 대한 개방적인 태도와 함께 성장할 때 비로소 인류문화에 대한 바람직한 인식이 자리 잡을 수 있을 것이다.

이 한국문화사 강의록을 정리하면서 많은 한계를 절감한다. 만용을 부렸음을 고백하지 않을 수 없다. 이 부족한 강의록의 출판을 흔쾌히 승낙해 주신 어문학사의 여러분께 감사한 마음을 전하고 싶다.

윤 소 영

| 참고문헌 |

김영훈,『집의 사회사』, 웅진출판, 1993.

강재언,『조선의 서학사』, 민음사, 1996.

까를로 로제티,『꼬레아 꼬레아니』, 숲과 나무, 1996.

권희영,『한국사의 근대성연구』, 백산서당, 2001.

김교빈, 이현구 지음,『동양철학에세이』, 동녘, 1993.

김봉우,『경남의 고갯길 서낭당』, 집문당, 1999.

김병모,『한국인의 발자취』, 정음사, 1985.

김병모,『김수로왕비의 혼인길』, 푸른숲, 1999.

김병철,『한국근대서양문학이입사연구』, 을유문화사, 1980.

김상보,『한국의 음식생활문화사』, 광문각, 1997.

김상현,『한국불교사산책』, 우리출판사, 1995.

김상현 외,『불국사』, 대원사.

김순일,『덕수궁』, 대원사.

김영모,『한말지배층연구』, 한국문화연구소, 1972.

김용운,『한일민족의 원형』, 평민사, 1989.

김원룡 감수,『한국미술문화의 이해』, 예경.

김재근,『배의 역사』, 정우사, 1980.

김태곤,『한국의 무속』, 대원사, 빛깔 있는 책들, 1991.

W. E. 그리피스 저, 신복룡 옮김,『은자의 나라 한국』, 평민사, 1985.

금장태,『유교사상의 문제들』, 여강출판사, 1990.

남문현, 손욱 지음,『전통 속의 첨단공학기술』, 김영사, 2002.

노무지,『한국전통문화의 이해』, 정훈출판사, 1995.

달레,『한국천주교회사』하권, 분도출판사, 1979.

미야지마 히로시,『양반』, 도서출판 강.

A. H. S. 랜도어, 신복룡 역,『고요한 아침의 나라 조선』, 집문당, 1999.

박상진,『다시 보는 팔만대장경이야기』, 운송신문사, 1999.

박제가 지음, 안대희 옮김,『북학의』, 돌베개, 2003.

불교방송 편,『알기 쉬운 불교』, 불교방송출판부, 1992.

J. F. 비얼레인 지음, 배경화 옮김,『살아있는 신화』, 세종서적, 2000.

『삼국유사』.

손정목,『일제강점기 도시사회상연구』, 일지사, 1996.

송찬섭, 홍순권 저,『한국사의 이해』, 한국방송대학교출판부, 1998.

서　긍,『선화봉사 고려도경』, 움직이는 책, 1998.

성　현,『용재총화(국역)』, 솔출판사.

신명식,『모던보이 경성을 거닐다』, 현실문화연구, 2003.

신명호,『조선의 왕』, 가람기획, 1998.

신영훈,『우리문화 이웃문화』, 문학수첩, 1997.

『안중근의사 자서전』, 안중근의사기념관 발행.

H. N. 알렌 저, 신복룡 옮김,『조선문견기』, 평민사, 1986.

『歷史学事典』弘文堂, 2003.

유초하,『한국사상사의 인식』, 한길사, 1994.

유희경,『한국복식문화사』, 교문사, 1981.

유홍준,『나의 문화유산답사기』2, 3권.

유애령,『식문화의 뿌리를 찾아서』, 교보문고, 2001.

윤명철,「우리 민족성에 대한 재고찰」,『과학사상』, 범양사, 1998.

윤사순,『한국유학사상론』, 열음사, 1986.

윤사순,『한국의 성리학과 실학』, 열음사, 1987.

윤사순,『동양사상과 한국사상』, 을유문화사, 1992.

윤소영,「박규수와 셰난도어호사건」,『숙명한국사론』2, 1996.

윤소영,「1870년대 조선의 대일정책의 변화」,『한국근현대사연구』25집, 2003.

윤소영,「조일수호조규의 역사적 위치」,『한일관계사연구』18집, 2003.

윤소영,「한말기 조선의 근대화의 논리–‘국혼’론과 ‘화혼’론의 비교를 통하여」, 『한국근현대사연구』2004.

역사문제연구소 편,『한국의 ‘근대’와 ‘근대성’ 비판』, 역사비평사, 1996.

월간조선 엮음,『한국현대사 119사건』, 조선일보사, 1993.

이강근, 『한국의 궁궐』, 대원사.

이강근, 『경복궁』, 대원사.

이광규, 『전통문화산책』, 서울대학교출판부, 1997.

이광린, 『한국사강좌』(근대편), 일조각, 1981.

이광린, 신용하 편저, 『사료로 본 한국문화사』, 일지사, 1984.

이기영, 『한국의 불교사상』, 삼성출판사, 세계사상전집.

이기윤, 『한국의 차문화』, 개미.

이귀례, 『한국의 차문화』, 열화당, 2002.

이덕일, 『당쟁으로 보는 조선역사』, 석필, 1997.

이마무라 히토시, 『근대성의 구조』, 민음사, 1996.

이배용 외, 『우리나라 여성들은 어떻게 살았을까』 1,2, 청년사, 1999.

이사벨라 비숍, 신복룡 역, 『조선과 그 이웃나라들』, 집문당, 2000.

이상경, 『인간으로 살고 싶다 – 영원한 신여성 나혜석』, 한길사, 2000.

이이화 외, 『우리 역사의 7가지 풍경』, 역사비평사, 1999.

이　익, 『성호사설(국역)』, 솔출판사.

이종철 외, 『서낭당』, 대원사.

이종호, 『현대과학으로 다시 보는 한국의 유산 21가지』, 새로운 사람들, 1999.

이충우, 『경성제국대학』, 다락원, 1981.

이팔찬 그림, 『리조복식도감』, 동문선, 1991.

『음식디미방』, 경북대학교출판부.

『일제침략 아래서의 서울』, 서울특별시사편찬위원회, 2002.

장주근, 『풀어쓴 한국의 신화』, 집문당, 1998.

장순용, 『창덕궁』, 대원사.

정운현, 『나는 황국신민이로소이다』, 개마고원, 1999.

정성희, 『조선의 성풍속』, 가람기획, 1998.

『조선시대 사람들은 어떻게 살았을까』 1,2, 청년사.

『조선일보』 1997~98년 명성왕후 복식관련 기사.

조지훈, 『한국문화사서설』, 탐구당, 1964.

조현범, 『문명과 야만, 타자의 시선으로 본 19세기 조선』, 책세상, 2001.

전쟁기념사업회, 『한민족역대전쟁사』, 행림출판, 1992.

정긍식 외,『전통과 서구의 충돌』, 역사비평사, 2001.

정선이,『경성제국대학연구』, 문음사, 2002.

정토웅,『한 권으로 보는 전쟁사 101장면』, 가람기획, 1998.

주강현,『우리 문화의 수수께끼』 1,2, 한겨레출판사.

주남철,『비원』, 대원사.

진홍섭,『불상』, 대원사, 빛깔 있는 책들.

차기벽 엮음,『일제의 한국식민통치』, 정음사, 1985.

최갑수,『문화사란 무엇인가』,『한국문화사연구의 방향모색』, 정음사, 국사편
찬위원회, 2002.

한국고문서학회,『조선시대생활사』, 역사비평사, 1996.

임재해, 한양명 엮음,『한국민속사입문』, 지식산업사, 1996.

한국문화유산답사회,『답사여행의 길잡이』, 돌베개, 1994.

『한국불교사의 재조명』, 불교시대사, 1994.

한국여성사편찬위원회,『한국여성사 2』, 이화여자대학교, 1972.

한국역사연구회 편,『삼국시대 사람들은 어떻게 살았을까』, 청년사, 1998.

한국역사연구회 편,『고려시대 사람들은 어떻게 살았을까』 1,2, 청년사,
1997.

한국역사연구회 편,『조선시대 사람들은 어떻게 살았을까』 1,2, 청년사,
1998.

한국역사연구회 역사문제연구소 편,『3.1 민족해방운동연구』, 청년사, 1989.

『한국사』, 한길사.

『한국사 시민강좌 29-양반문화의 재평가』, 일조각, 2001.

『한국의 전통문화』, 국립중앙박물관, 1996.

『한국생활사박물관』 1,2,3,4권, 사계절.

한국철학사연구회,『한국철학사상사』, 한울, 1997.

한영우,『왕조의 설계자 정도전』, 지식산업사, 1999.

한종만,『한국불교사상의 전개』, 민족사, 1998.

한형조,『주희에서 정약용으로』, 세계사, 1996.

허 균,『사찰장식 그 빛나는 상징의 세계』, 돌베개, 2000.

홍순민,『우리 궁궐 이야기』, 청년사.

황규호,『한국인 얼굴이야기』, 주류성, 1999.

황준연, 『한국사상의 이해』, 박영사, 1995.

케네스 첸, 『불교의 이해』, 분도출판사, 1994.

『코리아스케치』, 국립민속박물관, 2002.

青柳綱太郎, 『朝鮮統治論』, 朝鮮研究會, 大正 12년.

上村忠男外, 『歴史を問う』 6卷, 岩波書店, 2002.

大蔵省管理局, 『日本人海外活動に関する歴史的調査』, 1947, 日本大蔵省.

尾藤正英, 『日本文化の歴史』, 岩波新書 668, 2000.

駒込たかし, 『植民地帝国日本の文化統合』, 岩波書店, 1996.

鈴木敬夫, 『법을 통한 조선식민지지배에 관한 연구』, 고려대 민족문화연구소, 1989.

永田久, 『暦과 占의 과학』, 동문선, 1992.

橋本実, 『茶の起源を探る』, 淡文社.

松下智, 『Q&Aやさしい茶の科学』, 淡文社.

山田昭次外, 『日本と朝鮮』, 東京書籍, 1991.

尹素英, 「1880年代初期の魚允中の朝鮮近代化構想―金玉均との対比の中で」, 『お茶の水史学』 33, 1989.

尹素英, 『転換期朝鮮の対外認識と対外政策―朴珪壽を中心に』, お茶の水女子大学博士論文, 1995.

| 주요 연표 |

■ 세계사

BC 250만년-구석기시대 시작
BC 4만 5천년-빙하기 시작
BC 4만년-호모사피엔스의 출현
BC 1만 5천년-최초로 농사를 짓기 시
　작
BC 3300년-이집트, 문명의 시작
BC 3200년-문자의 발명
BC 1200년-페니키아인, 알파벳 발명
BC 1100년경-중국, 주왕조 성립
BC 776년-그리스, 올림픽 경기 시작
BC 483년경-인도, 석가 열반
BC 479년-공자의 죽음
BC 403년-중국, 전국시대 시작
BC 399년-소크라테스의 죽음
BC 221년-진의 시황제, 중국 통일을 성
　하고 황제를 칭함
BC 202년-한제국 건설
BC 27년-아우구스투스 즉위(로마제 정
　의)
AD 4년-예수 탄생
25년-후한의 광무제 즉위
54년-로마황제 네로 즉위
105년-후한의 환관 채륜, 종이를 발명
313년-로마, 그리스도교 공인
316년-중국, 5호 16국시대(~439년)

■ 한국사

BC 70만년-구석기시대. 뗀석기 사용
BC 2333년-단군, 고조선 건국
BC 1000년-청동기시대
BC 400년-철기시대
BC 108년-고조선 멸망, 한사군 설치
BC 57년-박혁거세, 신라 건국. 왕호
　거서간 사용
BC 37년-주몽, 졸본에서 고구려 건국
BC 18년-온조, 위례성에서 백제 건국
42년-김수로, 금관가야 건국
372년-고구려, 불교 전래
384년-백제, 불교 전래
494년-부여, 고구려에 의해 멸망
512년-신라, 우산국 정벌
527년-신라 법흥왕, 불교 공인. 이차
　돈 순교
598년-수 문제, 고구려 침공
632년-신라, 경주 첨성대 건립
645년-고구려, 안시성싸움 승리
660년-백제 멸망
668년-고구려 멸망
676년-신라, 삼국통일 완성
751년-신라, 불국사·석굴암 창건
918년-왕건, 고려 건국
926년-발해, 거란에 의해 멸망

392년-로마, 그리스도교를 국교로 승인

500년-인도, 힌두교 창시

579년-이슬람교의 창시자 마호메트 출생

589년-중국, 수隋의 중국 통일

610년-이슬람교 창시

618년-당唐의 건국

646년-당의 현장, 《대당서역기》 저술

907년-중국, 당 멸망. 5대10국시대 (~960년)

916년-거란, 요의 건국(~1125년)

960년-중국, 송宋의 건국(~1227년)

962년-신성로마제국 성립(~1806년)

1000년-송, 나침반·화약 발명

1084년-송의 사마광, 《자치통감》 편찬

1115년-여진女眞, 금金 건국(~1234년)

1192년-일본, 가마쿠라막부 수립

1206년-몽골의 테무진, 칭기즈칸이 됨

1271년-원元의 성립(~1368년)

1299년-오스만투르크제국 건국 (~1922년)

1299년-마르코 폴로, 《동방견문록》 발간

1337년-백년전쟁 발발

1347년-유럽에 흑사병 대유행

1368년-중국, 원 멸망. 명(明) 건국 (~1644년)

1429년-잔 다르크, 영국군 격파

1450년-구텐베르크, 금속활자에 의한

936년-고려, 후삼국 통일

956년-노비안검법 실시

958년-과거제도 처음 시행

1010년-거란의 2차 침입

1107년-윤관, 여진 정벌하고 9성 축주

1126년-이자겸의 난

1145년-김부식, 《삼국사기》 편찬

1231년-몽골 1차 침입

1232년-강화천도

1234년-금속활자본인 《상정고금예문》 간행

1236년-강화에서 《고려대장경》 판각 시작(~1251년)

1285년-일연, 《삼국유사》 편찬

1287년-이승휴, 《제왕운기》 저술

1342년-이제현, 《역옹패설》 저술

1363년-문익점, 원에서 목화씨를 가져옴

1377년-《직지심경》 인쇄

1388년-이성계, 위화도회군

1389년-박위, 쓰시마섬 정벌

1392년-고려 멸망, 조선 건국

1413년-팔도지방행정조직 완성, 태조실록 편찬

1420년-집현전 설치

1423년-《고려사》 편찬

1441년-측우기 발명

1446년-훈민정음 반포

1460년-신숙주, 여진 정벌

1469년-《경국대전》 완성

인쇄술 발명
1492년-콜럼버스, 신대륙 발견
1517년-루터, 독일 종교개혁 시작
1534년-영국 국교회의 성립(수장령)
1536년-칼뱅, 종교개혁
1543년-코페르니쿠스, 지동설 주장
1582년-그레고리력(현재의 태양력) 제
　정
1582년-갈릴레이, 중력의 법칙 발견
1590년-도요토미 히데요시, 일본 통일
1600년-영국, 동인도회사 설립(~1858
　년)
1603년-일본, 에도막부 성립(~1867년)
1620년-영국의 청교도, 신대륙으로 이
　주
1632년-갈릴레이, 지동설 주장
1636년-후금 태종, 국호를 청으로 바꿈
1640년-영국, 청교도혁명(~1660년)
1648년-베스트팔렌조약 체결
1661년-청淸의 강희제 즉위(~1722년)
1665년-뉴턴, 만유인력의 법칙 발견
1735년-청의 건륭제 즉위
1748년-몽테스키외《법의 정신》저술
1762년-루소,《사회계약론》저술
1769년-와트, 증기기관 발명
1775년-미국독립전쟁(~1783년)
1776년-미국, 독립선언
1789년-프랑스, 대혁명 시작
1798년-나폴레옹, 이집트원정
1823년-미국 대통령 먼로, 먼로주의선
　언

1481년-서거정,《동국여지승람》편
　찬
1493년-성현,《악학궤범》완성
1542년-주세붕, 백운동서원 건립
1559년-임꺽정의 난(~1562년)
1561년-이지함,《토정비결》저술
1577년-이이,《격몽요결》간행
1592년-임진왜란
1597년-정유재란
1610년-허준,《동의보감》완성
1623년-인조반정
1627년-정묘호란
1636년-병자호란
1653년-하멜 일행, 제주도 표착
1658년-효종의 북벌정책
1693년-안용복 사건
1697년-장길산의 농민군 봉기
1770년-《동국문헌비고》완성
1784년-천주교 전도
1801년-신유박해
1801년-공노비 완전 폐지
1811년-홍경래의 난(평안도농민전쟁)
1818년-정약용,《목민심서》저술
1839년-기해박해
1846년-김대건 순교
1851년-안동 김씨, 세도정치 재개
1860년-최제우, 동학 창시
1861년-김정호, 대동여지도 제작
1863년-고종 즉위, 흥선대원군 정권
　장악
1865년-경복궁 중건

1840년 - 아편전쟁 발발
1842년 - 난징조약
1848년 - 마르크스, 공산당선언 발표
1856년 - 애로호사건(~1860년)
1859년 - 다윈, 《종의 기원》 출간
1860년 - 베이징조약
1861년 - 미국, 남북전쟁(~1865년) 발발
1868년 - 일본, 메이지유신
1869년 - 수에즈운하 개통
1882년 - 임오군란
1884년 - 청-프랑스전쟁 발발
1894년 - 청일전쟁(~1895년)
1898년 - 중국, 무술정변
1900년 - 중국, 의화단운동(~1901년)
1904년 - 러일전쟁(~1905년) 발발
1905년 - 러시아, 피의 일요일
1911년 - 신해혁명
1914년 - 제1차 세계대전(~1918년) 발발
1917년 - 러시아, 10월 혁명
1918년 - 미국 윌슨, 평화원칙 14개조 발표
1920년 - 국제연맹 창립
1921년 - 중국공산당 성립
1922년 - 소련 성립
1927년 - 중국, 난징에 국민정부 수립
1929년 - 뉴욕의 주가 대폭락, 세계 대공황
1930년 - 인도의 간디, 소금 행진
1931년 - 만주사변 발발
1932년 - 만주국 성립
1933년 - 히틀러, 독일 총리 취임

1866년 - 제너럴셔먼호사건
1871년 - 신미양요
1875년 - 운요호사건
1876년 - 강화도조약(병자수호조약) 체결
1879년 - 지석영, 종두법 전래
1881년 - 신사유람단, 영선사 파견
1883년 - 한성순보 발간
1884년 - 갑신정변
1885년 - 광혜원 설립
1886년 - 스크랜턴, 이화학당 설립
1886년 - 육영공원 설립
1894년 - 동학농민운동, 갑오개혁
1895년 - 명성왕후　시해사건/을미의병
1896년 - 서재필, 독립신문 창간
1896년 - 아관파천
1897년 - 대한제국 성립
1900년 - 경인선 철도 개통
1904년 - 러일전쟁 발발
1905년 - 을사보호조약
1906년 - 통감부 설치, 이토 히로부미 부임
1907년 - 국채보상운동/헤이그밀사사건
1908년 - 전명운·장인환, 스티븐스 저격
1909년 - 안중근, 이토 히로부미 암살
1910년 - 한일병합조약
1911년 - 신민회, 105인사건
1918년 - 토지조사사업 완료

1933년-뉴딜정책 실시
1937년-중일전쟁 시작
1939년-제2차 세계대전 시작
1941년-태평양전쟁(~1945년) 발발
1944년-노르망디 상륙
1945년-얄타회담
1945년-포츠담선언
1945년-국제연합(UN) 성립
1945년-일본 항복
1947년-미국대통령 트루먼, 트루먼 독
　트린
1947년-미국의 마셜, 마셜플랜 제창
1949년-중화인민공화국 성립
1950년-한국전쟁 발발
1957년-소련, 세계 최초의 인공위성 스
　푸트니크발사
1962년-미국, 쿠바 봉쇄
1962년-중국과 소련, 대립 표면화
1964년-베트남전쟁 발발
1966년-중국, 문화대혁명
1967년-제3차 중동전쟁 시작
1968년-소련, 프라하 침공
1969년-아폴로 11호 달 착륙
1973년-제4차 중동전쟁, 석유파동
1979년-소련, 아프카니스탄 침공
1980년-이란-이라크전쟁
1985년-소련, 고르바초프 집권
1989년-천안문 사건
1989년-베를린장벽 붕괴
1991년-걸프전쟁 발발
1991년-유럽공동체(EC) 통합

1919년-3·1운동 시작
1919년-대한민국 임시정부 수립
1919년-제암리 학살사건
1923년-조선물산장려회 창립
1924년-경성제국대학 개교
1926년-6·10만세운동 시작
1927년-신간회창립
1929년-광주학생운동
1927년-신간회 창립
1932년-이봉창·윤봉길 의거
1933년-조선어학회, 한글맞춤법통일
　안발표
1936년-손기정, 베를린올림픽 마라
　톤우승
1940년-창씨개명 실시
1945년-8·15광복
1945년-조선건국준비위원회, 조선인
　민공화국 수립 공포
1946년-미소공동위원회 개최
1948년-대한민국 정부 수립
1949년-반민족행위특별조사위원회
　발족
1949년-김구 피살
1950년-6·25전쟁 발발
1952년-제1차 한일회담 개최
1953년-휴전협정 조인
1960년-4·19혁명
1961년-5·16군사정변
1963년-박정희 대통령 취임
1964년-베트남 파병
1965년-한일 국교정상화

1992년-소비에트연방 해체
1997년-영국, 중국에 홍콩 반환
1998년-유럽 11개국, 단일통화 유로화
　채택

1966년-불국사 석가탑에서 다라니경
　발견
1970년-새마을운동 시작
1971년-무령왕릉 발굴
1972년-10월 유신
1972년-《직지심경》 발견
1973년-경주고분에서 금관과 천마도
　발굴
1973년-김대중 피랍사건
1974년-육영수 피살
1979년-10·26사건
1979년-12·12사태
1980년-5·18광주민주화운동
1980년-한국방송공사, 컬러TV 첫 방
　영
1985년-남북이산가족고향방문단 상
　호교류
1986년-서울아시안게임 개최
1988년-서울올림픽 개최
1991년-걸프전쟁 파병
1991년-남북한 유엔 가입
1994년-북한, 김일성 사망
1994년-성수대교 붕괴
1995년-무궁화위성 발사
1995년-불국사·8만대장경·종묘, 세
　계문화유산에 등록
1995년-삼풍백화점붕괴사고
1997년-북한의 황장엽 노동당서기관
　망명

| 색인 |